In-*forma*-tion / Band 1

„Evolution vom Standpunkt der Information"

Naturgesetze, Gene & Botenstoffe

*„Wenn wir unser wahres Ziel
nicht für immer aufgeben wollen,
dann dürfte es nur einen Ausweg
aus dem Dilemma geben:
dass einige von uns sich
an die Zusammenschau wagen,
auch wenn sie Gefahr laufen,
sich lächerlich zu machen."*

(Nobelpreisträger Erwin Schrödinger)

Gewidmet allen Zeitgenoss(inn)en, die sich
in der wissenschaftlichen Weltsicht beheimatet fühlen,
ohne sich jedoch ihre Offenheit für trans-materielle Ebenen
unserer Welt nehmen lassen zu wollen.

Klaus Podirsky / Wien, Sommer 2024

Klaus Podirsky

In-*forma*-tion / Band 1

„Evolution vom Standpunkt der Information"
Naturgesetze, Gene & Botenstoffe

Impressum:

Bibliographische Information der Deutschen Nationalbibliothek:
Die Deutsche Nationalbibliothek verzeichnet diese Publikation in der
Deutschen Nationalbibliothek; detaillierte bibliographische Daten
sind im Internet über dnb.dnb.de abrufbar.

Neugestaltete und überarbeitete Auflage 2024: © Klaus Podirsky
Verlag: BoD · Books on Demand GmbH, In de Tarpen 42,
22848 Norderstedt, bod@bod.de
Druck: Libri Plureos GmbH, Friedensallee 273, 22763 Hamburg
Umschlagbild: „Doppelhelix / Kosmos"; Klaus Podirsky mit chatGPT
Umschlaggestaltung: Klaus Podirsky

(1. Auflage 2011: „Quantensprung", Berliner Wissenschafts Verlag)
(2. überarbeitete Auflage 2016: „Wissenschaft trifft Spiritualität", BWV)

ISBN: 978-3-7597-8536-7

Inhaltsverzeichnis: 5

Inhaltsverzeichnis

Inhaltsverzeichnis

Prolog – Einleitung

Zum Anliegen des Buches

„In-forma-tion" wendet sich primär an wissenschaftlich orientierte Zeitgenossen und Zeitgenossinnen, die sich aber mit der heute gängigen, reduktionistischen Weltsicht nicht zufrieden geben wollen. Es sind Menschen, die über persönliche Erfahrungen verfügen, welche klar über eine derartig reduzierte Weltsicht hinausweisen. Menschen, die auf ihrer Suche nach einer als stimmig erlebten Sicht des Lebens, in einer rein materialistischen Wissenschaft keine befriedigenden Antworten bekommen. Menschen aber auch, für die „Religion-in-ihrer-klassischen-Form" nicht mehr trägt, die sich aber ihre Offenheit für die Realität von etwas „Geistigem" erhalten haben.

„In-*forma*-tion" sieht sich somit als „Brückenbauer-Buch" und bietet wissenschaftlich fundierte Basisliteratur um Naturwissenschaft und Spiritualität an EINEM Tisch neu zu versammeln, beziehungsweise in erneuerter Liaison „salon-fähig" zu machen. Ich selbst schätze die heutigem Zeitgeist eigene Grundhaltung als wesentliches Stadium der Erneuerung, sehe mich jedoch verwandt mit einer spirituell-orientierten Kulturkraft, für die etwas wie „Geist" ein hohes Maß an auch wissenschaftlicher Plausibilität besitzt. Die Bücher „In-*forma*-tion" wollen zeigen, inwiefern gegenwärtige Wissenschaft, in Äußerungen ihrer namhaftesten Vertreter, bereits weit über das gängige, materialistische Wissenschaftsdogma hinausweist. Vor allem aber: Was es bedeuten kann und bewirkt, sich als Mensch mutig der eigenen Schöpferkraft zu stellen! Auch dafür will dieses Plädoyer-fürs-Leben sensibilisieren und etwas Wesentliches im Kultur-Bewusstsein stärken.

Die Idee, dieses Buch in seiner Erstausgabe zu konzipieren, entstand spät im Jahr 2007. Als wissenschaftlich denkenden Menschen hatten mich spezifische Eigen-Erfahrungen sowie intensive Erlebnisse in der persönlichen Erforschung des eigenen Bewusstseins gepackt. Diese Phänomene wissenschaftlich zu fundieren und klären zu können, wurde zum begeisternden Anliegen. In mehrjähriger Arbeit durchforstete ich verschiedenste Wissenschaftsfelder. Als Ergebnis der Arbeit entstand zunächst als Erstausgabe das Buch „*Quantensprung*" (Berlin 2011).

2016 hatte ich mich dann entschlossen, das Buch in 2. Auflage, neu konzipiert und aktualisiert, herauszugeben. Es ist der Versuch einer Überschau der Forschungen aus Physik und Evolutionsbiologie, Bewusstseins-Forschung und Kognitionswissenschaften, Epigenetik und menschlichem Schöpfertum sowie Neurobiologie und Intuitions-Wissenschaft. Es bietet aber auch persönliche Erlebnisse in Anekdoten und Bewusstseins-Übungen an den Kapitel-Enden zum Selberforschen. Die Übungen stehen in Bezug zum vorangehenden Inhalt und bieten Einblick in Art und Arbeitsweise solcher Übungen. Sie repräsentieren jedoch keine didaktische Abfolge oder einen methodischen Aufbau, der ein persönliches Coaching ersetzen kann. [1]

Bewusstsein als In-*forma*-tion

„Ein rein verstandesmäßiges Weltbild ohne alle Mystik ist ein Unding." [2] Es ist ein gewagtes Wort des österreichischen Physikers und Nobelpreisträgers Erwin Schrödinger, mit dem er selbst dem gipfelnden Materialismus begegnete; Einsicht und posthumes Vermächtnis, das aus seinem Nachlass stammend, Jahre nach seinem Tod, im autobiographischen Werk: *„Mein Leben, meine Weltansicht"* publiziert wurde.

„Das Weltbild steht überhaupt nicht fest. Wir haben gerade erst begonnen, darüber nachzudenken." [3] Betrachten wir es so realistisch und nüchtern wie der Quantenphysiker und Vorstand des Instituts für Experimentalphysik der Universität Wien, Anton Zeilinger, dann kann man eines festhalten: Die Menschheit hat kaum erst begonnen die wirkenden Zusammenhänge der Welt zu erforschen. Es ist gerade mal vierzig Jahre her, dass in der Physik – quasi als Speerspitze heutiger Naturwissenschaften – erstmals geäußert wurde, dass eine moderne Wissenschaftstheorie bezüglich Materie, nicht ohne grundsätzlicher Umdeutung der Bedeutung von „Bewusstsein", möglich sei [4]. Das also was Bewusstsein macht – in unserer Welt. Das was Bewusstsein ist – als unsere Welt. Vielleicht ist es für manche Menschen überraschend,

---

[1] Persönliche Anleitung im Coaching unter: http://www.twogetherwien.com/coaching.

[2] E. Schrödinger: *„Mein Leben, meine Weltansicht.",* Wien / Hamburg 1985, S. 48, S. 2.

[3] A. Zeilinger: *„Einsteins Schleier – Die neue Welt der Quantenphysik.",* München 2003, Buchumschlag.

[4] Siehe Hinweis von David Bohm, Kap. 2: Materie – Bewustsein – Leben, Anm. 22f.

diese Idee gerade von Fachleuten und Betreibern harter Faktenwissenschaften zu vernehmen. Und doch: Wir als „aufgeklärte Menschheit" sind bereits unbefangener in unseren Einsichten, als man dies vielleicht für möglich hält, insofern man bereit ist ihren fortschrittlichsten Geistern zu folgen, die im Verlauf des Buches zu Wort kommen. „In-*forma*-tion" möchte somit in ihre Gedanken Einblick geben: Inwiefern das „Leben selbst" (und seine In-*forma*-tion) dieses gesamte Universum durchdringt, strukturiert, erhält und in seiner Entwicklung vorantreibt.

Evolution ist In-*forma*-tion! In-*forma*-tion, die eine enorme Dynamik eingeschlagen hat. In-*forma*-tion ist überall DA. Und ganz offensichtlich auch überall zur gleichen Zeit da, befördert sich zeitlos. [5] Vielleicht existiert sie gewissermaßen außerhalb von Zeit. So stellt sich die Frage, ob und wie wir uns mit dem individuellen Bewusstsein in diese Ebene der In-*forma*-tion als den Kosmos-durchlebendes-Wissen einklinken können. Ist so etwas für uns Zeitgenossen innerhalb unserer rationalen Weltsicht fassbar? Stellt Intuition diesen Zugang dar und was bedeutet es für die Kulturentwicklung, solches real leben zu können?

Grundlegende Wandlungen in den Wissenschaften

Die Frage: „*Erschafft Bewusstsein die Welt – das, was wir wahrnehmen und erleben?*" wird bei vielen Zeitgenossen Kopfschütteln auslösen. Als beweisbar kann auf diesen neuen Forschungsfeldern zunächst noch weniges gelten, zu jung ist diese wissenschaftliche Forschung. Von den erlebbaren Phänomenen her besehen, spricht allerdings bereits vieles dafür. Offenheit vorausgesetzt. Aus konventioneller Wissenschaftssicht reihen sich auffällige und irritierende Phänomene in die Folge jener Erfahrungen ein, von denen man streng wissenschaftlich sagen muss: Wir wissen im Detail wohl noch nicht wie, aber wir konstatieren, DASS sie existieren und eben auch für die Beobachtungen vorliegen. Auch hier gilt für den Forscher in der Folge: Es gibt und wird immer eine Differenz geben zum nicht- oder noch-nicht-Deutbaren. Es geht hier also zunächst einmal um eine in der Sache selbst verankerte Plausibilität der geäußerten Überlegungen. – Teilweise aber auch bereits um etwas weit darüber Hinausweisendes. Diese Einschränkungen gelten übrigens auch für andere wesentliche Ansätze und Erklärungsversuche

---

[5] Siehe Kap. 5, Anm. 22; sowie: *„In-forma-tion / Bd.2,* Kap. 2, Anm. 13, 14, 18.

in den Wissenschaften. Auch Darwins *„Evolutionslehre ist eine umfassende und weder beweisbare noch widerlegbare Naturtheorie; sie kann viele Fakten sehr einleuchtend erklären, aber ... es ist mit ihr nicht etwa ein Rätsel eindeutig gelöst ... sie ist plausibel, aber als Weltsicht nicht beweisbar."* [6] So die Sicht des einst leitenden Professors für Biologie am Max Planck Institut in Göttingen. Dass Jean-Baptiste de Lamarcks konträre evolutionstheoretische Ansichten durch heutige epigenetische Forschung – nach 200 Jahren der Ablehnung – brandaktuell sind, ist dafür Beleg und hätte zu Beginn dieses Jahrtausends kein Biologe oder Genetiker für möglich erachtet. [7] Weiter verblüffende und auffällige Phänomene werfen heute entscheidende Fragen auf: *„Was ist Materie WIRKLICH?"*. Oder: *„Wie greift Bewusstsein als Informationsaspekt in diese Ebene ein?"* So scheint es heute wissenschaftlich mehr und mehr plausibel, dass unsere materielle Welt nichts anderes ist als *„Information-in-materiellem-Gewand"*. Dieser Erkenntnis nun auch wissenschaftlich Einlass zu gewähren, ist jedenfalls bereits gesetzt.

Was ist es wirklich, was da abläuft? Was steuert die Entwicklung? Felder? Wirksamkeiten, welche die Welt aus der Ebene der Information neu begründen und Ordnung gestalten? *„Wenn Hawking Recht hat, dann gibt es Wahrheit jenseits der naturwissenschaftlichen Erklärung."* [8]

So gibt es auch im Bereich der Informations- oder Bewusstseinsfeld Forschung, neben einer stark zunehmenden Vielfalt an Phänomenen, wesentliche moderne Erklärungsmodelle und Interpretationsansätze, selbst wenn erst wenige wissenschaftlich stringente Beweise vorliegen. Aber: Es gibt sie! Und genau das ist archetypisch: So gestaltet sich jeglicher Paradigmenwechsel, wie es ja auch im 20. Jhdt. des Öfteren zu verfolgen und zu beobachten war: Vom Ableugnen der

---

[6] F. Cramer: *„Chaos und Ordnung – Die komplexe Struktur des Lebendigen."*, Stuttgart 1989, S. 220f; Siehe Kap. 10, Anm. 3.

[7] Siehe Kap. 7, Anm. 8, 12f.

[8] *„Manche seiner Kollegen würden ihm wohl widersprechen, doch wenn Hawking Recht hat, dann gibt es Wahrheit jenseits der naturwissenschaftlichen Erklärung. Um es in den Worten Thomas von Aquins auszudrücken: ‚Was ist es, das aus der Möglichkeit alles Existierenden etwas macht, das tatsächlich existiert?'.“* K. Ferguson: *„Gott und die Gesetze des Universums."*, München 2001, S. 129, S. 390f (Th.v. Aquin (1225-1274): *Summa Theologica, Teil 1, 2. Frage, 3. Artikel*.

Phänomene beziehungsweise der Tabuisierung neuer Forschungsansätze über die Bezichtigung der Unwissenschaftlichkeit bzw. und
Ausgrenzung aus der Forscher-Community. Letztlich kam aber denn
doch die notgedrungene Akzeptanz und erstmalige Einordnung durch
Abänderung des Weltbildes (z.B.: „*Primat der Information*" [9]). Durch
mutige Äußerungen renommierter Wissenschaftler ist der Weg hin
zum wissenschaftlichen Konsens – einer „*Synthese durch Aufheben
des* (einstigen) *Widerspruchs*" – heute bereits absehbar geworden [10]:
Materie, Bewusstsein und Leben als ein großes Ganzes und als von
In-*forma*-tion getragen begreifen zu können.

Jeder von uns kennt im Grunde genommen selbst diesen Ablauf
einer Entwicklung vom Altbekannten, vom Gewohnten, hin zu neuen
Ufern, des eigenen (Er-)Lebens: Zu Beginn steht meist Ablehnung und
Skepsis und meist entwickelt sich die Bereitschaft, Neues ins eigene
Bewusstseinsfeld zu integrieren langsam. Die Erfahrung zeigt, dass die
Wissenschaftler meist auf die gleiche Weise reagieren wie alle anderen
Menschen, wenn ihre Überzeugungen in Konflikt mit der Empirie
(Wahrnehmung) geraten: Es irritiert zunächst. Wir alle tun zunächst so,
als gäbe es den Konflikt nicht oder übertünchen ihn mit inhaltsleeren
Phrasen. Neues zu integrieren braucht Unvoreingenommenheit und vor
allem – Mut. Und noch etwas: Die Bereitschaft auszuhalten, von allen
Alteingesessenen belächelt und kritisiert zu werden. [11]

---

[9] A. Zeilinger: „*Einsteins Schleier – Die neue Welt der Quantenphysik.*", München 2003,
S. 217f: „*Wir können unsere Grundidee also noch radikaler formulieren, da es
offenbar keinen Unterschied zwischen Wirklichkeit und Information geben kann,
können wir sagen: ,Information ist der Urstoff des Universums'.*"; Siehe Kap. 3,
Anm. 8, 19, 23ff.

[10] H. Pietschmann: „*Das Ende des naturwissenschaftlichen Zeitalters.*", Frankfurt /
Berlin 1983, S. 118f, S.140.

[11] Sehr interessant ist die Internetseite von Brian D. Josephson von der Universität
Cambridge (http://www.tcm.phy.cam.ac.uk/~bdj10/). Josephson ist seit Verleihung
des Nobelpreises für Physik (1973) mit der wissenschaftlichen Beforschung
grenzwissenschaftlicher Phänomene befasst. Einem seiner Vorträge gab er den Titel:
„*Pathological Disbelief*" (gehalten am Nobel Laureates' meeting; Lindau 2004). Hier
liest er seiner eigenen Wissenschaftler-Kaste gehörig die Leviten: „*Pathologische
Voreingenommenheit*" gegen Grenzphänomene, statt sich derartigen Herausforderungen zu stellen, hält er ihnen vor. – Das wollte SO wohl niemand aus derart
profundem Mund hören. (http://lenr-canr.org/acrobat/JosephsonBpathologic.pdf).

Von der Information zur „In-*forma*-tion"

Zahlreiche neueste Forschungsdaten geben Anlass, sich explizit mit dem Begriff der Information, beziehungsweise In-*forma*-tion, um es pointierter zu definieren, auseinanderzusetzen. Allerdings, jeder der sich in eine ernsthafte Auseinandersetzung mit dieser Materie einzulassen beginnt, wird bald bemerken, in welch dynamischer Entwicklung sich diese, in der Wissenschaft so maßgebliche Begrifflichkeit, gerade befindet. Von Definition daher keine Rede! Wie auch sollte man sich zu einer definitorischen Festlegung versteigen, wenn das, was definiert werden soll, sich unter der Hand gerade „entpuppt" und einer essenziellen, atemberaubenden Veränderung ausgesetzt ist. Band 1 des Buches „*In-forma-tion. – Evolution vom Standpunkt der Information.*" versucht daher ein lebendiges Bild von diesem Prozess der Wandlung zu zeichnen. Es handelt sich um nichts Geringeres als die Etablierung einer grundlegend neuen, zukünftigen Dimension im wissenschaftlichen Verständnis. Um die Darlegung einer Entwicklung, welche man nicht nur als Zeitgeist-typisch, sondern als wahrhaft Grund-legend für ein modernes Verständnis vernetzter Phänomene sowie ihrer immanenten Zusammenhänge betrachten muss.

Univ.-Prof. Georg Franck (TU Wien) bezeichnete die vorliegende Arbeit dieses Buches in einem persönlichen Mail an mich somit nicht von ungefähr als Versuch einer „*Grand Unified Theory auf der Basis des Informationsbegriffs*"[12]. Da musste ich zunächst doch schmunzeln! Aber Professor Franck hatte mit diesem Ausdruck, einen selbst für mich so noch nicht gesehenen, neuen Aspekt dieser Arbeit ins Spiel gebracht. Eine *Grand Unified Theory*. Ja, darauf könnte es letztlich hinauslaufen.

Meiner Feldforschung quer durch die Wissenschaften, legte ich Forschungsergebnisse aus Kosmologie, Physik, Medizin und Placebo-Forschung zugrunde, aber auch aus der Neurobiologie, Epigenetik und verschiedenen systemischen Interpretationsansätzen der Psychologie. Sie alle verleihen den stattfindenden Entwicklungen jene kaum zu überbietende Dynamik und ihr mittlerweile offenbar unumkehrbares Gepräge. Es sind dies alles Spielarten eines entscheidend neuen

---

[12] G. Franck: in einem persönlichen Brief-Mail vom 1. März 2011, im Zusammenhang meiner –von mir vorgelegten – Dissertation an der TU Wien.

Aspekts der evolutiven Bedeutung von In-*forma*-tion. Etwas, was die Wissenschaften diesem Begriff mittlerweile stillschweigend attestieren. In dieser interdisziplinären Überschau der Forschungsdaten jener Wissenschaftsfelder spiegeln sich Zeichen einer äußerst dynamischen Wandlung, der wir als Zeitgenossen gerade beiwohnen dürfen.

Es scheint nicht nur kosmologisch „kein-Stein-auf-dem-anderen" zu bleiben. Die Wandlung in den Wissenschaften zieht wesentliche Fragestellungen für den gesamten gemeinschaftlich-sozialen Kontext nach sich sowie essenzielle individuell-biographische Konsequenzen [13].

Bislang galt Information als Begriff aus der Welt mathematischer Wissenschaften und Technik bzw. des Alltagsgeschehens. Der erneuerte Begriffsinhalt „In-*forma*-tion" (von mir absichtsvoll so geschrieben), bezieht seine Idee lediglich vordergründig, zur Versinnbildlichung, aus der sprachlichen Interpretation seines Wortstammes „in-*forma*", etwas also, das *in-die-Form* geht. Seine Plausibilität wurzelt vielmehr in der Realität, dass In-*forma*-tion auf jeder Ebene dieses Kosmos stets vor-oder-mit-der-Form da ist und nicht erst als Folge von Form: Sei es als jene Naturgesetze im Kosmos, als Gene und Hormone (Botenstoffe) im Bereich der Körperphysiologie oder auch als Überzeugungen im Bewusstsein (familiäre / kulturelle / religiöse), mit ihrer Bedeutung für das menschliche Erleben als „Wahrnehmung" und – schlussendlich – der eigenen Biographie. Die Auseinandersetzung mit den aktuellsten Forschungsergebnissen führt zu einem spannenden Diskurs: der Einheit unseres Kosmos. Gelten hier dieselben Gesetzmäßigkeiten bezüglich Energie, Schwingung und Resonanz, im Großen wie im Kleinen? Können wir an der Art der Wirkungsweise auf allen erforschbaren Ebenen berechtigterweise auf ein zugrundeliegendes Evolutionsprinzip schließen: nämlich dass In-*forma*-tion grundsätzlich vor oder mit der Form da ist und NIE erst als Folge von Form und dem anschließenden menschlichen Begreifen ...?! Daraus ergeben sich, ohne der Versuchung zu erliegen, menschlichem Bewusstsein, das ja ebenfalls innerhalb dieses Kosmos entstanden ist, eine wissenschaftliche Sonderstellung zuzuweisen, weitreichende Konsequenzen, sowohl auf Erkenntnisebene als auch auf jeglicher sozialen Ebene unseres künftigen Mensch-Seins.

---

[13] „*In-forma-tion / Bd.2: Biographie vom Standpunkt der Information*".

Konsequent gedacht, schwemmt dies nämlich eine sehr alte Idee, an die Oberfläche künftiger Entwicklungen: *„Glaube versetzt Berge"* [14]. Etwas, das im soziologischen Bereich von Motivationstrainings, sei es im Spitzensport oder Management, längst state-of-art ist: *„self-fulfilling prophecies"*. Da persönliche Lebenshaltungen sowie Glaubenssätze etc. – kulturell, familiär oder religiös konditioniert – als schöpferisches In-*forma*-tions Konglomerat im Bewusstsein ebenfalls *vor* oder *mit* der Form da sind, ist es naheliegend, dass es dieser In-*forma*-tions-Inhalt ist, der in der Folge unsere Erfahrungen erschafft, Kultur bedingt und individuelle Biographie schreibt: *„Überzeugung schafft Erfahrung"*. Wir können in dieser Welt eben nur wahrnehmen und im Rahmen unserer Biographie lediglich mit all dem konfrontiert sein, was mit unserem Bewusstsein (den Informations-Inhalten) in Resonanz kommen kann.

Rote Fäden ...

Das Buchprojekt „In-*forma*-tion" besteht aus zwei Büchern. Sie halten Band 1 in Händen. Dieser umfasst zwei Abschnitte:

1. „In-*forma*-tion als Naturgesetze"
   Physikalisches Da-Sein in Kosmos, Evolution und Leben
2. „In-*forma*-tion als Träger des Lebens"
   Gene & Botenstoffe. – Körper-Bewusstsein und Psyche

Diese Sicht ins Leben erweitert, findet sich in Band 2: „In-*forma*-tion": *„Biographie vom Standpunkt der Information. – Menschlicher Geist. Wie gestalten wir Leben?"* Auch dieser Band ist in zwei Teile gegliedert:

1. „In-*forma*-tion als kulturbildende Vernetzung"
   Vom menschlichen Verstand, seiner Sprache – und der Kunst
2. „In-*forma*-tion im menschlichen Bewusstsein"
   Vom menschlichen Bewusstsein als individuell freier Geist

Die 4 Teile stellen verschiedene „Rote Fäden" der Ganzheit meiner Arbeit dar und zeigen einzelne Richtungen von In-*forma*-tion auf, um fachübergreifend überraschende Aspekte unserer Welt näherzubringen. Die ersten vier Kapitel hier in diesem Band, setzen sich mit In-*forma*-tion auf der Ebene der kosmologischen Evolution auseinander. Sie werden für die Leserin / den Leser thematisch vermutlich die größte

---

[14] Siehe Kap. 9, Anm. 14f.

Herausforderung bieten. Dennoch seien sie an den Anfang gestellt. Ich wünsche Ihnen, dass Sie beim Lesen das Staunen wiederfinden. Lassen Sie sich von diesem *Plädoyer fürs Leben* anstecken. Fangen Sie Feuer. So werden Sie die mutmaßliche Schwelle mit Interesse und Bravour meistern, sich danach wohlbehalten in weiterführenden Aspekten wiederfinden und sich letztlich beschwingt der Conclusio dieses Buches widmen können – beziehungsweise auch der Fortsetzung im zweiten Band von „In-*forma*-tion": *Biographie vom Standpunkt der Information.* Die Auseinandersetzung bezüglich Bewusstsein und Resonanz mündet in der konkreten Fragestellung: *„Wie gestalten wir Leben?"*. Der Schwerpunkt der Auseinandersetzung liegt dort auf Ergebnissen der Neurowissenschaft, Soziologie, Intuitions-Forschung und Pädagogik.

Die beiden Bände von „In-*forma*-tion" moderieren primär Spitzenwissenschaftler, Nobelpreisträger aber auch Newcomer verschiedener Couleurs in ihren persönlichen Wortlaut: Hochdekorierte Forscher/ innen wie Enfants terribles der Wissenschafts-Community. „Enfants terribles", genau so lange, bis es gelungen war, veraltete Wissenschafts-Dogmen und festgefahrene Annahmen zur Strecke zu bringen. In den Zitaten werden Sie auch das persönliche Erstaunen, die Begeisterung der Forscher/nnen miterleben. Etwas das stets hereinspielt, wenn jemand beginnt, diese unsere Welt erstmals mit neuen Augen zu sehen.

Das Buch möchte Ihnen, liebe Leserin, lieber Leser, Inspiration und Anstoß sein, Ihr eigenes Mensch-Sein in entsprechender Freude und Dankbarkeit neu sehen zu lernen, um einige der zunächst unglaublichen Einsichten für das eigene Leben nutzen zu wollen. Es könnte sein, dass Sie nach Lektüre dieses Buches dem eigenen Bewusstsein und der ihm innewohnenden In-*forma*-tion und Gestaltungs-Kraft erstmals jene Bedeutung beimessen, welche ihr real zusteht. Wir leben in einer kulturellen Umbruchzeit. – Don't worry: Wandlung darf sein ...

Ich wünsche allen Leserinnen und Lesern spannende Stunden mit diesen „Roten Fäden" der zusammengetragenen Forschungsergebnisse, weiterführenden Gedanken sowie den erlebten Einsichten aus den Bewusstseins-Übungen. Dort werden Sie – ganz bewusst – mit dem „Du-Wort" angesprochen, um in Ihnen jene Instanz in Resonanz zu bringen und zu erreichen, die das Entscheiden haben möge: ihre Mitte.

Danksagung

Wiewohl ich während der Arbeit an diesem Buch nicht das Glück hatte, meine eigenen Überlegungen mit speziell kenntnisreichen Kollegen erörtern zu können, so hatte ich dennoch die wunderbare Möglichkeit mit den bedeutendsten Fachleuten eine Art *inneren Dialog* zu pflegen; nämlich den Autoren all jener Zitate, welche das Buch letztlich zu dem machen, was es geworden ist. Ohne ihre bahnbrechenden Forschungen und Erkenntnisse wäre jeder weiterführende Schritt unmöglich gewesen. Besonders zu nennen sind an dieser Stelle die Neuro-Wissenschaftler Antonio Damásio, John Eccles, Candace Pert sowie die Genetiker Kazuo Murakami und Bruce Lipton, aber auch die Physiker David Bohm, Anton Zeilinger, Walter Thirring, Antoine Suarez, Hans-Peter Dürr, Frank Close und Eric Verlinde. Weiters soll darauf hingewiesen werden, dass auch die bekannten Grand Old Men of Physics, Albert Einstein, Werner Heisenberg, Erwin Schrödinger sowie Carl Friedrich von Weizsäcker mit ihren ganzheitlichen Gedankenansätzen bereits vor Jahrzehnten die Grundbausteine für das vorliegende Buch legten. Ebenso diente dabei Rupert Sheldrakes unermüdliches Forschungs-Engagement. Weiter verdanke ich Paul Cézannes, Pablo Picassos und Joseph Beuys' wegweisenden Ideen, mir stets Inspirationsquelle beim Erobern weißer Flecken dieses Neulands gewesen zu sein. Nicht zuletzt gaben auch die philosophischen Anstöße eines Karl Popper, Ludwig Wittgenstein und Rudolf Steiner spannende Impulse, das vielschichtige Terrain auch von dieser Warte her zu durchdringen. Danke.

Mein Dank gilt auch jenen, die die zukunftsweisende Bedeutung jener Forscher erkannten und ihren Ideen die nötige Publizität gaben. Speziellen Dank den Redakteur(inn)en der ORF-Bildungsabteilung, deren Engagement, Fachwissen und Verständnis des öffentlichen Bildungsauftrags zu motivierenden Recherchen und Interviews führte. Ebenso gilt der Dank allen namentlich hier unerwähnt Gebliebenen.

Last but not least: Mein inniger Dank allen meinen Freunden, die mich durchs Leben begleiten, ob seit langem oder seit kurzem – ihr seid's mir wichtig!

Klaus Podirsky, Wien, 7. März 2011 / 7. Oktober 2016 / 27. Mai 2024

Teil 1 In-*forma*-tion als Naturgesetze
Physikalisches Dasein in Kosmos, Evolution und Leben

Kapitel 1: „*Im Anfang war ...*"

Von der Entstehung der Welt

Wetten Sie manchmal? Spielen Sie manchmal in einem dieser den Staat finanzierenden Glücksspielen mit, um vielleicht doch einmal per Zufall den Jackpot zu knacken und für sich und Ihre Lieben „das-Leben-zu-gewinnen"? Sie hätten um viele 10er Potenzen höhere Chancen, als ein imaginärer Geist zur Geburtstunde des Universums, der Wetten hätte abschließen können, dass „per Zufall" die Entstehung von Leben vonstatten gehen werde. – Das Fragment einer Ewigkeit, etwa vierzehn Milliarden Jahre später, gibt es uns: Menschen, als höchst komplexe, zur Selbsterkenntnis fähige, schöpferische Wesen. Anders allerdings ergäbe sich die Betrachtung, wenn die Evolution kein rein zufällig sich entwickelndes Geschehen war und dieser Geist, der hätte wetten können, in-*form*-iert gewesen wäre, was da vor sich gehen will, weil er die In-*forma*-tion, das Bewusstsein selbst war, ist und immer sein wird: Gewahrsein, welches die Welt erschafft, damals wie heute, und sich-eins-lächelt, ob der Naivität dieser „bewussten Wesen", die es / er / sie wohl ebenso IST.

Sir Karl Popper, einer der großen Philosophen-Geister staunend dazu: „*Wenn ich die etwas vage Idee einer kreativen oder emergenten einer Neues schaffenden Evolution aufnehme, so denke ich ... an die Tatsache, dass in einem Universum, in dem es zu Beginn nichts gab als Wasserstoff, Helium, Neutrinos und Strahlung, kein Theoretiker, der die damals im Universum wirkenden und nachweislichen Gesetze gekannt hätte, die Eigenschaften oder überhaupt die Entstehung der noch nicht existierenden schweren Elemente hätte voraussagen können oder auch die Zusammensetzung der einfachsten zusammengesetzten Moleküle. ... Dinge mit Eigenschaften entstanden, die gänzlich unvorhersehbar oder emergent waren: die Entstehung von Leben; die Entstehung von Empfindungen oder Gefühlen; die Entstehung des Ich-Bewusstseins.*" [1]

---

[1] K. Popper / J.C. Eccles: „*Das Ich und sein Gehirn.*", München 2002 (1989), S. 37.

Univ.-Prof. Heinz Oberhummer, Astrophysiker und Kosmologe sowie ehemals Professor am Institut für Nukleare Astrophysik der Technischen Universität Wien und Erforscher des sogenannten „Triple-Alpha-Prozesses" in Sternen (eine wesentliche Theorie zur Entstehung von Kohlenstoff und Sauerstoff im Universum; KP.) staunt gleichermaßen über das vorliegende Ergebnis „Leben". Von seiner speziellen Warte der Forschung aus, schreibt er Folgendes über die geradezu unfassbare, präzis koordinierte Beziehung der vier grundlegenden physikalischen Kräfte (Gravitation, elektromagnetische Kraft, schwache und starke Kernkraft): *„Die konkrete Frage, die wir uns stellten, war: ‚Wie fein muss die Abstimmung dieser Kräfte im Universum sein, um Leben zu ermöglichen?'* ... *Das Ergebnis der Rechnungen für die Kohlenstoff-Entstehung durch den Triple-Alpha-Prozess in Roten Riesen (Endstadium eines Sternes) war verblüffend: Bereits minimale Variationen von etwa 0,5% der Stärke und Reichweite der Kernkraft führen zu einer 30- bis 1.000-fachen Erniedrigung der Häufigkeit von Kohlenstoff oder Sauerstoff. Damit wäre Leben auf Kohlenstoffbasis extrem unwahrscheinlich. Nur Kohlenstoff hat nämlich die notwendigen Eigenschaften zur Bildung der komplexen und sich selbst organisierenden Moleküle, die für das Leben notwendig sind. Auch das Vorkommen von Sauerstoff und damit des für das Leben unabdingbaren Wassers würde um das Hundert- bis Tausendfache sinken. Die numerischen Feinabstimmungen und Koinzidenzen (sind) viel zu ausgeklügelt, als dass sie noch mit unserem Sinn für ‚Natürlichkeit' in Einklang gebracht werden können."* [2] Für gegenwärtige Kosmologen sind wesentliche Fragen ungelöst und weitgehend offen. Man mag zu den Rätseln und Anomalien stehen wie man will: Sie existieren.

Was folgt ist ein Abriss über die vier Evolutionsphasen des Kosmos, wie ihn die heutige Forschung sieht. Weiters wird die Frage gestellt: *Welche Funktionszusammenhänge können im Kosmos erkannt und als Naturgesetzmäßigkeit postuliert werden?* – Was offenbart sich darin als In-*forma*-tion, die dem Evolutionsprozess Gestalt verlieh / verleiht?

---

[2] H. Oberhummer, et al.: *„Stellar Production Rates of Carbon and Its Abundance in the Universe"*, in: *Science Vol. 289 7/2000*, S. 88; H. Oberhummer, *„Kann das alles Zufall sein? – Geheimnisvolles Universum."*, Salzburg 2008, S. 142, S. 148f. Siehe Kap. 4, Anm. 7; Siehe Kap. 6, Anm. 1-4.

Big Bang and more. – „Sternenstaub"

Damit das Folgende besser lesbar wird, möchte ich an dieser Stelle die Pointe – ausnahmsweise – vorwegnehmen: Alles was wir heute an Materiellem in der Welt sehen, besteht nach heutigem Stand der Wissenschaft aus „Sternen-Staub". Alle Elemente (außer Wasserstoff) wurden in einer dieser frühen Sonnen fusioniert, was erst die materielle Basis für biologisches Leben bot. In allem um uns – sowie in jedem Menschen – tritt uns der Kosmos in seiner Universalität entgegen.

Zur Historie selbst: Ausgehend vom Big-Bang, lassen sich vier Phasen der Evolution unterscheiden. Man nimmt an, dass die erste Phase etwa eine Mikrosekunde dauerte und unmittelbar diesem physikalisch unfassbaren Beginn folgte. [3] Die neue Gravitationstheorie des Physikers Verlinde gibt allerdings zu völlig anderen Betrachtungsweisen Anlass. [4] Im Gegensatz zu vielen seiner Kollegen bemerkt der Kosmologe Stephen Hawking: *„So fand unsere Arbeit am Ende allgemeine Anerkennung, und heute gehen fast alle davon aus, dass das Universum mit einer Urknall-Singularität begonnen hat. Die Sache hat nur einen Haken: Inzwischen habe ich meine Meinung geändert und versuche jetzt andere Physiker davon zu überzeugen, dass das Universum nicht aus einer Singularität entstanden ist. Wir können darauf verzichten, wenn wir Quanteneffekte in unsere Überlegungen einbeziehen."* [5] Doch bleiben wir mal bei der gängigen Urknall-Theorie: In diesen Sekundenbruchteilen, so die Wissenschaft, entstanden die „Elementarteilchen", die Elektronen und Quarks [6], weiters begannen

---

[3] Es handelt sich bei diesem „Big-Bang"-Geschehen um etwas, was kosmologisch als „Singularität" bezeichnet wird: alles je Existente im Punkt verdichtet. Physikalisch betrachtet, ein Unding! – Außer es war „In-*forma*-tion – und somit ohne Ausdehnung.

[4] Siehe Kap. 3, Anm 36-39f.

[5] Stephen Hawking: *„Eine kurze Geschichte der Zeit."*, Hamburg 1988, S. 72.

[6] Der Physiker Prof. Dr. Herwig Schopper, langjähriger Generaldirektor des CERN: *„Wenn ich von Quarks rede, ist das nichts anderes als ein Kürzel für einen sehr komplizierten Anregungszustand eines Feldes, das nichts Materielles im eigentlichen Sinn mehr ist."* (H. Schopper, in: H. Thomas: *„Naturherrschaft – Wie Mensch und Welt sich in der Wissenschaft begegnen."*, Köln 1990, S. 49.). Was die heutige Wissenschaft unter Proton (oder auch Neutron) versteht, ist von dieser Ebene der Betrachtung ein „Schwarm von Quarks", der von sogenannten „Gluonen-Feldern" (engl.: *glue* = Klebstoff) zusammengehalten wird; Siehe Kap. 2, Anm. 4, 5.

jene bekannten 4 Kräfte ihr Werk, welche diese „Teilchen" [7] später zu komplexen Strukturen verbinden sollten. Das Universum expandierte mit Überlichtgeschwindigkeit. Diese Phase wird heute als Inflation bezeichnet. Der „Raum" dehnte sich dabei aufs Millionenfache aus und kühlte ab. Innerhalb der folgenden etwa 100.000 Jahre kondensierten aus dem kosmischen Plasma die „Quarks" – zunächst in Protonen und Neutronen (Bausteine der Atomkerne). Diese verbanden sich schließlich mit Elektronen zu den ersten (Wasserstoff-)Atomen. Im Universum wird es jetzt erstmals Licht (ca. 300.000 Jahre nach dem Beginn) und die neue Materie (Wasserstoffatome) verdichtet sich in der Folge zu ersten massereichen (Riesen-)Sternen mit enormen Temperatur- und Druckwerten. Kern-Fusion setzt im Inneren dieser Sterne ein. Erstmals entstehen alle Elemente schwerer als Wasserstoff. Innerhalb weniger Jahrmillionen ist der Brennstoff (Wasserstoff) dieser frühen „Sternpopulation" verbraucht. Als Supernova explodierend, reichern sie den Kosmos mit allen Elementen an. Damit verändern sie ganz wesentlich die Zusammensetzung der galaktischen Materie. *„Die Masse eines Sternes bestimmt nicht nur seine Lebensdauer, sondern auch die Art von chemischen Elementen, die er an das interstellare Gas abgibt und damit der nachfolgenden Sterngeneration zur Verfügung stellt."* [8] *„Ihr einziger Lebenszweck war es offenbar, das Universum mit schweren Elementen anzureichern."* [9], quasi als kosmisch-energetische Brutstätte [10] für alle Elemente, sodass spätere Sterngenerationen, wie auch unsere Sonne, die Erde sowie wir Menschen und die gesamte Evolution, auf den fusionierten Elementen aufbauen kann. In (für astronomische Zeitskalen) kürzester Zeit ist diese lichtvolle Sternenaufgabe beendet, und die erste Sternen-Generation verschwindet wieder aus den Evolutionsabläufen im Universum.

---

[7] Wir werden noch sehen, dass der hier verwendete Begriff „Teilchen" im Grunde genommen als irreführend bezeichnet werden muss. Siehe Kap. 3, Anm. 3.

[8] W.M. Tscharnuter / Ch. Straka: *„Im Anfang war nur der Wasserstoff..."*, in: *Spektrum der Wissenschaft 2/2002*, S. 32.

[9] C. Chappini: *„Die Entstehung der Galaxis"*, in: *Spektrum der Wissenschaft 6/2002*, S. 41ff.

[10] S.v.d. Bergh / J.E. Hesser: *„Die Entstehung des Milchstraßensystems"*, in: *Spektrum der Wissenschaft 3/1993*, S. 36 (Ganz analog spricht man in der Atomtechnologie bei Kernfusions-Reaktoren vom Typus des so genannten „Schnellen Brüters".).

Erde: Anomalie und ungeschliffener Rohdiamant der Forschung

Richtig ist, dass wir nach heutigem Erkenntnisstand, in einem rational strukturierten Universum leben. Wir erkennen, dass diese Rationalität mit unserer eigenen in Einklang steht, sonst könnten wir die Strukturen gedanklich gar nicht fassen. Resonanz ist eben alles und ermöglicht uns diesen Zugang. Grundsätzlich hält die klassische Astronomie die Situation in unserem Planetensystem für *„erschöpfend geklärt“*. Man hat sich in der Planetenforschung daher bereits auf extrasolare Planetensysteme verlegt. Dennoch: Da gibt es nach wie vor wissenschaftlich ignorierte und seit ihrer Entdeckung skeptisch beäugte Eigentümlichkeiten im Sonnensystem. Gerade bezüglich der Erde. Höchst auffällige und überraschende Details blieben bislang kosmologisch unbeachtet und in ihrer Wirksamkeit und Bedeutung für die Entwicklung von Leben auf der Erde unerforscht. Zum Beispiel die Besonderheit, dass Sonne und Mond am Himmel nicht nur gleich groß erscheinen, sondern auf Basis der wissenschaftlichen Messdaten bezüglich der Erde auch dieselbe Rotationsdauer aufweisen: nämlich 27,3 Tage. Es herrscht somit auch eine rhythmische Koinzidenz der beiden Hauptlichter Sonne und Mond bezüglich der Erde, als Träger des Lebens im System. – 27,3 Tage ist zugleich die durchschnittliche Rotation der Sonne (99,9% der Gesamtmasse im System). Diese Zeit-Konstante von 27,3 Tagen konstituiert das gesamte Planetensystem im Goldenen Schnitt / Fibonacci-Folge. Dies wurde von mir vor mehreren Jahren nachgewiesen und 2004 veröffentlicht.[11] Dieses Faktum stellt eine weitere, höchst auffällige, systemimmanente Zeit-Skalierung dar, auf die im Detail hier nicht näher eingegangen werden kann.

---

[11] Mittlerweile (2016) weisen Vergleichsdaten bei (fast) allen untersuchten extrasolaren Planetensystemen auf ebensolche Übereinstimmungen mit der Fibonacci-Folge hin. Eine ausführliche Auseinandersetzung und Aufarbeitung der rhythmischen Phänomene im Sonnensystem, die auffällige Stellung der Erde in dem Zusammenhang sowie weitere „verblüffende Zufälligkeiten“ findet der interessierte Leser im oben genannten Buch „*Fremdkörper Erde*“. Darunter auch eine Auseinandersetzung mit jener „*Dissidenten-Stellung der Erde*“ im Kreis der Planeten sowie derjenigen ihres Wassers: Wasser besitzt nachweislich nur unter annähernd irdischen Druckverhältnissen jene „Anomalie“, die zum Überleben von Organismen in Gewässern nötig ist. K. Podirsky: „*Fremdkörper Erde – Goldener Schnitt und Fibonacci-Folge und die Strukturbildung im Sonnensystem.*“, Frankfurt 2004, S. 275, S. 168, S. 286.

Freiheit: Entwicklung von gesamt-menschheitlichem Bewusstsein

Wenn wir in diese Welt schauen, so sehen wir rasante Veränderungen, welche uns nicht nur wirtschaftlich, sondern zunehmend auch mental globalisieren. Neue Entwicklungen weisen zunächst stets *Kinderkrankheiten* auf und haben ihre Schattenseiten. Und doch: Viele Menschen spüren die aufkeimende Verantwortung für diesen Planeten, mehr aber noch: für einen selbst. Da ist eine neue Suche und Bedeutung spürbar, diesem eigenen Menschen(er)leben wieder einen individuell und frei gewählten Lebenssinn zu geben. Zu lang schon haben sie entsprechend äußeren Autoritäten gelebt. Nun jedoch wollen sie die ganze Verantwortung zurück haben. Es wächst das individuelle Interesse an Fragen wie: *Was bedeutet es ein Freier Geist, jenseits religiöser oder pseudoreligiöser Vorstellungen, zu sein? Wie kann ich, in dieser Zeit scheinbar überbordender Dynamik, den Lebensanforderungen gerecht werden? Gibt es vielleicht doch eine zeitgemäße Verbindung und Verbindlichkeit zwischen Spiritualität und Leben, zwischen Spiritualität und Wissenschaft, welche die eigene Existenz und Lebendigkeit bereichert?*

In der Physik ist die Suche nach einer Vereinigung (der Verbindung zweier oder mehrerer Theorien zu einer) schon immer eine starke und erfolgreiche Triebkraft gewesen. Die neuesten Forschungsergebnisse auf unterschiedlichsten Gebieten können erstaunen und berechtigterweise seltsam anmuten. Trotzdem: In der modernen Biologie, der Quantenphysik, vor allem aber auch in den sogenannten Kognitionswissenschaften – weisen mehr und mehr Details darauf hin, dass der Information beziehungsweise dem Bewusstsein, eine bislang ungeahnte Bedeutung zukommen könnte. Es ist verständlich, dass das gegenwärtiges Zeitalter als Informations-Zeitalter bezeichnet und wohl auch als solches in die Geschichte eingehen wird. Meiner Auffassung nach halten wir als Menschheit jedoch kaum einen Zipfel dessen in Händen, was das Leben und seine In-*forma*-tion für die Entstehung des Kosmos war und ist. Man braucht diesbezüglich wahrlich kein Sherlock Holmes zu sein, um die Vermutung anzustellen, die Holmes gegenüber Watson in seinen Ermittlungen fallen ließ: „*Wenn sich zwei seltsame Dinge ereignen, dann hängen sie vermutlich zusammen.*“ Dank enormer Fortschritte in der Beobachtungs-Technologie und dem

Feld experimenteller Methoden scheint die Bildung neuer Begriffe entscheidend. Beziehungsweise deren Wandlung. *„Wenn man in den Naturwissenschaften auf ein solches Paradoxon stößt, dann wird es meistens dadurch gelöst, dass man neue Begriffe einführt, die die Schwierigkeiten vermeiden. Dies stößt häufig auf Widerstände, da es im Allgemeinen schwerfällt, liebgewordene Konzepte aufzugeben.* [12]

Die Wichtigkeit einer Wissenschaft gesamtheitlicher Entwicklungszusammenhänge bezüglich Natur und Kultur, Materie und Geist, Biologie und Kosmologie ist für echte Bewusstseins-Erneuerung kaum zu überschätzen. Die Bedeutung solcher Forschung, verbunden mit absehbaren Angriffen, formulierte der renommierte Quantenphysiker und Nobelpreisträger Erwin Schrödinger in seinem eindrücklichen Appell an die Wissenschaft: *„Wenn wir unser wahres Ziel nicht für immer aufgeben wollen, dann dürfte es nur einen Ausweg aus dem Dilemma geben: dass einige von uns sich an die Zusammenschau wagen, auch wenn sie Gefahr laufen, sich lächerlich zu machen.“* [13]

Erwin Schrödinger, Autor des Buches: *„Was ist Leben?“* [14], hat sich zeitlebens an seinen eigenen Appell gehalten. Die Lektüre dieses Buches gab Mitte des 20. Jahrhunderts zwei jungen Physikern den entscheidenden Forschungsanstoß, der letztlich die gesamte Biologie revolutionierte: Francis Crick und James Watson entdeckten neun Jahre nach Erscheinen seines Buches die Doppelhelix der DNA. [15]

---

[12] H. Schopper: *„Was heißt Materie – Beiträge der Elementarteilchenphysik zum Weltverständnis.“*, in: H. Thomas: *„Naturherrschaft – Wie Mensch und Welt sich in der Wissenschaft begegnen.“*, Köln 1990, S. 19.

[13] H. Voitl / E. Guggenberger: *„Die Raupe kann den Schmetterling nicht verstehen – Erwin Schrödinger zum 100.Geburtstag“*, Wien 1987, Transkription, Minute 58.

[14] E. Schrödinger: *„Was ist Leben? – Die lebende Zelle mit den Augen des Physikers betrachtet.“*, München 1989 (Cambridge University Press 1944).

[15] Der genetische Code des Lebens schien sich 1953 als unglaublich simples Gebilde zu enttarnen. Er wurde von der Biologie zunächst als eine Art „Kochrezept“ verstanden: Information, wie das Körpereiweiß hergestellt werden soll. Aber bereits in den 1970er Jahren wurde offensichtlich, dass viel ugeklärt blieb. Crick: *„Nachdem dieses Programm jetzt abgeschlossen ist, sind wir in einer vollen Kreisbewegung zum Ausgangspunkt zurückgekehrt: den ungelöst zurückgelassenen Problemen. Wie kommt es z.B., dass ein verletzter Organismus sich zur genau selben Struktur regeneriert, die er vorher hatte?“* (H.F. Judson: *„Der 8.Tag der Schöpfung.“*, New York 1979, S. 209).

Fundierte Ergebnisse empirischer Forschungen sind heute reichlich vorhanden. Alles zielt auf eine radikal neue Sicht der Welt ab. Dazu passt, was der Physiker und Teleportations-Forscher Anton Zeilinger formuliert: *„Das Weltbild steht überhaupt nicht fest. Wir haben gerade erst begonnen, darüber nachzudenken."* [16] Wir werden spätestens in ein paar Jahrzehnten größere Klarheit haben und im Blick zurück erkennen, welch' grandioser Paradigmenwechsel gerade stattfindet. Ich selbst vermute, er wird jenem Wechsel in Folge der Quantenphysik an Radikalität um nichts nachstehen. Im Gegenteil: War der letzte einer, der vornehmlich die Gelehrten in ihren Elfenbeintürmen von Physik und Chemie schockierte [17], so wird jener von grundsätzlich anderer Radikalität sein. Er wird vermutlich das gesamte menschliche Zusammenleben von der Wurzel revolutionieren und verwandeln. Ein wahrhaft diesem Jahrtausendwechsel gebührender Paradigmenwechsel!

Er wird meiner Einsicht nach auf dem völlig neuartigen Verständnis dessen gründen, was bislang unter „Information" verstanden wurde. Ich jedenfalls glaube, man muss kein großer Prophet sein, um zu sagen: In 1.000 oder bereits 100 Jahren werden die meisten der heutigen Ansichten über diese Welt – über „Gott-und-die-Welt" – eher naiv erscheinen. Die Prognose mag in den Ohren manches Zeitgenossen anmaßend klingen. Letztlich wird die Entwicklung selbst es bestätigen, oder widerlegen ...

In einer wissenschaftlichen Symposions-Diskussion versuchte vor wenigen Jahren einer der Teilnehmer am Podium die Stoßrichtung der Diskussion mit der folgenden Bemerkung auf den Punkt zu bringen: *„Hier stellt sich eine ganz andere Frage: Welche geistigen Kräfte, Ideen und Weltbilder werden denn künftig geschichtsbestimmend sein?".* [18] Die mir allerdings viel wesentlichere Frage ist: *Welche geistigen Kräfte, Ideen und Weltbilder werden künftig **lebensbestimmend** sein?*

[16] A. Zeilinger: *„Einsteins Schleier – Die neue Welt der Quantenphysik.",* München 2003, Buchumschlag; Siehe Kap. 9, Anm. 23.

[17] Niels Bohr formulierte es damals so: *„Ein Mensch, der von der Quantentheorie nicht schockiert ist, der hat sie nicht verstanden!";* Siehe *„In-forma-tion / Bd.2",* Kap. 1: Kunst als Vorläuferin eines neuen Bewusstseins, Anm. 4 sowie Kap. 5: Leben – ein Diskurs, Anm. 19.

[18] G. Küenzlen: *„Wissenschaft im Neuen Denken",* in: H. Thomas: *„Naturherrschaft – Wie Mensch und Welt sich in der Wissenschaft begegnen.",* Köln 1990, S. 197.

Bewusstseins-Übung: „Handbremse" (zu-schön-um-wahr-zu-sein?!)

In jeder Kultur wachsen die Menschen mit Sprichworten auf. Betrachtet man solche Sprichwörter unvoreingenommen, so kann man daran kraftvolle Überzeugungen erkennen, die im Massenbewusstsein einer Kultur wirken. Eine dieser bekannten Redewendungen lautet, etwas sei „*zu-schön-um-wahr-zu-sein*". Wir wollen bei dieser Übung schauen, ob beziehungsweise was eigentlich dafür spricht, dass es Dinge im Leben gäbe, denen unsereins besser von vornherein misstrauen sollte, weil sie dem „smarten" Verstand mit dem genannten Nimbus behaftet scheinen.

Übungs-Anleitung A:

Welche Lebensvision würdest Du für Dich wählen, wenn Du sicher wüsstest, nicht scheitern zu können? Welches Dir wichtige Vorhaben würdest Du dann angehen? Was würdest Du mit Deinem Leben anfangen wollen? Wie willst Du, dass sich Dein Leben gestalten darf?

Meine Lebensvision bzw. Herzenswünsche und wesentliche Vorhaben:

a)

b)

c)

Was davon erscheint Dir als sprichwörtlich zu-schön-um-wahr-zu-sein?

a)

b)

c)

Vermutlich gibt's auf der Welt nichts, was zu-schön-um-wahr-zu-sein ist und nichts zu-grausames-um-nicht-dennoch-wahr-zu-sein. Was das Sprichwort in jedem Fall für unsere Kultur schafft, sind Zaghaftigkeit und Mittelmaß. Das jedenfalls finde ich grausam. Denk nach, ob Du das weiter mitspielen willst. Fühl Dein Herzens-Anliegen. – Und brenne!

Übungs-Anleitung B:

Welche Sprichwörter fallen Dir selbst noch ein, deren Inhalt doppelbödig ist, zweischneidig und wenig vielversprechend für einen lustvoll-mutigen Beginn und ein erfolgreiches, vielversprechendes, eigenverantwortetes und erfülltes Leben in Selbst-Achtung, Freude, Mut und Leichtigkeit?

Geläufige Sprichworte aus meiner Stammfamilie: *Was Hänschen nicht lernt, lernt Hans nimmermehr.* Oder auch: *Einmal falsch – immer falsch!*

a)

b)

Hör auf, daran zu glauben, wenn Du Dich nicht selbst ausbremsen willst und gib ihnen keine schöpferische Energie mehr! Ja, es gibt Herausforderndes, aber nicht weil Derartiges „schwierig" ist, sondern weil es für uns etwas gewöhnungsbedürftig ist. Das aber darf und kann sich schnell wandeln, so wir es zulassen – indem wir es für möglich halten.

Finde Sprichworte, die Dir für Herzenswünsche förderlich scheinen: Beispiel: *Wer dem Großen in sich folgt, wird groß; wer dem Kleinen in sich folgt, wird klein.* (Meng Tse) Oder auch: *Wer wagt, gewinnt.* etc.

a)

b)

Was hast Du für Dich durch diese Übung erkannt?

Gedanken dazu:

Schau Dir unsere Welt an. Kannst Du ihre unfassbare Schönheit sehen? Siehst Du die Vollkommenheit auch im scheinbar Unvollkommenen?! Bist Du selbst noch ein/e Staunende/r, oder aber *„sozusagen tot und Dein Auge erloschen"*, wie das Albert Einstein einmal formulierte? [19] Mit dem Bewusstseins-Netz *zu-schön-um-wahr-zu-sein* wirst Du Neues schwerlich unbefangen in seiner Schönheit sehen. Für solche Menschen gibt es im Bewusstsein stets dss sprichwörtliche *Haar-in-der-Suppe* und rate mal, was sich infolge wohl auch in deren Mund finden wird ... Kennst Du das Gefühl, mit *angezogener-Handbremse* im Leben unterwegs zu sein? Wer Lebensträume mit *zu-schön-um-wahr-zu-sein* ummantelt, um *auf-Nummer-sicher* zu gehen, wird eine deutlich reduzierte Phantasiefähigkeit und Tatbereitschaft aufbringen, um sich für seine individuellen Herzensanliegen und kraftgebenden Vorhaben zu engagieren. Es könnte bezüglich unserer LebensWIRKlichkeit aber doch auch ganz anders gehen. Nämlich dass es genau dieses Glaubens an unser *„Menschen-Mögliches"* bedarf sowie der Begeisterung und Beharrlichkeit, um etwa wirklich Schönes auch wahr werden zu lassen.

---

[19] A. Einstein: *„Wer (das Geheimnisvolle) nicht kennt und sich nicht mehr wundern, nicht mehr staunen kann, der ist sozusagen tot und sein Auge erloschen."* Aus: *„Wie ich (in) die Welt sehe."* (1930), zitiert in: http://www.forum-einstein.org/zitate.html .

Kapitel 2: Materie – Bewusstsein – Leben

Materie als Illusion. – Begriffsbildungen der Gegenwartsphysik

„Materie ist nicht, sie geschieht." (Hermann Weyl [1]). Die Physikalische Forschung weist uns in vielerlei Hinsicht stets von neuem darauf hin, dass Begriffe, wie wir sie zur *Beschreibung der Welt* gebildet haben und benutzen, wirklich nur und nichts anderes sind als Begriffe aus einer Modellsicht der Welt, *keine realen Dinge.* Dies gilt für etwas wie *Zeit, Raum, Gravitation*, aber eben auch für *Materie.* Verändern wir den Standpunkt der physikalischen Betrachtung bezüglich Planetenbahnen von der 3. Dimension (Raum) zu jener der 4. Dimension (Raum-Zeit), dann kommt bereits die Physik Einsteins zu einer höchst eigentümlich anmutenden Begriffsbildung. Sie besagt nämlich, dass die Planeten auf ihren scheinräumlich betrachteten Kreisbahnen um die Sonne, sich „eigentlich" in etwas bewegen, was er als *„4-dimensionalen Gravitationstrichter der Sonne in der Raumzeitkrümmung"* bezeichnet. (Die Raumzeit wird laut dieser Theorie durch die Masse der Sonne gekrümmt; KP.) Und diese, aus der 3. Dimension betrachteten Kreisbewegungen, stellen aus 4-dimensionaler Sicht besehen entsprechend der Relativitätstheorie, Geraden dar! Etwas wie Gravitation wurde von Einstein somit lediglich als „Reaktion" materieller Objekte auf das, was er als „Raumzeit-Krümmung" postuliert, enttarnt. Er erklärte den Begriff der „Schwerkraft" in seiner Relativitätstheorie für wissenschaftlich hinfällig; dasselbe für den Begriff „Zeit". So wie wir Zeit erleben, kann sie lediglich als Grundlage unseres Denkens eingestuft werden. Eine erlebbare Einsicht, zu der man – ohne jegliches wissenschaftliche Vorwissen – durch kontemplative Bewusstseins-Übungen zum Thema Zeit, kommt. – So weit jedenfalls meine Selbsterfahrung. [2]

Unsere Wahrnehmung ist entscheidend davon geprägt, dass alles um uns herum als physisch-materiell erscheint, also etwas darstellt,

---

[1] Hermann Weyl war einer der bedeutendsten Mathematiker des 20. Jhdts. So hat Weyl seinen Kollegen, den Physiker Erwin Schrödinger, in Zürich wesentlich bei dessen grundlegendem Aufsatz zur quantentheoretischen Wellenmechanik unterstützt, indem er ihm den Weg zur Lösung der „Schrödingergleichung" beim Wasserstoffatom wies, wofür Schrödinger 1933 letztlich den Nobelpreis erhielt.

[2] Siehe Kap. 5, Bewusstseins-Übung „*Zeit-Kontemplation*", Anm. 26.

was wir als „feste Materie" bezeichnen. Es ist Grundlage dafür, dass unser individuelles Bewusstsein *Vorstellungen der Welt* entwickeln und be-dingen kann. [3] All dies scheint von einem anderen Standpunkt der Betrachtung – und um den soll es *zunächst* gehen – wenig real. Denn, Materie macht sich, wie wir heute wissen, für unsere Wahrnehmung lediglich durch „unsichtbare Kräfte" zwischen den „Materie-Teilchen" bemerkbar. Materie besteht nämlich zu (fast) 100% aus leerem Raum! [4]

Aber auch das Verb „besteht" ist in diesem Zusammenhang als Begriffsbildung bereits fragwürdig. Es wird deutlich, dass unsere Sprache mit ihren Bezeichnungsweisen für diesen Sachverhalt einfach keine passenden Worte kennt. Denn so wie wir heute als Physiker Materie begreifen, tritt unsere Vorstellung von etwas Zusammengesetztem viel zu kurz. So sagt man noch, dass Elementarteilchen aus sogenannten Quarks „bestehen", weiß aber, dass es sich bei dieser Formulierung viel mehr um eine Krücke unseres Verstandes handelt als um die Beschreibung einer Realität. Wenn wir auf die zugrundeliegende Ebene vordringen, stellt „Materie" viel mehr etwas wie einen „Zustand" dar [5]. Wenn man so will: eine Form geballt-gebündelter Energie. Da lagen

---

[3] Siehe „*In-forma-tion / Bd.2*", Kap. 2: Sprache als Quellpunkt menschlichen Erlebens, Anm. 4, 5, 12f.

[4] Exakt zu: 99,9999999999999 % – nach heutigem wissenschaftlichen Verständnis jedenfalls. Für das Universum im Großen besehen (Galaxien, Sonnen, Planeten) wird das, was man wissenschaftlich als „Gravitation" bezeichnet, noch heute als DIE vorherrschende, Struktur-bildende „Kraft" betrachtet, doch bei massearmen Formen wie Lebewesen ist es physikalisch betrachtet die Wirkung der Elektronen und der dazwischen wirkenden elektromagnetischen Kräfte, die Gestalt, Form und Struktur zu verleihen scheinen. Wir werden später noch darauf zurückkommen, inwiefern jegliche Art materieller Strukturen, quantenphysikalischen Mutmaßungen zufolge, Ausdruck und Ergebnis von Quanten-Information im physischen Bereich darstellt.

[5] Fritjof Capra, Professor für Hochenergiephysik an der Uni Paris, später der University of California and Santa Cruz sowie der Uni London: „*Die Quantenphysik hat gezeigt, dass subatomare Teilchen nicht einzelne Körnchen von Materie sind, sondern Wahrscheinlichkeitsstrukturen, Zusammenhänge in einem unteilbaren kosmischen Gewebe, das den menschlichen Beobachter und sein Bewusstsein einbezieht. ... Auf subatomarer Ebene sind die Wechselwirkungen zwischen den Teilen des Ganzen von grundlegenderer Bedeutung als die Teile selbst. Es herrscht Bewegung, doch gibt es letzten Endes keine sich bewegenden Objekte; es gibt Aktivität, jedoch keine Handelnden; es gibt keine Tänzer, sondern nur den Tanz.*" F. Capra: „*Wendezeit.*", Bern / München 1988, S. 97; Siehe Kap. 3, Anm. 3.

die alten Chinesen mit ihrem Verständnis dessen, was sie als „*Chi*" (sprich: „*Tschie*") bezeichneten wohl ganz richtig: eine Art Synergie der wissenschaftlich benannten Aspekte *Energie* und *Materie*. $E = mc^2$ Ja, diese Formel kennt in unserer Kultur heute (fast) jedes Kind ...

Der Physiker und Professor der Uni Karlsruhe, Herwig Schopper, langjähriger Generaldirektor des CERN und infolge planender Leiter des LEP-Teilchenbeschleunigers in Genf: „*Die Entmaterialisierung der Grundbausteine der Materie geht aber weiter. ... Wir glauben heute, dass wir ein noch tieferes Prinzip als die Kräfte haben: Das sind die Symmetrien, Symmetrien unserer Raum- und Zeitstruktur. Letzten Endes sollen es also die Eigenschaften von Raum und Zeit sein, die die Eigenschaften der Kräfte bestimmen, und weiterführend bestimmen dann die Kräfte die Eigenschaften der Elementarteilchen. Wir stoßen hier auf ein neues Element der Naturbeschreibung: die Symmetrie. ... Als ‚first principle', als letztes Ordnungsprinzip der Naturerklärungen, schält sich immer mehr der Begriff der Symmetrie heraus. Was ist Symmetrie? Zum Beispiel eine Spiegelung. ... Wir glauben jedenfalls heute, dass die Symmetrie der Raum-Zeit-Struktur und ihre Verletzung (‚Symmetriebrechung') letztlich die Eigenschaften der Kräfte und diese wiederum die Eigenschaften der Teilchen bestimmen.*" [6]

Hört man solche Statements, kann man zweierlei erkennen: Die heutige Physik scheint sich wirklich in ziemlich „tumultösem Wandel" und Neuorientierung zu befinden. Raum und Zeit werden physikalisch zwar als Illusion erkannt, andererseits manifestieren deren beider Eigenschaften alles, was „*die Welt im Innersten zusammenhält*".

Die obige Darstellung weist aber auch auf eine bedeutend neue Begriffsbildung der Physik hin: Jene von *Symmetrie* bzw. *Spiegelung*. Sollten diese beiden Aspekte tatsächlich derart universelle Bedeutung haben, wie hier dargestellt und somit entscheidenden Anteil daran, als In-*forma*-tion unser Universum zu konstituieren, dann – ja dann wäre es wohl sehr lohnend, sich auch im Bereich des zwischenmenschlich Sozialen auf die Suche nach solch einem Prinzip zu begeben. Lassen sich auch da Anzeichen für derart analoge Grundsätzlichkeiten auffinden?

---

[6] H. Schopper: „*Was heißt Materie ...*", in: H. Thomas: „*Naturherrschaft – Wie Mensch und Welt sich in der Wissenschaft begegnen.*", Köln 1990, S. 20ff.

Zum Beispiel der Art wie sie uns als philosophische Idee: *Die Welt ist ein Spiegel von uns.* [7] begegnet. Eine systemische Sichtweise, die bereits weite Kreise der heutigen Psychologie bestimmt. Eine Annäherungen zwischen bislang komplementären Weltzugängen zeichnet sich ab.

Was lange Zeit ganz absichtsvoll getrennt marschierte, könnte künftig gestärkt vereint zuschlagen. Ein gemeinsamer Zieleinlauf der aktuellen Etappe dieser Tour-de-Raison unserer momentanen Menschheitskultur steht vermutlich bald ins Haus. Nochmals der Experimentalphysiker Herwig Schopper: *„Denn die Konsequenz besteht darin, dass die Welt der Physik nicht durch rein materielle Elemente bestimmt ist, sondern einen transzendenten Hintergrund besitzt. Als Friedrich Dürrenmatt vor einiger Zeit CERN besuchte und ich ihm den LEP-Beschleuniger zeigte und die erwarteten Ergebnisse erläuterte, sagte er: ‚Jetzt verstehe ich, dass LEP eine philosophische Maschine ist.'... Der Paradigmenwechsel, der sich in der Physik anbahnt, sollte eine Basis für den Dialog zwischen Naturwissenschaften und Philosophie beziehungsweise Ethik liefern.* **Die Erforschung der Natur zwingt uns jedenfalls unsere Denkstruktur zu ändern, das halte ich für weit wichtiger als alle technischen Anwendungen der Naturforschung.**" [8]

Doch nochmals zurück zu unserer Ausgangsthematik: Auch Licht wird heute physikalisch mehr als ein „Zustand" begriffen, denn als ein eigenständiges „Etwas". Es scheint in gewisser Weise ein grundlegenderes Phänomen zu geben, welches sowohl für Materie als auch für Licht gilt: Materie verhält sich – ebenso wie Licht – wellenartig (Nobelpreis für Physik, 1929: Louis de Broglie), und Licht verhält sich unter gewisser Beobachtung (Energieübertragung durch Licht; KP.) wie eine Ansammlung von Licht-Teilchen. Licht und Materie „existieren" somit nach den qualitativ selben Gesetzmäßigkeiten und lassen sich, mit den exakt gleichen Formeln, z.B. den sogenannten Wellenfunktionen, beschreiben. [9] Was bislang als „*Schwingung*

---

[7]   Siehe auch selbes Kapitel, Anm. 23, 24; Siehe weiter: *„Jn-forma-tion / Bd.2"* Kap. 3: Ich-Bewusstsein versus Wille, Anm. 17 sowie Kap. 12: *Was ist Leben? –* Phänomene und Symptome, Anm. 7ff.

[8]   H. Schopper: *„Was heißt Materie ... "*, in: H. Thomas: *„Naturherrschaft – Wie Mensch und Welt sich in der Wissenschaft begegnen."*, Köln 1990, S. 23, S. 29f.

[9]   Siehe Kap. 4, Anm. 1-4.

des elektromagnetischen Feldes" interpretiert wurde, lässt sich aus heutiger Sicht als Wahrscheinlichkeits-Welle entsprechend der Verteilung ihres möglichen „Realität-Werdens", nachweisen und „verstehen" [10]. Es handelt sich offensichtlich um zwei Erscheinungsformen desselben „Etwas", desselben Zustands. Gemäß der sogenannten Quantentheorie [11] besteht der einzig wesentliche Unterschied zwischen Licht und Materie darin, dass Photonen keine Masse besitzen und dass Photonen offensichtlich die einzigen Teilchen sind, welche im Gegensatz zu allen anderen bekannten „Teilchen" im Kosmos keine Anti-Teilchen besitzen, beziehungsweise exakter ausgedrückt: ihre eigenen Anti-Teilchen SIND. [12] Vielleicht kann daraus abgeleitet werden, dass Licht etwas ist, was im Gegensatz zu allen anderen Energie-Formen (wie Elementar-Teilchen) gewissermaßen noch nicht den Schritt in die Polarität und Komplementarität alles Materiellen gegangen ist ...?

Anhand dieser kurz gefassten Darstellung kann man unschwer erkennen: Unser Erleben, dass diese unsere materielle Welt real ist, mag für unser Alltagserleben in der Welt Sicherheit bieten und somit auch evolutiv im höchsten Maß förderlich (gewesen) sein. Für die Einschätzung, beziehungsweise die Möglichkeit, OB wir mit unserem Bewusstsein Einfluss auf die Gestaltung dieser Welt nehmen können, oder auch WIE wir in dieser Welt etwas bewirken können, könnte sich diese Vorstellung als zu unbeweglich, fest gefügt und „be-dingt" erweisen. Gleichermaßen gilt dies für die Vorstellung, dass alles aus lauter Teilchen bestünde. Derartige Vorstellungen durften noch über lange Strecken des 20. Jahrhunderts Gültigkeit für sich in Anspruch nehmen und wurden bis in die 1960er Jahre vom Nobelpreisträger

---

[10] *„Was und wie viel wir durch naturwissenschaftliches Denken von der eigentlichen Wirklichkeit verstehen können, hängt davon ab, was wir unter ‚verstehen' verstehen."* H.P. Dürr: *„Das Netz des Physikers.",* München 1990, S. 48.

[11] Was zu Beginn dieses Kapitels vorgestellt wird, mag für manchen Leser eine zu geraffte Darstellung eines äußerst komplexen Inhalts darstellen. Dafür entschuldige ich mich. Größere Ausführlichkeit ist jedoch im Zusammenhang des vorliegenden Buches nicht möglich. Der interessierte Leser sei verwiesen auf: N. Herbert: *„Quantenrealität – Jenseits der neuen Physik",* Birkhäuser Vlg., Basel 1987 oder auch: F.A. Wolf: *„Der Quantensprung ist keine Hexerei – Die neue Physik für Einsteiger.",* Birkhäuser Vlg., Basel 1986; Siehe Kap. 3, Anm. 3-5.

[12] J. Starkmuth: *„Die Entstehung der Realität."* Bonn 2007, S. 89.

für Physik, Richard Feynman, kolportiert. [13] Der international geehrte Wissenschaftsphilosoph und Forscher Univ.-Prof. Ervin Laszlo: *„Laut Bohr ist schon allein die Frage danach, was ein Teilchen ‚an sich' selbst ist, sinnlos und sollte daher nicht gestellt werden. Um Eugen Wigners aufschlussreiche Formulierung zu verwenden:* **Die Quantenphysik befasst sich mit Beobachtungen, nicht mit Beobachtbarem.** " [14]

„wertfrei – nicht Sinn behaftet" [15]

Im folgenden Abschnitt werden primär Forscher und Wissenschaftler in ihrem eigenen Wortlaut zitiert. Denn, selten wird uns bewusst, wie weit zeitgenössische Forschung bereits über jenes Wissen hinausgeschritten ist, das in den Schulbüchern unserer Kinder noch weiter tradiert wird.

Es kursieren unter den Wissenschaftlern – vornehmlich aus dem Bereich der Physik, aber auch aus der Systemforschung – einander ergänzende oder auch konkurrierende Theorien, die die sogenannte Neue Physik begründen. Heute ist klar: Auf subatomarer Ebene lösen sich die scheinbar festen, materiellen Objekte der klassischen Physik in wellenartige Wahrscheinlichkeits-Strukturen auf. Diese Strukturen stellen aber nicht die Wahrscheinlichkeit von Dingen, sondern von Verknüpfungen, von Beziehungen, dar. Schon 1937 formulierte der berühmte Nils Bohr diese Wirklichkeit so: *„Isolierte Materie-Teilchen sind Abstraktionen, ihre Eigenschaften sind nur durch Zusammenwirken mit anderen Systemen definierbar und wahrnehmbar."* [16] In der Quantentheorie langt man also nie bei irgendwelchen Formen oder etwas Dinglichem an. Es sind aus heutiger wissenschaftlicher Sicht vielmehr Gewebe von Wechselbeziehungen, die all dem zugrunde liegen.

Hans-Peter Dürr, langjähriger Mitarbeiter von Werner Heisenberg bei dessen Forschungen und emeritierter Direktor des Max-Planck-

---

[13] Siehe *„In-forma-tion / Bd. 2"*, Kap. 2: Sprache als Quellpunkt menschlichen Erlebens, Anm. 4.

[14] E. Laszlo: *„HOLOS – die Welt der neuen Wissenschaften."*, Petersberg 2002, S. 25; (Zitat: Eugen Wigner, Professor für Mathematik an der Princeton University und Nobelpreisträger für Physik 1963).

[15] H.P. Dürr: *„Das Netz des Physikers."*, München 1990, S. 48.

[16] N. Bohr: *„Atomtheorie und Naturbeschreibung."*, Berlin 1931, S. 57.

Instituts für Physik, Träger des Alternativen Nobelpreises (1987) sowie als Mitglied der Wissenschaftler-Organisation „Pugwash International" im Jahr 1995 auch Träger des Friedensnobelpreises, erklärt in seinem späten Buch „*Geist, Kosmos, Physik – Gedanken über die Einheit des Lebens*": „*Ich habe als Physiker fünfzig Jahre lang – mein ganzes Forscherleben – damit verbracht zu fragen, was eigentlich hinter der Materie steckt. Das Endergebnis ist ganz einfach: Es gibt keine Materie. Ich habe somit fünfzig Jahre an etwas gearbeitet, was es gar nicht gibt. Das war eine erstaunliche Erfahrung zu lernen, dass es das, von dessen Wirklichkeit alle überzeugt sind, am Ende gar nicht gibt.*" [17]

Dürr wurde allerdings etwas anderes bewusst: Dass alles auf dieser Welt, bis in die subatomare Ebene, in ursächlicher Verbindung steht. Etwas das sich heute in unterschiedlichsten Zusammenhängen beweist.

Die Sicht hat sich mittlerweile vielfach bestätigt. Nicht zuletzt durch bahnbrechende Arbeiten des Quantenphysikers und Nobelpreisträgers, Univ.-Prof. Anton Zeilinger. Als führender Fachmann für Teleportation („Beamen") konnte er zeigen, dass alle „Teilchen" Spiegelungsgesetzen unterworfen sind. „Verschränkungen" sagt die Physik dazu und will dieses Phänomen für Quanten-Computer verwenden. Es zeigt sich hier, dass Atome, obwohl weit von einander entfernt, dennoch durch „nicht-lokale" Zusammenhänge miteinander verbunden sind. Man bezeichnet diese Phänomene heute oft auch als kohärente Zustände. [18]

Der Physiker Henry Stapp (University of California) fasst dieses Phänomen als „*profunde Wahrheit, dass die Welt entweder grundsätzlich gesetzlos oder grundsätzlich unteilbar ist*" [19] zusammen . Einen wieder anderen Aspekt betonte der große Physiker David Bohm bereits 1951, wenn er sagt: „*Das Universum beginnt mehr wie ein großer Gedanke, denn wie eine große Maschine auszusehen.*" [20]

---

[17] H.P. Dürr: „*Geist, Kosmos, Physik – Gedanken über die Einheit des Lebens*", Amerang 2013, S. 44.

[18] A. Zeilinger: „*An experimental test of non-local realism*", in: *Nature Bd. 446*, S. 871, 2007; Siehe Kap. 3, Anm. 24; Siehe „*In-forma-tion / Bd.2*", Kap. 5: Leben – ein Diskurs, Anm. 12, 13, 18.

[19] H.P. Stapp: „*S-Matrix Interpretation of Quantum Theory*", in: *Physical Review, 3/1971*.

[20] D. Bohm: „*Quantum Theory*", New York 1951, S. 169ff; Siehe „*In-forma-tion / Bd.2*", Kap. 2: Sprache als Quellpunkt menschlichen Erlebens, Anm. 6f.

Der renommierte Physiker Fritjof Capra – er studierte bei Werner Heisenberg und lehrte Hochenergiephysik an der Sorbonne in Paris und der University of California, drückt es so aus: *„Das Bild von den subatomaren Teilchen, das sich aus der ‚Bootstrap-Theorie'* [21] *ergibt, lässt sich in dem provozierenden Satz zusammenfassen:* **Jedes Teilchen besteht aus allen anderen Teilchen.** *Man darf sich jedoch nicht vorstellen, dass jedes einzelne Teilchen alle anderen in einem klassischen, statischen Sinne enthält.* **Subatomare Teilchen sind keine separaten Einheiten, sondern untereinander verbundene Energiestrukturen in einem fortlaufenden, dynamischen Prozess.**" [22] Und ein wenig später im Text ein weiterer maßgeblicher Hinweis vonseiten der Physik, der zum Denken anregen kann: *„Die Fähigkeit, Ordnung zu erkennen, scheint ein wesentlicher Aspekt des Verstandes zu sein; jede Wahrnehmung einer Struktur ist in gewissem Sinne die Wahrnehmung einer Ordnung. Die Klärung der Vorstellung von Ordnung in einem Forschungsbereich, in dem Strukturen von Materie und Strukturen von Bewusstsein mehr und mehr als Spiegelungen von einander erkannt werden, verspricht ein faszinierendes Neuland der Erkenntnis zu eröffnen. ...* **Die zunehmende Anwendung der ‚Bootstrap-Methode' eröffnet die noch nie dagewesene Möglichkeit, das Studium des menschlichen Bewusstseins ausdrücklich in künftige Theorien**

---

[21] Die „Bootstrap-Theorie" entstand in den frühen 1960er Jahren. Ihr Begründer: Geoffrey Chew, Mitglied der American Academy of Arts and Science, erhielt dafür den international renommierten *„Hughes Prize of the American Physics Society"*. Die Bootstrap-Theorie überwindet nicht nur die mechanistische Vorstellung fundamentaler „Bausteine" des Universums, sondern betrachtet und begreift das Universum als dynamisches Gewebe untereinander verbundener Geschehnisse. Alle Eigenschaften irgendeines Teiles dieses Gewebes ergeben sich aus den Eigenschaften der anderen Teile. Und, das wohl Radikalste dieses wissenschaftlichen Forschungs-Ansatzes: *„Alle beobachteten Strukturen der Materie stellen Spiegelungen der Strukturen unseres Bewusstseins dar!"* – Die Ausformulierung der Bootstrap-Theorie zog die aktuelle Forderung nach wissenschaftlicher Erforschung des menschlichen Bewusstseins nach sich ... mit unabsehbaren Folgen für abgeleitete Kosmologien. Aus der durch die Bootstrap-Theorie emöglichten neuen Offenheit resultierte der Forschungszweig der Stringtheorie (Siehe *„In-forma-tion / Bd.2"*, Kap. 12, Anm. 1 f).

[22] F. Capra: *„Wendezeit."*, Bern, München 1988, S. 100f; (gilt auch für das nächste Zitat in Folge); Siehe Kap. 10, Anm. 49, 51, 54; Siehe *„In-forma-tion / Bd.2"*, Kap. 5: Leben – ein Diskurs, Anm. 12, 13, 18.

von der Materie einbeziehen zu können. ... Einige Physiker sind der Ansicht, Bewusstsein könnte ein essenzieller Aspekt des Universums sein und wir würden unser weiteres Verständnis der Naturerscheinungen selbst blockieren, wenn wir es beharrlich ausklammern." Sehr interessant auch die Äußerung Patrick Bahners, während eines hochdotierten Symposions von Wissenschaftlern: *„Eine Interpretation nehmen wir für die Wahrheit, solange sie für unsere Zwecke so deutlich ist, dass wir sie nicht ihrerseits wieder interpretieren müssen. Wir können es beim ‚Für-Wahr-Halten' unserer Sätze bedenken, dass wir sie nur für eine gewisse Zeit als wahr nehmen. Es fällt uns so leichter, denen gegenüber gerecht zu sein, die sie jetzt schon nicht für wahr nehmen."* [23] Genau dies hat bereits Leonard erkannt: *„Die Wahrheit war immer nur eine Tochter der Zeit."* [24]

In-*forma*-tion – Materie – Leben

Auf Grund seiner Erkenntnisse meint der Experimentalphysiker und Quantenforscher Anton Zeilinger, dass der Information in der Evolution infolge quantenphysikalischer Überlegungen ein höherer Stellenwert beizumessen wäre als dem, was ganz allgemein unter Materie selbst verstanden wird. [25] Zeilinger geht sogar soweit, darauf zu bestehen, dass jegliche Art materieller Strukturen lediglich das Korrelat, der Ausdruck, von Information und somit nur ihr Ergebnis im physischen Bereich sei! Welchen Stellenwert mag da wohl unser Bewusstsein als äußerst spezifisch gefüllter Informations-Träger für die mit jedem von uns in Verbindung stehende Welt haben?! Unser menschliches Gehirn gilt der Forschung als *„das komplexeste System im Universum – sehen wir einmal von eventuellen kosmischen Nachbarn ab, die vielleicht noch kompliziertere Methoden der Informationsverarbeitung besitzen."* Wie dürfen wir uns seine Entstehung vorstellen, sodass wir uns reflektierend mit dem Universum auseinandersetzen können? Goethe formulierte das Schaffens-Prinzip der „Resonanz-in-der-Evolution"

---

[23] P. Bahners: *„Vom Schicksal der Wahrheit nach der Dekonstruktion"*, in: H. Thomas *„Naturherrschaft – Wie Mensch und Welt sich in der Wissenschaft begegnen."*, Köln 1990, S. 234.

[24] L. da Vinci: *„Manuskript M"*, Folio 58, Italien 1496-1497.

[25] A. Zeilinger: *„Einsteins Schleier – Die neue Welt der Quantenphysik."*, München 2003, S. 213ff, S. 213; (gilt auch für das nächste Zitat in Folge).

einst so: „*Wär nicht das Auge sonnenhaft, die Sonne könnt es nicht erblicken. Läg nicht in uns des Gottes eigne Kraft, wie könnt uns Göttliches entzücken?*" [26]. Auf die Entwicklung des Gehirns und das menschliche Bewusstsein bezogen, könnte diese Einsicht wohl lauten: „*Wär nicht unser Gehirn bewusstseinshaft, die In-forma-tion der Ganzheit könnt es nicht erfassen. Läg nicht in uns der Einheit eigne Kraft, wie könnt ein innerer Drang uns stetig suchen lassen?*" Hören wir, was der Mitbegründer der Quantenphysik, Erwin Schrödinger, anführt: „*Bewusstsein gibt es seiner Natur nach nur in der Einzahl. Ich möchte sagen: **die Gesamtzahl aller ‚Bewusstheiten' ist immer bloß eins.***" [27].

Eine sehr interessante und darüber hinausweisende Sicht bezüglich Materie vertritt Friedrich Cramer, Professor für Organische Chemie in Darmstadt und emeritierter Direktor des Max-Planck-Instituts für Experimentelle Medizin in Göttingen. Er schreibt: „*Formbildung wird weder allein strukturell noch allein mathematisch erklärbar sein. Selbstorganisation ist eine stark verkürzte Ausdrucksweise für eine Grundeigenschaft von Materie: ‚Selbstorganisation (Formenbildung) im Evolutionsfeld'. ... Die Untersuchung ergibt dann, dass der vielfach noch gängige naturwissenschaftliche Materiebegriff geopfert werden muss. Aber warum eigentlich nicht? In der Kernphysik ist er längst geopfert worden, nur sind die Dinge dort so abstrakt, dass sie nicht ins allgemeine Bewusstsein vordringen. ... Materie in der Evolutionsfeldtheorie ist ideenträchtig.*" [28]. So sieht es auch der Nobelpreisträger für Chemie (1977) und Präsident der „*International Academy of Science*", Ilja Prigogine, der meint, dass Materie umso intelligenter wird, je weiter sie sich von einem entropischen Gleichgewicht entfernt hat. [29] (= Energie-Ausgleich aller Kräfte in einem System; KP.) Ebenso wie Chaosforscher fragen: „*Wie macht die Natur ihre Strukturen dynamisch*

---

[26]   J.W.v. Goethe: „*Zahme Xenien III*", in: *Poetische Werke (Band 1-16), Kunsttheoretische Schriften*, Berlin 1960, S. 666.

[27]   Siehe „*In-forma-tion / Bd.2*", Kap. 3: Ich-Bewusstsein versus Wille, Anm. 1-4.

[28]   F. Cramer: „*Chaos und Ordnung – Die komplexe Struktur des Lebendigen*", Stuttgart 1989, S. 230f; „*Organismen sind offene Systeme, die ständig weit außerhalb eines Gleichgewichts operieren.*" F. Capra: „*Wendezeit – Bausteine für ein neues Weltbild*", München 1988, S. 299; Siehe Kap. 4, Anm 14.

[29]   I. Prigogine / I. Stengers: „*Order out of Chaos.*", London 1984.

stabil?" [30], stellt der österreichische Physiker sowie Nobelpreisträger Erwin Schrödinger in seinem Buch „*Was ist Leben?*" in Physikermanier die Frage, wie sich „*lebende Materie dem Abfall in den Energie-Gleichgewichtszustand entzieht"* und findet auch gleich die Antwort: „*Der Kunstgriff, mittels dessen ein Organismus sich stationär auf einer ziemlich hohen Ordnungs-Stufe hält, besteht in Wirklichkeit aus einem fortwährenden Aufsaugen von Ordnung aus seiner Umwelt."* [31]

Der Physiker und emeritierte Professor am Atominstitut der Österreichischen Universitäten, Herbert Klima, deutet „*das Wirkungsgefüge eines offenen Systems"* ähnlich. Er weist darauf hin, dass ein derartiges System „*während des Prozesses aus der Umgebung dauernd Nachricht erhält und dadurch in entsprechende Prozessstrukturen beziehungsweise entsprechende Formen gebracht wird: d.h. es wird informiert. Durch eine Nachricht beziehungsweise eine Information verändert sich also die Entropie eines Systems: Sie wird vermindert. ... Empfang von Information bedeutet Verminderung der Entropie des Systems."* [32]

Durch jegliche von einem System aufgenommene und zur Form werdende In-*forma*-tion nimmt seine Entropie [33] somit ab und entfernt es sich vom (energetischen) Ausgleichszustand. Umkehrschluss aus dem Gesagten: **Jedes System, das sich weit vom energetischen Kräfte-Ausgleich befindet, muss im Verlauf seines Evolutionsprozesses viel In-*forma*-tion aufgenommen haben, wodurch sich sein Ordnungszustand erhöht hat.** Dies gilt für jegliche Struktur, im

---

[30] H.O. Peitgen / H. Jürgens / D. Saupe: „*Bausteine des Chaos.*", Berlin 1992, S. 39.

[31] E. Schrödinger: „*Was ist Leben? – Die lebende Zelle mit den Augen des Physikers betrachtet.*", München 1989 (Cambridge Uni. Press 1944), S. 129.

[32] H. Klima / B. Lipp / H. Lahrmann: „*Möglichkeit niederenergetischer Bioinformation – Physiologische und Physikalische Grundlagen für Bioresonanz und Homöopathie.*", in: *Schriftenreihe der Wiener Internationalen Akademie für Ganzheitsmedizin, Band 17*, Wien 1997, S. 38; Siehe Kap. 3, Anm. 36f.

[33] Je strukturierter etwas im Evolutionsprozess geworden ist, desto mehr hat es an Information aufgenommen und verkörpert es somit (z.B. das menschliche Gehirn als komplexestes aller bekannten Bildungen). Zerfällt etwas wieder, nimmt die system-immanente Information wieder ab. Dann wird in der Physik und Kosmologie von „Entropiezunahme" gesprochen. Man geht wissenschaftlich davon aus, dass *gesamtgesehen* Entropie im Kosmos zunimmt, indem Information aus dem System verschwindet.

Kosmos, sei es eine Galaxie, ein Lebewesen oder unser Gehirn. Auch für die Wissenschaften ist heute klar, dass sich die verschiedenen Daseins-Formen von Materie letztlich nur unwesentlich, unterscheiden. Für sie ist Materie jeglicher Form quasi lebendig: Nicht nur das, was wir als „belebt" bezeichnen hat etwas wie „Präsenz". Über entsprechende Wahrnehmungen, die solche Auffassungen unterstreichen, wird heute verschiedenen Orts berichtet. Was aufs Erste esoterisch klingt, bestätigt letztlich bloß die Betrachtungsweise der Physik: Sie erklärt, dass Untersuchung der Atomstruktur der Materie, z.B. eines Steins, zeigen, dass sie nicht *„unähnlich lebendig"* ist, wie tierische, pflanzliche oder menschliche Körper – es bestünden da nur *„minimale Unterschiede"*.

Durch den *„Gegenstands-Bewusstsein-Schleier"* betrachtet, mit dem der Verstand all das abschirmt, erscheint der Stein tot. In ganz ähnlicher Weise erfährt letztlich jegliches Verstandesdenken die Welt als leblos. Infolge unserer mentalen Filter sind wir heute – vorab! – meist zu keiner anderen Wahrnehmung mehr fähig. Verstandesdenken ist jedoch nur EIN Aspekt menschlichen Bewusstseins. Und in dem Moment, wo diese Filter verändert werden, wir also mit unserem Bewusstsein wieder wachen Zugang zur Ebene des „Fühlens" finden, wird ein neues (vermutlich uraltes) Wahrnehmungs-Organ (wieder) bewusst; und Hand in Hand gehend damit auch die Einsicht, dass letztlich alle*s* „quasi lebendig" ist. [34] Solch eine persönliche Welt-Erfahrung verwandelt in ihrer Verwunderlichkeit das Leben von Grund auf (Siehe: Angewandte Bewusstseinsforschung; Übung: *„Fühlen"*).

Selbst wenn heutige Argumentation das wissenschaftliche Begriffs-konstrukt *„Selbstorganisation"* [35] aufwartet: Meiner Auffassung nach wird dabei Wesentliches argumentativ übergangen beziehungsweise verschleiert. Denn: *Warum sollte sich Materie ohne In-forma-tion, ohne Geist zu sein – selbst organisieren?!* [36] Worauf gründet wohl diese schöpferische Selbstgestaltungskraft der Materie? Was prolongiert diesen immer mehr differenzierenden, Gestalt-bildenden Impuls im Kosmos? Gibt es sie, diese In-*forma*-tion tragenden Felder?

---

[34] Siehe Kap. 5, Anm. 4, 26 sowie die Bewusstseins-Übung *„Zeit-Kontemplation"*.

[35] E. Jantsch: *„Die Selbstorganisation d. Universums. Vom Urknall z. menschlichen Geist"*.

[36] Siehe Kap. 3, Anm. 10f; Siehe Kap. 4, Anm. 16, 17; Siehe Kap. 10, Anm. 28-30, 35, 51.

Der bekannte englische Forscher, Zell-Biologe und Biochemiker, Rupert Sheldrake sagt: *„Ja!"* Er nennt sie *„Morphogenetische Felder"*, Gestalt-bildende Felder. Rupert Sheldrake propagiert als Prinzip ihrer Wirkungsweise eine, wie er es nennt, *„morphische Resonanz"*. [37] Die Frage allerdings wird heute zentral auch in den Naturwissenschaften gestellt.[38] Denn eigentlich spricht wissenschaftlich betrachtet ja alles dagegen, dass da überhaupt „irgendetwas" hätte entstehen können in diesem Universum. Univ.-Prof. Frank Close, Leiter der Abteilung Theoretische Physik am berühmten Rutherford Appleton Laboratory in Großbritannien und Professor für Physik an der Uni Oxford: *„Auf fundamentalem Niveau scheint es für die Zeitrichtung eine Symmetrie zu geben. Die physikalischen Gesetze, beispielsweise für die Wechselwirkung zwischen Elementarteilchen, erlauben es der Zeit entweder vorwärts oder rückwärts zu laufen. ... Die ‚Teilchen' in den Atomen kümmern sich zwar nicht um den Zeitpfeil, aber in der kosmischen Strahlung gibt es seltsame Teilchen, die in einem absoluten Sinne zwischen links und rechts sowie Zukunft und Vergangenheit unterscheiden können. Die äußerst verblüffende Entdeckung könnte erstaunliche Auswirkungen haben und zwar nicht nur in Bezug auf die Existenz von Leben, sondern in Bezug auf die Existenz des gesamten materiellen Universums. Die Fragen, mit denen wir uns bisher beschäftigt haben ... sind unbedeutend im Vergleich zum größten aller Geheimnisse: ‚Warum gibt es überhaupt etwas?' ... Es könnte sein, dass sich in der geheimnisvollen Natur der Zeit eine Erklärung findet, warum nach dem Big Bang überhaupt etwas übrig geblieben ist, warum es in unserem Universum überhaupt Materie gibt statt nur Licht und Energie."* [39] Wir wollen den Abschnitt mit der kryptischen Bemerkung

---

[37] R. Sheldrake: *„Das Gedächtnis der Natur – Das Geheimnis der Entstehung der Formen in der Natur."*, Bern 1992, S. 132ff; Siehe Kap. 4, Anm. 11, 12..

[38] *„Warum gibt es überhaupt etwas und nicht nichts?"*, in: *Spektrum der Wissenschaft 3/1999*, S. 61; Siehe Kap. 1, Anm. 1, 2.

[39] F. Close: *„Luzifers Vermächtnis – Eine physikalische Schöpfungsgeschichte."*, Berlin 2004, S. 283: *„Für materielle Dinge, einschließlich Lebewesen, ist Zeit eine Illusion."* Frank Close – forschte u.a. am Europäischen Zentrum für Elementarteilchenphysik CERN bei Genf. Sein Buch ist – der aus dem Zusammenhang gerissene Ausschnitt mag täuschen! – auch für den interessierten Laien gut lesbar, und somit echt empfehlenswert; Siehe Kap. 3, Anm. 2-5.

des Physiker John Wheeler beschließen, der halb scherzhaft meint: *„Zeit ist, was verhindert, dass nicht alles auf einmal passiert.“* [40]

Vieles bleibt somit der Physik / Kosmologie rätselhaft und Fragen offen. Andererseits: Es rauscht heftig im Blätterwald der Wissenschaft!

Zusammenfassung

Jenseits aller Vorstellungen eines tradierten Gottes-Begriffs: Kommen sich vom Standpunkt und der Interpretation der Forschungsergebnisse eines „Formen-schaffenden Feldes", die gegenwärtige Kosmologie sowie die Sichtweisen einer zeitgenössisch motivierten Spiritualität bezüglich Transzendenz nicht sehr nahe?! Was spricht bei derartig quantenphysikalischen Feld-Aspekten für den heutigen, naturwissenschaftlich vorgegebenen Materialismus (bzw. Agnostizismus)? Ist es nicht lediglich dieser „konfessionell-tradierte Gottesbegriff", welcher heutige Naturwissenschaftler immer noch daran hindert, einen Geist-intendierten In-*forma*-tions Super-**GAU** [41], einen „Größten Annehmbaren Ursprung", für wissenschaftlich vertretbar oder gar plausibel zu erachten? Man hat den Eindruck, es herrscht vor allem die Sorge, sich in der kosmologischen Forschergemeinschaft selbst zu desavouieren?

Andererseits: Ist es nicht durch derartige, naturwissenschaftliche Forschungsergebnisse höchst an der Zeit, ernsthaft über die geistigen Entsprechungen einer derart physikalisch-kosmologischen Realität nachzudenken? (Geist: einfach In-*forma*-tion im Sinne von etwas im Physischen Wirkenden). Jenseits jeglicher Agnostizismen und auch jenseits überkommener Vorstellungen à-la-Gott. Auch wenn es nicht um einen wissenschaftlichen „Gottes-Beweis" geht: *Das physikalisch Entdeckte darf wohl als seriöser Hinweis darauf gelten, dass etwas „Geistig-Konzeptionelles", Zielgerichtetes den Kosmos durchdring*t.

Durch den Paradigmenwechsel in der Physik fundiert sich eine neue Gesprächsbasis zwischen Naturwissenschaft und Spiritualität. Neuer Raum will geschaffen sein, insofern beiderseits so manch „alter-Hut-ausgemottet" wird, um eine spannende neue Etappe einzuläuten. Wir werden sehen, wohin dieser Weg unsere Kultur führen wird ...

---

[40] Ebenda S. 267f; Siehe Kap. 5, Anm. 5, 6.
[41] Siehe Kap. 3, Anm. 39, 40.

Kapitel 3: Das Primat der Information [1]

Warum gibt es dieses Universum überhaupt und nicht nichts?! [2]

Als Max Planck 1900 die Quantentheorie ins Leben rief, hatte niemand eine Vorstellungen, welche Konsequenzen diese wissenschaftliche Idee für die Physik wirklich mit sich bringen sollte. Es dauerte nämlich noch ein Vierteljahrhundert bis der Physiker Schrödinger und sein Kollege Heisenberg jene Gleichungen fanden, welche die Quantenregeln für Verhalten von sogenannten Elektronen in Atomen formulieren. Also jene mathematischen Grundlagen, nach denen Elektronen ihren „Tanz" choreographieren, wie es der Quantenphysiker Capra formulierte. [3]

Eine der bemerkenswertesten Fragen, die sich die heutige Physik und die in Verbindung stehende zeitgenössische Kosmologie stellen, ist: *„Warum gibt's dieses Universum überhaupt und nicht nichts?!"* Es ist ein in dieser Frage-Form auch von der Wissenschaft bereitwillig artikuliertes Problem im Verständnis der Entwicklung des Kosmos. Ein Rätsel, für das die Physik bis dato keine Erklärung hat. Denn: Eigentlich weisen ihre Analysen unter anderem aus den CERN-Experimenten auf das genaue Gegenteil davon hin: Eine Symmetrie aus Materie- und Antimaterie-Teilchen exakt gleicher Größenordnung sollte zu Beginn aus dem Big Bang entstanden sein. Zwei Materie-Aspekte, die sich, einander selbst überlassen, laut den anerkannten Modellen gegenseitig hätten vollkommen vernichten müssen. Unsere Art von „Materie", die rätselhafter Weise doch übrig blieb, zeigt in keinster Weise lediglich den zu erwartenden Zerfall von Ordnung hin zu einer Verminderung des Energieniveaus (Entropie [4]), sondern ebenfalls das krasseste Gegenteil: Höherentwicklung! Wie wir noch sehen werden, wird heute immer öfter deutlich, dass es im Zusammenhang mit Materie „etwas" gibt, was diese stetigen Veränderungen und Entwicklungen hin zu höherer Ordnung erschafft. Univ.-Prof. Frank Close: *„Es gibt jedoch immer noch ein*

---

[1] A. Zeilinger: *„Einsteins Schleier – Die neue Welt der Quantenphysik."*, München 2003, S. 227.

[2] *„Warum gibt es überhaupt etwas und nicht nichts?"*, in: *Spektrum der Wissenschaft 3/1999*, S. 61; Siehe Kap. 1, Anm. 7; Siehe Kap. 2, Anm. 39.

[3] Siehe Kap. 2, Anm. 5, 14, 16.

[4] Erklärung dazu: Siehe Kap. 2, Anm. 34.

*großes Rätsel: Der Gegensatz zwischen der Asymmetrie des heutigen Universums – und der Symmetrie, die wir mit dem Big Bang verbinden, und für die Materie und Antimaterie gleichberechtigt sind. ... Als ob irgendeine fundamentale darwinistische Auslese dafür verantwortlich wäre, bestehen wir, der Himmel und alles, was wir sehen, aus Materie. ... **Nach der herrschenden Meinung wurde die Antimaterie zu einem sehr frühen Stadium durch einen kosmischen Darwinismus zerstört.*"** [5]

Wir sehen auch da: Bis in die früheste Entstehungsgeschichte unseres Universums hinein – nicht nur auf dem Feld biologischer Evolution, sondern auch auf der Ebene physikalisch-energetischer Evolution – vermutet die gegenwärtige Wissenschaft ein astronomisch-kosmisches „Ausleseprinzip". Hier liegt möglicherweise ein sehr wesentlicher Verständnisbaustein bezüglich der evolutiven Bildungen und ihrer Bedeutung für das heutige Universum. Bemerkenswert für unser Thema ist nämlich, dass in solch rätselhaften Zusammenhängen selbst jene vom Materialismus indoktrinierte Wissenschaft auf eine für sie sonst verpönte Betrachtungsweise zurückgreift: Darwinistische Selektionsmechanismen sind nämlich – per definitionem! – mit keinerlei Absicht in Richtung Höherentwicklung innerhalb der Evolution oder gar Gestaltbildung etc. „begabt". Für reduktionistische Betrachtungsweisen gibt es nämlich keinerlei „Zweck", um zu einer wie immer gearteten „Funktion" in der Evolution des Lebens zu kommen. Trotzdem existiert, auch bei den Darwinisten, eine verbreitete Methode. Diese Methodik wird als „*Rückverfolgen*" („*revers engineer*") bezeichnet und begibt sich mit der Frage auf die Suche, für welche Anforderung auf dem Feld der Evolution sich ein Merkmal entwickelt habe. [6] Dieses Vorgehen unter Darwinisten würde ich einfach als wissenschaftlichen

---

[5] F. Close: *„Luzifers Vermächtnis – Eine physikalische Schöpfungsgeschichte."*, Berlin 2004, S. 269ff; Siehe Kap. 2, Anm. 6, 22, 28 sowie Kap. 4, Anm.7.

[6] Einer der bedeutendsten Neurowissenschaftler, V.S. Ramachandran, Professor an der University of California in San Diego und ehemaliger Leiter des „Center for Brain and Cognition", schreibt hierzu: *„reverse engineer (‚Rückverfolgen') geht von der Vorstellung aus, dass sich die Funktion eines Merkmals am besten verstehen lasse, indem man frage, für welche Umweltanforderungen es sich entwickelt habe. Dann gehe man rückwärts und betrachte plausible Lösungen für diese Anforderungen."* V.S. Ramachandran: *„Die blinde Frau, die sehen kann."*, Hamburg 2002, S. 337ff; Siehe Kap. 6, Anm. 2; Siehe Kap. 8, Anm. 1.

„Etikettenschwindel", oder als *„wissenschaftlich unlauter"*, bezeichnen. Hier versucht eine Forschung es sich auf inkonsistent-doppelbödige Weise leicht zu machen, anstatt eigene reduktionistische Argumentationsstandpunkte prinzipiell zu hinterfragen. Denn bei *„revers engineer"* schwingt stillschweigend die Annahme mit, dass es da eine Art „Programm" – ein „Wo-für" – gibt, das bereits im Entstehen anwesend ist und planend wirkt. Tja: gewusst-wie, und warum! können entstandene Merkmale und funktionale Zusammenhänge natürlich leichter begriffen beziehungsweise erschlossen werden ...! ☺

„Die Evolution ist die Entwicklung hin zu höherem Bewusstsein." [7] Dies meint Professor Bruce Lipton, Begründer der Neuen Biologie. Er begreift Evolution schlicht als Prozess der Wahrnehmungserweiterung, der sich physiologisch als Vergrößerung der Zellmembran-Oberfläche definieren ließe: vom Einzeller bis hin zum Vielzeller-Verband! Könnte dieser Entwicklung ein „Programm" zugrunde liegen? Natürlich, es bleibt heute wissenschaftlich noch offen, ob so ein grundsätzliches Programm existiert. In jedem Fall aber darf wohl die Frage aufgeworfen werden, ob diese Überlegung nicht im selben Maße anthropomorphistisch (vermenschlichten Überlegungen folgend; KP.) ist wie das Konzept einer wie immer gearteten Zielgerichtetheit, welche vom Darwinismus bislang als unwissenschaftlich abgelehnt wird.

Wir leben im Technologie- beziehungsweise Informations-Zeitalter, wo der Gedanke eines (Evolutions-)Programms schnell zur Hand zu sein scheint. Programme gibt es viele heutzutage, aber keines von ihnen ist ohne einen (sinnvollen) Gedankengeber entstanden. Das Aussprechen dieser Tatsache mag Widerstand wecken, sie muss allerdings als einem schöpferischen Programm immanente betrachtet werden. Beide Überlegungen („Programm" oder „Absicht") können durch naturwissenschaftliche Forschung weder bewiesen, noch widerlegt werden. Offen bleibt weiters, ob die Materie beziehungsweise die materielle Evolution wissenschaftlich gesehen einfach diese Information ist. [8] Welcher Informations-Spender, welcher Motivgeber

---

[7] B.H. Lipton: *„Intelligente Zellen – Wie Erfahrungen unsere Gene steuern."*, Burgrain 2006, S. 196; Siehe Kap. 10, Anm. 13, 14.

[8] Siehe Kap. 2, Anm. 36.

ist da eventuell am Werk ...?! Wie komplex und schier unbegreiflich In-*forma*-tion IN dieser, oder auch ALS diese Schöpfung am Werk ist, darauf weist der Genetiker Univ.-Prof. Kazuo Murakami hin. Er gilt als einer der Top-Genetiker weltweit. Unter anderem gewann er bereits in den 1990er Jahren den Max Planck-Forschungspreis. Seine Grundlagenforschungen führten zum Beispiel zur Entwicklung von AIDS-Therapien. *„Science"* nannte seine Bluthochdruck-Forschungen *„als kreativste Entdeckung der letzten Jahre in dem Bereich."*[9] Murakami erhielt 1996 den Japan Academy-Preis. Seit 1994 ist er Direktor des Advanced Research Alliance Centers der Uni von Tsukuba in Japan: *„Tatsächlich ist jeder Lebensprozess das Ergebnis chemischer Reaktionen, die dazu dienen, eine bestimmte Situation zu bewältigen. Genau das bedeutet ‚Leben'. ... Normalerweise arbeiten unsere Gene daran, uns am Leben zu erhalten und zunehmende Entropie zu verhindern.* (Vereinfacht versteht man unter Entropie den Zerfall von Ordnungs-Strukturen; KP.) *Mit anderen Worten kann der Vorgang des Lebens als das Stattfinden von Prozessen betrachtet werden, die von Natur aus dem Tod und Zerfall zustreben und deren Lenkung hin zur Ordnung. Dies wird als Entropieverringerung bezeichnet."* Wenn es stimmt, dass Gene im Prozess des Lebens Information verkörpern, so können wir daran erkennen, wie auch in diesem Fall In-*forma*-tion – etwas rein Geistiges – daran „arbeitet", Entropie zu verhindern und höhere Ordnung zu erschaffen. Der Genetiker Kazuo Murakami: *„Einige Menschen glauben fälschlicherweise, dass sich nichts mehr großartig ändert, wenn unser Körper das Erwachsenenalter erreicht hat. ... Doch entgegen dem äußeren Erscheinungsbild finden mit enormer Geschwindigkeit Erneuerungen und Veränderungen statt. Die Blutzellen eines Erwachsenen zerfallen mit einer Rate von mehreren hundert Milliarden pro Tag und werden durch dieselbe Anzahl neuer Blutzellen ersetzt. Die Proteine in Nieren, Leber und Herz zersetzen und regenerieren sich mit unermesslicher Geschwindigkeit. ... Dank der Enzyme ereignen sich die programmierten chemischen Reaktionen von Synthese und Zerfall in unseren Zellen mit Lichtgeschwindigkeit. Die Enzyme mit ihren fast magischen Fähigkeiten werden von Rezeptoren gesteuert, die*

---

[9] K. Murakami: *„Der göttliche Code des Lebens – ein neues Verständnis der Genetik.",* Güllesheim 2008, S. 36ff; (gilt auch für die nächsten Zitate in Folge).

ihrerseits der Steuerung der Gene unterliegen. Indem wir unsere Gene beeinflussen, können wir daher indirekt die Enzyme kontrollieren. **So manches ‚übernatürliche' Ereignis kann tatsächlich auf die Einwirkung des Geistes auf die Gene zurückgeführt werden, die wiederum chemische Hochgeschwindigkeitsreaktionen ankurbeln.**"

Die Frage, der wir uns wohl ehrlicherweise als Erkenntnis suchende Wesen stellen müssen, lautet: *Was weist heute, gemäß der heutigen, wissenschaftlich fassbaren Idee des Evolutionsanfangs daraufhin, dass es unter diesen Anfangsbedingungen irgendwann einmal Höherentwicklung geben würde – bis hin zu einem sich seiner selbst bewussten Wesen „Mensch"?* Wir kennen die Antwort! ... Im Anfang des physisch werdenden Universums scheint der Wasserstoff zu stehen, etwas wie der Urstoff aller Substanzbildung. „*Form follows function*" [10] – ist es dieses Gestaltprinzip, das bereits lang vor seiner Formulierung in der Architektur der Moderne (20. Jhdt.) im Kosmos gang und gäbe war? Waren es Leben & In-*forma*-tion, welche die Funktionen vorgaben.

Noch überwiegen bezüglich solcher Fakten und Fragestellungen, wissenschaftlich betrachtet die Skeptiker: Ein Spiegel jener Kultur-Realität, gemäß der unser aller Denkbahnen, Jahrhundertelang einer gleichsam nicht hinterfragten Lehre (reduktionistische Axiomatik) – bis in die Pädagogik hinein – unterworfen waren und noch sind. Es ist diesbezüglich vermutlich an der Zeit, die Gedanken eines großen Physikers, Freidenkers und geistvollen Satirikers, Georg Christoph Lichtenberg (1742-1799) beizuziehen, um als Menschheit-der-Moderne (besser: Post-Moderne!) neuen Wissenschaftserkenntnissen nicht unnötig im Weg zu stehen. Dieser nämlich versichert: „*Es ist ein großer Unterschied, zwischen ‚etwas-glauben' und ‚es-wieder-glauben'. Noch glauben, dass der Mond auf die Pflanzen wirkt, verrät Dummheit und Aberglauben, aber es* **wieder** *glauben, zeugt von Philosophie und Nachdenken.*" [11] Und, was wir heute auf wissenschaftlichem Feld sehen, ist im Grunde genommen durchaus erstaunlich: An allen wissenschaftlichen Ecken-und-Enden beginnt vermehrt Offenheit

---

[10]   Siehe Kap. 10, Anm. 34.

[11]   G.Ch. Lichtenberg: „*Sudelbücher*", zitiert in: F. Cramer: „*Chaos und Ordnung – Die komplexe Struktur des Lebendigen.*", Stuttgart 1989, S. 118.

Einzug zu halten und prägt immer kühner die Wissenschaft dieses Jahrhunderts. Ein zunehmend undogmatisches und wissenschaftliches Vorgehen, vor allem auf dem Feld neuer Grundlagenforschung, macht sich breit und zeigt erstmals Wirkung: Langsam, aber kraftvoll, beginnt sich das größere Bild herauszugestalten sowie seine erstaunlichen Konturen. Vermehrte Beweglichkeit, Beharrlichkeit und Konsequenz haben zu Fortschritten geführt, die noch vor wenigen Jahren nicht für möglich gehalten wurden – und an die damals auch noch keiner dachte!

„Leben" IST. Leben ist der große Motor. – Was aber ist Leben? Wie sieht die mögliche „Personal-Union" mit dem Sein und die Beziehung zu „In-*forma*-tion" wirklich aus? Revolutionäre Erkenntnisse haben das wissenschaftliche Denken begonnen in neue Bahnen zu lenken und einer immensen Entwicklungs-Dynamik Vorschub geleistet. Was könnte die Lösung der aufgeworfenen Rätsel sein? Vertraut man dem wohl bedeutendsten Wissenschafts-Philosophen des 20. Jahrhundert Ludwig Wittgenstein, der meint: „*Rätsel gibt es nicht. Wenn sich eine Frage stellen lässt, dann kann sie auch beantwortet werden. Denn Zweifel kann nur bestehen, wo eine Frage besteht, eine Frage nur, wo eine Antwort besteht und diese nur, wo etwas gesagt werden kann.*" [12] – so scheint der Weg der Veränderung bereits weit fortgeschritten.

„*Die Wahrheit ist dem Menschen zumutbar.*" [13] Diese Wahrheit, die dem Menschen zumutbar ist, ist eine Wahrheit, wie sie in Zukunft nicht nur auf biographisch-individuellem Feld Gültigkeit erlangen wird, sondern gleichermaßen auch auf naturwissenschaftlichem. So mutet diese schlichte, neue Wahrheit ziemlich konfrontativ auch der naturwissen-schaftlichen „Aufgeklärtheit" sowie ihren reduktionistischen Dogmen immer mehr zu. Auf Dauer besehen endete jedes bekannte Dogma letztlich dort, wo es nur noch ewig-gestrige-Rechtfertiger ins letzte Gefecht zu schicken vermögen. Die experimentellen Sucher haben zu dem Zeitpunkt längst die Seiten gewechselt und ihre Forscher-Nase auf neue Fährten gesetzt. Auch Wissenschaft ist dergestalt ein Kampfplatz:

---

[12] L. Wittgenstein: „*Tractatus logico-philosophicus.*", Frankfurt 1971 sowie: „*Über Gewissheit.*", Frankfurt 1984.

[13] I. Bachmann: Titel ihrer Rede anlässlich der Verleihung des Hörspielpreises der Kriegsblinden für das Hörspiel: „*Der gute Gott von Manhattan.*", Köln 17.3.1959.

etabliert und reduktionistisch – gegen revolutionär und ganzheitlich. Kreative Argumente werden heutzutage in Form von Experimenten gesetzt. Bereits Darwin, rückgreifend auf den Philosophen Heraklit (535-475 v.Chr.), wusste: *„Nichts ist beständiger als der Wandel."* [14] und daran wird sich in dieser Welt auch künftig nichts vorbeibewegen..

Weiters zeigt sich, dass die moderne Einschätzung und Idee von Materie, für heutige Physiker nicht notwendigerweise „Humbug" sein muss. Davon zeugen Überlegungen verschiedenster zeitgenössischer Spitzenphysiker, wie unter anderen Albert Einstein [15], David Bohm, Fritjof Capra, Hans-Peter Dürr [16], aber auch jene des bekannten österreichischen Experimentalphysikers Anton Zeilinger. Zeilinger geht, wie bereits dargestellt, sogar so weit jegliche materielle Struktur lediglich als Ausdruck von Information und somit nur als ihr Ergebnis im physischen Bereich zu begreifen. [17]

Information aber – und das ist der heutigen Physik auch klar – ist nichts Materielles. Sie ist etwas wie die Software für die / und in der Hardware: der „Materie". Welche Information wohnt ihr da wohl inne? Worauf weist sie uns hin? Was haben die Aspekte Information, Leben und Bewusstsein auf dieser kosmologischen Ebene gemeinsam ...?!

In-*forma*-tion. – Neues Paradigma der Phänomene *Materie & Leben*

Professor Zeilinger formuliert, was sich in der Wissenschaftsgeschichte der Physik mehrfach bestätigt hat, nämlich: dass es jeweils auf *„wenige, erstaunlich einfache und vernünftige Grundideen ankommt, auf die dann ein ganzes physikalisches Theoriegebäude aufgebaut werden kann."*

---

[14] C. Darwin: *„Nichts ist beständiger als der Wandel. Briefe 1822-1859"*, Frankfurt 2008, Buchtitel; Siehe Kap. 2, Anm. 23, 24.

[15] Einstein schrieb von seiner tiefen Ehrfurcht gegenüber der *„Rationalität, die in der Existenz zum Vorschein kommt, der Existenz innewohne und die in seinen tiefsten Tiefen dem Menschen unzugänglich ist.".* Und weiter: *„Diese Haltung erscheint mir als eine religiöse Haltung im besten Sinn des Wortes."* A. Einstein: *„Aus meinen späten Jahren."* (abgedruckt aus einem Aufsatz Einsteins von 1939), Stuttgart 1956.

[16] Siehe *„In-forma-tion / Bd.2"*, Prolog, Anm. 6.

[17] A. Zeilinger: *„Einsteins Schleier – Die neue Welt der Quantenphysik."*, München 2003, S. 208, S. 216f, S. 213; (gilt auch für die nächsten beiden Zitate in Folge).

Begibt man sich auf die Suche nach so einer entscheidenden Grundidee, kann das Zitat des Physikers und leitenden Professors für Theoretische Physik an der Princeton Universität, John Archibald Wheeler, für sich sprechen. Anton Zeilinger führt es in seinem Buch an: *„Morgen werden wir gelernt haben, wie man die ganze Physik in der Sprache der Information verstehen und sie in dieser Sprache ausdrücken kann."* Zeilinger stellt ebenfalls fest, dass Information (im Kosmos) aus quantenphysikalischen Überlegungen ein höherer Stellenwert beizumessen ist, als dem was unter Materie verstanden wird. Eine solche Idee kann offensichtlich nur von jemand vorgeschlagen werden, der es wagt, über die Grenzen des etablierten Paradigmas hinauszugehen und der Chancen ergreift, seinen Fuß auf Neuland zu setzen, selbst wenn das Dogma herrschender Wissenschaft sie noch verwirft. Derart intuitives Erfassen neuer Realitäten hat für die Crème de la Crème innovativer Wissenschaftsgeister offensichtlich bereits jegliche Fremdartigkeit eingebüßt und sich als produktiv erwiesen. [18] Zeilinger: *„Im Sinn der klassischen Physik und auch in unserem Alltagsweltbild ist die Wirklichkeit zuerst, die Information über diese Wirklichkeit hingegen eben etwas Abgeleitetes, etwas Sekundäres. Aber vielleicht ist es auch gerade umgekehrt: Alles, was wir haben, ist die Information, sind unsere Sinneseindrücke, sind Antworten auf Fragen, die wir stellen. Die Wirklichkeit kommt danach. ... Wir können unsere Grundidee also noch radikaler formulieren. Da es offenbar keinen Unterschied zwischen Wirklichkeit und Information geben kann, können wir auch sagen: Information ist der Urstoff des Universums."* [19]

Auch Candace Pert, eine der erfolgreichsten Neurologinnen und Psychoneuroimmunolog(inn)en, sieht es ähnlich. Sie sagt: *„Es gibt eine Fülle eindeutiger neurophysiologischer Daten, die darauf schließen lassen, dass das Nervensystem ... die Außenwelt nur auf Material durchmustern (kann), das zu finden, es aufgrund seiner Verdrahtung, seiner inneren Muster und früheren Erfahrungen, vorbereitet ist. Der ‚Collicullus superior' im Mittelhirn steuert die Muskeln des Augapfels. Damit beeinflusst er, was für Bilder auf die Netzhaut treffen und was*

---

[18] Siehe *„Jn-forma-tion / Bd.2"*, Kap. 4: Überzeugungs-Netze und Leben, Anm. 12, 13
    sowie Kap. 9: Intuition, Anm. 15-18.
[19] A. Zeilinger: *„Einsteins Schleier – Die neue Welt der Quantenphysik.",* S. 217.

wir sehen. ... Aus ähnlichen Gründen mag dem gehörnten Ehemann entgehen, was alle anderen sehen. Sein emotional bedingter Glaube an die Treue seiner Frau ist so stark, dass seine Augäpfel nie auf das verräterische Verhalten gerichtet sind, das für alle anderen offenkundig ist." [20]

Die Geschichte der Wissenschaft ist voll mit Beispielen von Forschern, die, hineingeboren in ihre Denk- und Wissenschafts-Kultur, nicht sehen konnten, was den Augen als Phänomen zum-Greifen-nahe lag, für ihr Bewusstsein jedoch derart fern, dass es von ihnen unentdeckt blieb. [21]

Auch ich selbst habe mit meinem Zwillingsbruder einstmals etwas kurios Entsprechendes erlebt – an unserem damals 40. Geburtstag. Ich kam aus Norddeutschland auf dem Weg nach Wien; er fuhr von Tirol heim nach München. Wir hatten uns ein halbes Jahr nicht gesehen und ein Treffen um exakt 23:00 in einer Autobahn-Raststätte vereinbart. Ort und genauer Zeitpunkt waren also vorher abgemacht. In meiner für ihn völlig unerwarteten Verkleidung und mit verstellter Stimme – es war Fasching und ich entschied spontan, nochmals (m)eine Verkleidung für ihn anzuziehen: Englisch-sprechende Tunte, die ihn händeringend ansprach, um über die Grenze mitgenommen zu werden – sah er mir minutenlang in die Augen, während wir uns emotional unterhielten, das Ansinnen ablehnend, da er noch *„auf seinen Bruder warte, mit dem er verabredet sei"*. Letztlich fiel es ihm dann doch irgendwann wie Schuppen-von-den-Augen: Er sah hinter dem Pailletten-Jäckchen und der wasserstoff-blonden Perücke den eineiigen Zwillingsbruder in mir.

„Das normale Wachbewusstsein neigt dazu, die Informationen zu unterdrücken, die nicht unserer Vorstellung der Welt entsprechen." So sieht es der bereits zuvor genannte Wissenschaftsphilosoph Ervin Laszlo. [22] Für den Experimentalphysiker Anton Zeilinger kommt jegliche Information in der Welt nur gequantelt vor, d.h. in eindeutigen Einheiten. Er bringt diese Tatsache ins Bild, wenn er sagt, dass *„es so*

---

[20] C. Pert: *„Moleküle der Gefühle ..."*, Reinbeck 1997, S. 223f; Siehe *„In-forma-tion / Bd.2"*, Kap. 3: Ich-Bewusstsein versus Wille, Anm. 19.

[21] F. Close: *„Luzifers Vermächtnis – Eine physikalische Schöpfungsgeschichte."*, Berlin 2004, S. 142f; Siehe Kap. 6, Anm. 14-16.

[22] E. Laszlo: *„HOLOS – die Welt der neuen Wissenschaften."*, Petersberg 2002, S. 65.

etwas wie eine gewisse Feinkörnigkeit in unserer Erfahrung der Welt geben muss." Er sieht *"die Welt als Repräsentant unserer Aussagen.*"[23] Die Frage, die wichtig und naheliegend erscheint, ist: *Was darf in dem für uns relevanten Zusammenhang als Aussage entsprechend der obigen Feststellung gelten?* Bewusstsein, das die Welt prägt und gestaltet, würde dann ja gleichfalls nichts anderes als In-*forma*-tion, sein. Ja, jedwede Überzeugung im individuellen Bewusstsein, mit der wir im Leben der Welt begegnen, gibt wohl so eine „Aussage" ab. Für Anton Zeilinger, als einen der arriviertesten experimentellen Quantenphysiker der Welt, steht nicht zuletzt durch seine erfolgreichen Versuche zur Quanten-Teleportation („*beamen*"), das *„Primat der Information"* für die Welt im 21. Jhdt. als neues Paradigma der Physik unzweifelhaft fest. Hören wir weiter, wie er selbst die Konsequenz aus seinen Überlegungen formuliert – und staunen wir über soviel revolutionären Sprengstoff: *"Es ist ganz offenkundig sinnlos, nach der ‚Natur der Dinge' zu fragen, da eine solche **Natur, selbst wenn sie existieren sollte, immer jenseits jeder Erfahrung liegt.** ... Ein zentraler Punkt beziehungsweise eine zentrale Frage bleibt: ‚Wenn Information der Urstoff des Universums ist, warum ist diese Information nicht willkürlich?' Warum haben nicht verschiedene Beobachter verschiedene Informationen? Dies könnte einerseits natürlich deshalb so sein, **weil es nur ein Bewusstsein gibt – nämlich das eigene – und alle anderen nur Vorstellungen in diesem einen Bewusstsein sind.** Andererseits kann es sein, dass diese Übereinstimmung zwischen verschiedenen Beobachtungen bedeutet, dass eine Welt existiert. Eine Welt, die so beschaffen ist, dass die Information, die wir besitzen – und wir besitzen nicht mehr – offenbar in gewisser Weise auch unabhängig vom Beobachter besteht.*"

Eine Entscheidung über diese spezielle Fragestellung lässt Zeilinger bewusst offen. Stattdessen sagt er: *"Was sind aber nun diese Eigenschaften der Wirklichkeit? ... Dazu möchte ich einen radikalen Vorschlag machen: ‚**Wirklichkeit und Information ist dasselbe.'** Ich schlage also vor, die zwei Konzepte, die bisher anscheinend etwas*

---

[23] A. Zeilinger: „*Einsteins Schleier – Die neue Welt der Quantenphysik.*", München 2003, S. 225, S. 227ff; (gilt auch für die weiteren Zitate in Folge).

völlig Verschiedenes beschrieben haben, als die zwei Seiten ein und derselben Medaille zu betrachten. ... Daher sollten wir nun auch einen neuen Begriff prägen, der beides umschließt, die Wirklichkeit und die Information. Daran, dass es einen solchen Begriff nicht nur noch nicht gibt, sondern dass es uns offenbar auch schwerfällt einen solchen auch nur zu denken, erkennen wir schon, wie diffizil die damit verbundenen **konzeptiven Probleme** *sind.“* [24]

Mehrere Aspekte sind hier vom renommierten Quantenforscher angesprochen: Erstens, die Sinnlosigkeit, nach der *„Natur-der-Dinge“* zu fragen, da sie der Erfahrung des Verstandes offensichtlich nicht zugänglich sind. [25] Andererseits jener Aspekt, der hier mit dem Begriff *„konzeptive Probleme“* umrissen wird. Zuvor aber möchte ich, fußend auf meiner eigenen Erfahrung mit Bewusstseinsprozessen, darauf hinweisen, dass es meiner Erfahrung nach sehr wohl eine Ebene des menschlichen Bewusstseins gibt, welcher die sogenannte „Wirklichkeit“ erfahrbar und zugänglich ist: Die Ebene des „Fühlens“. Womit ich aber keinesfalls jenes unüberschaubar weite Feld von Emotionen meine, welche ja wiederum lediglich gefühlter Ausdruck der eigenen (Be-)Wertungen sind und somit nichts anderes als der tätige Ausdruck dieses Verstandes. [26] Wovon hier die Rede sein will, das sind Informationen / Wahrnehmungen mittels Fühlen, die unserem Bewusstsein Direkt-Wahrnehmungen der Wirklichkeit ermöglichen. Konkret gesagt: „gesteuerte Aufmerksamkeit“, Energie, welche an die Welt heranragt und Verbindung herzustellen vermag. Dabei emanzipiert sich die Aufmerksamkeit quasi vom Verstand. Erst dann hat sie – vielleicht sogar erstmals im bisherigen Leben! – die „menschliche Größe“, von einem selbst und den eigenen Bewertungen abzusehen, statt sich in solch einer perpetuierenden Endlosschleife „selbst-beobachtender-Wahrnehmung“ zu verfangen. Erst so kann Aufmerksamkeit mit voller Energie zum Vis-a-Vis nach außen gerichtet werden. Dieses „Absehen-von-sich-selbst“ eröffnet dem Bewusstsein im Prozess der Wahrnehmung eine neue Welt jenseits des Verstandes:

---

[24] Siehe Kap. 10, Anm. 45.

[25] Siehe Kap. 4, Anm. 8.

[26] Siehe *„In-forma-tion / Bd.2“*, Kap. 10: Wissenschaft und Spiritualität im Konsens, Anm. 1, 2f, 17-19.

Welch' ein Staunen und unglaubliches Erleben für jeden, der solches erstmals *fühlen* kann: das „Leben" – und seine Lebendigkeit. Eine konsistente, nährende Welt voll Sanftheit und Kraft. Berührend im wahrsten Sinn des Wortes. Und: Jeder kann eigenverantwortlich und jederzeit die Ebenen wechseln, um sich auf jene Wirklichkeit einzulassen, die individuell wahr ist und gewählt werden will. [27]

Doch zurück zur radikalen, wenn auch von einer gewisser Warte betrachtet gar nicht so abwegigen Idee des Physikers Zeilinger, der auf Grund seiner Forschung postuliert: *„Wirklichkeit und Information sind dasselbe."* [28] Zwei bislang scheinbar verschiedene Konzepte, wissenschaftlich enttarnt als die „zwei-Seiten-ein-und-derselben-Medaille". Was für eine Ungeheuerlichkeit! Noch ahnen wir Menschen kaum die unerhörten, weil unabsehbaren Konsequenzen dieser neuen Sicht: **Wenn wir *„die Trennung zwischen Information und Wirklichkeit aufheben müssen"*, wie Zeilinger es formuliert, dann bedeutet das, dass jegliche Information die Wirklichkeit zu beeinflussen vermag, weil sie eben die Wirklichkeit IST.**

Diese beginnende, wissenschaftlich fundierte und doch auch erst anfängliche Einsicht und Erkenntnis ist es, welche diese Welt von Grund auf verändern wird. Wo werden wir uns als Menschheit, infolge dieser Wandlung im Grundverständnis der Wirk-Zusammenhänge von Welt und Information – inklusive unserer „Info-Bibliothek genannt Bewusstsein" – wohl bald finden?! Spannend, wie vorsichtig Zeilinger diese nicht näher ausgeführten *„konzeptiven Probleme"* zur Sprache bringt. Dahinter verbirgt sich meines Erachtens nicht weniger als die paradigmatisch neue Weltsicht: *„Überzeugung schafft Erfahrung"*, mit allen ihren Welt-verändernden Konsequenzen. Eigentlich unglaublich, einen Wissenschaftler dieser Provenienz – zugegeben immer noch sehr kryptisch – Derartiges formulieren zu hören. Und die wissenschaftliche Kollegenwelt hat meines Wissens nach keinesfalls hämisch oder übermäßig kritisch darauf reagiert. – Oder gar rebelliert.

---

[27] Solche Einsicht danke ich (nach 24 Jahren anthroposophisch spiritueller Übungsweg-Erfahrung) primär den Übungen aus empirischer Bewusstseinsforschung; Siehe „*In-forma-tion / Bd.2*", Kap. 6: Erfahrungslernen, Anm. 19f.

[28] A. Zeilinger: „*Einsteins Schleier – Die neue Welt der Quantenphysik.*", München 2003, S. 229f; (gilt auch für die nächsten beiden Zitate in Folge).

In-*forma*-tions Felder. – Morphogenetische Felder

Die Phase wissenschaftlicher Transzendenz-Bereitschaft und Spiritualität im weitesten Sinn ist eingeläutet. Sie zeigt sich auch andernorts. Z.B. an der Idee *„unendlich vieler Universen als Denkmöglichkeit"* [29], um bisherig obsoleten Modellen für unser Universum (Evolution sowie Höherentwicklung per *„Freiheitsgrad Null"* [30] und das per Zufall [31]!) die Gültigkeit doch (noch) nicht absprechen zu müssen. Das beschriebene Modell *„Selbstorganisation im Evolutionsfeld"* [32] postuliert bereits einen Shift rein materialistischer Sichtweisen. Einerseits vergrößert und erweitert es die Komplexität dessen, was wir kosmische Evolution nennen. Andererseits schafft es einen Zustand erneuerter wissenschaftlicher Rationalität. Mit Feld-Aspekten, welche in der materiellen Welt wirksam sind, hat die Forschung ja bereits erfolgreich Erfahrungen gesammelt. Als Felder anerkennt die Wissenschaft Bereiche unterschiedlichster phänomenologischer Wirksamkeiten wie: Magnetfeld, Gravitationsfeld, elektromagnetisches Wellenfeld, Fluktuationsfelder im Vakuum, etc. Die Evolutionsfeldtheorie und das Morphogenetische Feld sind wohl nur die ersten bzw. jüngsten Durchfahrtsstationen dieser Tour-de-Raison. Der Anstieg aus der Tief-Ebene materiell-mechanischer Formalprognosen ist in vollem Gange! Jeder Erklärungs-Engpass, durch den sich der wissenschaftliche Tross durchmüht, könnte den Blick zum Etappenziel eröffnen. Umstürzungen im Klassement zeigten sich nach jedem bewältigten Engpass. Da hatten statistisch gesehen immer jene die Nase vorne, denen man das am wenigsten zugetraut hatte. Und vorgebliche Favoriten mussten ihr Scheitern anerkennen, wollten sie ernsthafte Konkurrenten auf dieser Erkenntnis-Tour bleiben. Durchfahrtszeit: Beginn des 21. Jahrhunderts. Das Ziel der Etappe, wann kann es als erreicht gelten? Phänome übermaterieller, Struktur-bildender Felder liegen zum Greifen nahe. Allerdings, selbst diesbezüglich darf bezweifelt werden, dass nach kaum 300 Jahren relevanter Forschung das letzte Wort gesprochen ist ...

---

[29]   S.W. Hawking: *„Eine kurze Geschichte der Zeit."*, Reinbek / Hamburg 1988, S. 158f.

[30]   Unter *„Freiheitsgrad Null"* wird ein Prozess verstanden, bei dem *kein einziger* Faktor anders sein dürfte, um das Ergebnis der (Höher)Entwicklung zu ermöglichen. (KP.).

[31]   Siehe Kap. 1, Anm. 2.

[32]   Siehe Kap. 4, Anm. 14-16.

Der Wissenschaftsphilosoph und Forscher Professor Ervin Laszlo: *„Eine immer größere Zahl führender Forscher sucht nach grundlegend neuen Konzepten, um die anomalen Phänomene in einem sinnvolleren Licht zu betrachten. Die in den Grenzbereichen der Wissenschaft zutage tretenden Konzepte bleiben solange hypothetisch, bis sie einer systematischen Entwicklung und Prüfung unterzogen werden. Sie stellen phantasievolle Untersuchungen dar. So etwas wie Fabeln Das Bild, das sie heraufbeschwören, ist ‚fabulös', aber nicht fiktiv. Wenn die Fabeln die Prüfungen bestehen, dann wird die Welt, die sie beschreiben, zu der Welt, die von den wissenschaftlichen Gemeinschaften anerkannt wird. Dann macht die Wissenschaft einen Sprung nach vorn: Sie bewegt sich hin zu einem ‚neuen Paradigma'. ... Jede Theorie kann durch bessere Theorien abgelöst werden. Wenn dies geschieht, dann wird sie wieder zu einer Fabel – diesmal allerdings nicht zu einer hoffnungsvollen, vorwissenschaftlichen, sondern einer obsolet, postwissenschaftlichen Fabel."* [33] Und weiter: *„Der Kosmos ist ... ein erstaunlich kohärentes Ganzes. Diese Kohärenz deutet auf ein in subtiler Weise verbindendes Urfeld hin – auf das Paradigma von einem kosmischen Feld, das in Raum und Zeit alles mit allem verbindet, ... das subtile, aber gänzlich elementare Informationsfeld im Herzen des Universums. Eine Klärung und Kodifizierung der Natur und der Wirkungen dieses Feldes wären von großer Wichtigkeit. Sie würden die Wissenschaft und die Menschheit dem großen Ziel Einsteins ein beträchtliches Stück näher bringen: nämlich, das ... ‚einfachste mögliche Schema', zu finden, das die beobachteten Tatsachen miteinander verbindet ..."* [34]

Eine solch neuartige Fabel hat 2010 in fabelhaft kurzer Zeit den Sprung in wissenschaftliche *Top-Charts* geschafft, die weitreichenden und im höchsten Maß überraschenden Erkenntniskonsequenzen auf unterschiedlichsten Ebenen miteinbeschlossen. Es ist dies die neue *Gravitationstheorie* des String-Forschers und Physikprofessors an der Amsterdamer Uni, Erik Verlinde. Und es ist *nicht nur* ihr spezieller Konnex zu In-*forma*-tion, der die Aufmerksamkeit fesseln kann.

---

[33] E. Laszlo: *„HOLOS – die Welt der neuen Wissenschaften."*, Petersberg 2002, S. 14f.

[34] Ebenda, S. 73, S. 188; Siehe Kap. 4, Anm. 19-23, 26; Siehe *‚In-forma-tion / Bd.2"*, Kap. 12: *Was ist Leben?* – Phänomene und Symptome, Anm. 2.

Die Illusion der Gravitation. – In-*forma*-tion als kosmischer Urstoff

Als Folge dieser Wissenschaftstheorie könnte sich das Phänomen der Gravitation als Wirkung frei werdender In-*forma*-tion im Kosmos enttarnen. Der Umkehrschluss allerdings scheint noch spannender. Denn eine Aufnahme von In-*forma*-tion – also Geist – in die Materie hinein, muss konsequenter Weise als Vorgang gegenteiliger, also negativer Gravitation und somit antigraver Wirkung, gedeutet werden.

Bereits vor mehreren Jahren zeigten sich erste, auch naturwissenschaftlich ernst zu nehmende Anzeichen für eine Neuinterpretation der Gravitation – weg von jener über Jahrhunderte aufgefassten Idee als einer der vier Natur-Kräfte im Universum (Starke Kernkraft, Schwache Kernkraft, Elektromagnetismus und eben: Gravitation). Damals letterte zum Beispiel das renommierte „*Spektrum der Wissenschaft*" am Titelblatt: „*Schwerkraft – eine Illusion? Gut möglich sofern unsere Welt ein Hologramm ist.*"[35] Seither herrschte ein regelrechter Run bezüglich eines möglichen Durchbruchs auf diesem Feld der Forschung. Grund für die intensive Suche ist vielleicht DAS Dilemma der Gegenwartsphysik, ein Erklärungsnotstand erster Güte! Besagte Gravitations-Kraft besitzt nämlich keine „Quanten-Manieren". Zwar scheint sie in den Weiten des Makrokosmos das Kommando zu haben, im Mikrokosmos hingegen kommen nur die drei anderen Natur-Kräfte zum Tragen. Denn: Unterhalb von 1 Millimeter ist Gravitation nicht messbar. Weiters gelang es bislang trotz größter Forschungsanstrengung nicht, eine Quantentheorie der Gravitation zu entwickeln.

Seit Isaac Newton stand für mehr als zweieinhalb Jahrhunderte fest, dass Gravitation eine „anziehende-Kraft-zwischen-Massen" ist. 1915 trat sie in Folge der Erkenntnisse Einsteins und seiner Allgemeinen Relativitätstheorie als die „geometrische-Eigenschaft-einer-4-dimensionalen-Raumzeit" auf: Materie sagt der Raumzeit, wie sie sich zu krümmen hat. – Die Krümmung der Raumzeit, der Materie, wie sie sich zu bewegen hat. Seither fungiert die Gravitation nicht mehr als Kraft, sondern als geometrische Eigenschaft der Raumzeit. Eric Verlinde geht heute so weit, zu sagen: „*Die Gravitation ist eine Illusion. ... Natürlich haben*

---

[35] J. Maldacen: „*Schwerkraft – eine Illusion?*", in: *Spektrum der Wissenschaft 2006/3*, S. 36; K. Podirsky: „*Die Schwerkraft ist ja nur eine Phrase*"; in: *Info3 6/2006*, S. 50f.

Einstein und auch Newton Gleichungen formuliert, die die Gravitation beschreiben. Aber ich behaupte, sie haben nicht wirklich geklärt, wie Gravitation entsteht." [36] Verlindes Hypothese: *„Die Gravitation taucht erst makroskopisch auf. Sie ist physikalisch nichts Fundamentales, sondern etwas Emergentes, etwas Abgeleitetes, wie beispielweise die Wärme."* – Wärme, physikalisch gesehen als das Resultat eines kollektiven, mikroskopischen Zitterns. – Temperatur und Gravitation könnten beide also rein makroskopische Phänomene darstellen. Der niederländische Physiker kommt auf diesem Weg zu Begriffen wie Information, Unordnung und Entropie und zum 2. Hauptsatz der Thermodynamik. Dieser besagt, dass in abgeschlossenen physikalischen Systemen Energie weder entstehen noch verschwinden kann. Nach Verlinde ist dies bei der Schwerkraft, die wir ja auch spüren, ganz analog: *„Temperatur ist nur ein Maß für die durchschnittliche Energie, die jedes Molekül besitzt. Einem einzelnen Molekül kann man ja keine Temperatur zuschreiben. Die Thermodynamik ist nur eine sehr ökonomische Beschreibung ... Und so ähnlich ist das auch bei der Gravitation: Sie ist das Ergebnis von etwas anderem, das eine ‚Kraft' bewirkt. Und wenn man will, kann man diesen Prozess eben auch in Gravitationsgleichungen ausdrücken."*

Aus dem Chaos entstehen im Universum nach heutigem Stand der Naturwissenschaft nur dann Strukturen, wenn Energie aufgewendet wird. Bei Pflanzen Sonnen-Energie, bei Tier und Mensch: Lebensenergie, Gedankenenergie. Ansonsten aber nimmt die Unordnung im Universum beständig zu. Um es mit dem Nobelpreisträger Boltzmann zu sagen: *„Die Entropie wächst."* In seiner Theorie verknüpft Verlinde die Gravitation mit Boltzmanns Entropiesatz und der Information. Gravitation deutet Verlinde als *„emergentes (abgeleitetes) Phänomen der Entropie-Zunahme"*. Das Postulat der wachsenden Entropie zwingt zum Beispiel einen Apfel zum Fallen. Zu einem Verhalten, das wir Menschen als Schwerkraft wahrzunehmen meinen. Erik Verlinde: *„Wenn wir den Apfel und die Erde beschreiben, dann sagen wir: Zwischen ihnen besteht eine ‚Anziehungs-Kraft'. In Wirklichkeit*

---

[36] E. Verlinde, in: *„Ein warmes Grab für die Gravitation – Erwin Verlindes Abschied von einer Naturkraft"*, ORF Dimensionen – Die Welt der Wissenschaft, 2010, von R. Czepel / A. Stadler; (gilt auch für die nächsten Zitate in Folge).

passiert aber Folgendes: Im physikalischen System ‚Apfel-und-Erde' *steckt ein Informations-Betrag. Dieser Betrag ändert sich, wenn der* *Apfel fällt. Ein Teil der Information verschwindet, aber er entspricht* *genau der Energie, die der Apfel beim Fallen erhält.* **Diese Änderung** **der Information ist der eigentliche Grund, warum der Apfel fällt.**" Übrigens fußte bereits Aristoteles' Argumentation, „warum-ein-Stein-zur-Erde-falle" auf einer ähnlichen, quasi-entropischen Erklärung. Nur philosophischer: *„Der Ort der Steine ist die Erde."* [37], war sein Forscher-Résumé vor bald 2.500 Jahren. Heute würden wir sagen: *Sie fallen auf* *ihr jeweils niedrigstes Energie-Niveau.*

Doch zurück zu Verlindes Idee: Rein rechnerisch betrachtet besteht zwischen In-*forma*-tion und Energie Kongruenz (Übereinstimmung). Was aber IST In-*forma*-tion in diesem Zustand jenseits der „Form" – und wo geht sie hin, wenn sie wieder „reine In-*forma*-tion" wird? Auch hier gilt es Anleihe bei Sheldrakes Konzept der Morphogenetischen Felder zu nehmen, beziehungsweise ganz allgemein bei der Idee von In-*forma*-tions-Feldern. Für manche Kollegen weist Verlindes Entropie-konzept für die Gravitation einen Schönheitsfehler auf: Es kann nur dann folgerichtig sein, wenn unser Universum ein sogenanntes „Hologramm" ist. Dabei wäre die gesamte In-*forma*-tion dieser 3-dimensionalen Welt auf einem 2-dimensionalen Bild gespeichert, ähnlich den glänzenden Zeichen auf den Kreditkarten. Dass dieses holographische Postulat wissenschaftlich besehen durchaus die Realität darstellen könnte, zeigen theoretische Arbeiten zur Thermodynamik „Schwarzer Löcher" aus den 1980er Jahren. Erstaunliche Erkenntnis: Die Entropie eines Schwarzen Lochs oder, komplementär betrachtet: sein Informati-onsgehalt, wächst nicht proportional zu seinem Volumen, sondern proportional zu seiner Oberfläche. – *In-forma-tion, die aller Form* *voran- bzw. mit ihr einhergeht, könnte seine Existenz – mathematisch* *betrachtet – in einer Art „bildhafter Zwei-Dimensionalität" haben.*

---

[37] „*Eine frühe Form, physikalische Wechselwirkungen zu beschreiben, findet man bei* *Aristoteles (384–322v.) im Werk ‚Physik'. ... Laut Aristoteles fällt beispielsweise ein* *Stein ... aufgrund ... (der) Tendenz, seinen ‚natürlichen Ort' – wie es bei Aristoteles* *heißt – zu erreichen.*" https://books.google.at/books?id=xOaNBAAAQBAJ&pg=PT25&dq=Schwere+nat ürlicher+Ort+Aristoteles; 2016/4).

Verlinde gibt sich bezüglich seiner Theorie sicher, wenn auch bescheiden. Sie sei eben noch nicht gänzlich fertig. Viele namhafte Kollegen billigen der esoterisch anmutenden Theorie beste Chancen zu, die wissenschaftliche Kosmologie grundlegend zu revolutionieren. Univ.-Prof. Franz Embacher, Physiker an der TU Wien: *„Die Mehrzahl geht davon aus, dass man diese Schwächen oder Lücken wird füllen können.“* [38] Erik Verlinde scheint das Tor zu einer völlig neuen Physik einen Spalt weit geöffnet zu haben. Auch von der Ecke her besehen könnte sich In-*forma*-tion letztlich als FUNDAMENTALER Begriff der Physik, als das Ur-Sprüngliche im Kosmos erweisen, während Begriffe wie Energie, Materie, Kraft, oder auch Gravitation nur als makro-kosmische Oberflächenphänomene eine Rolle spielen. Und so wie es bislang die bekannten Gravitations-Gleichungen sowie Gleichungen bezüglich Quantenregeln (Schrödinger, Heisenberg) gab, gilt es jetzt für die Physik Informations-Gleichungen zu definieren. Die Wissenschaft hat diesbezüglich offenbar bereits „Lunte-gerochen“.

Die neuen Erkenntnisgrundlagen bezüglich In-*forma*-tion und ihr Zusammenhang mit dem Phänomen der Gravitation zieht aber im Umkehrschluss noch eine Fülle weiterer spannender Fragestellungen nach sich, lässt sich doch jegliche In-*forma*-tions-Aufnahme-in-die-Materie-hinein als Gravitation mit „negativem Vorzeichen“, als Vorgang ANTIGAVER Wirkung deuten! Gab es da doch eine Aufnahme freier In-*forma*-tion im Anbeginn-aller-Zeiten? Etwas was eine derart unvorstellbar anmutende, abstoßende Wirkung enormen Ausmaßes anfachte? Solch einen Super-GAU [39] aller Entwicklung, der die Physik veranlasst von „Urknall“ zu sprechen?! Nichts wäre es dann mehr mit jener obskuren Vorstellung, dass alle im gesamten Kosmos vorhandene Energie und Materie bereits in dieser Singularität hätte vorhanden sein müssen! [40] Und, ist auch der wissenschaftlich messbare und bislang unerklärliche Beschleunigungsimpuls des Universums –

---

[38] F. Embacher, in: *„Ein warmes Grab für die Gravitation ...“*, *ORF Dimensionen – Die Welt der Wissenschaft, 2010*, von R. Czepel / A. Stadler.

[39] Super-GAU: In dem Fall – „Größter-Anzunehmender-Ursprung“ inklusive der Idee der darauf folgenden „Inflation“ (Ausdehnung des Universums mit Überlichtgeschwindigkeit); Siehe Kap. 1, Anm. 5, 6 sowie Kap. 2, Anm. 41.

[40] Siehe Kap. 1, Anm. 3-5.

bezogen auf seine Ausdehnung (sowie jene überraschende Koinzidenz dieses Zeitpunkts mit dem Eintritt des Menschen in die Evolution) ebenfalls einer derart *antigrav* wirkenden In-*forma*-tions-Aufnahme im Evolutionsverlauf zuzuschreiben?! Etwas das auch nüchternen Physikern Stirnrunzeln bereitet: *„Ist es nicht ein seltsamer Zufall, dass das Universum just dann, als denkende Wesen sich entwickeln, in den Schnellgang schaltete? ... Die kosmische Beschleunigung könnte genauso in ferner Vergangenheit oder ferner Zukunft beginnen.“* [41] Die Theoretiker propagierten als Erklärung dieses kosmischen Phänomens eine *„Quintessenz, die räumlich und zeitlich variable Energiequelle des Quantenkraftfeldes“*. Sie nennen dieses Gedankenkonstrukt: *„Dunkle Energie“*. Und sie sehen seine Wirkung als *„gravitativ abstoßend“*, um die Diskrepanz zwischen Beobachtung und Theorie zu glätten.

Ein weiteres Fragefeld: Welches Licht wirft diese Sicht auf den aufsteigenden Säftestrom der Pflanzen, oder im Gegensatz dazu auf die auffällige Schwere eines Bewusstlosen (Toten)? Oder auf die Aufrichte des Menschen? – Hat die physiologische Entwicklung des Gehirns als komplexeste Strukturbildung sowie die in Verbindung stehende In-*forma*-tions-Bindung in die Physis hinein, ebensolche ANTIGRAVE Wirkungen freigesetzt? Die aufrechte Menschen-gestalt: Anti-Gravitation durch In-*forma*-tion?! Auffälliges Synonym dafür: des Menschen frei getragenes Haupt, in welchem das Gehirn schwerelos schwebt. Welch' Sinnbild derartiger Zusammenhänge von „Bewusstsein“, „Leben“ und „In-*forma*-tion“ ...?!

Wohin der Weg kosmologischer Forschung zukünftig zielt? – Eventuell hat der Physiker und emeritierte Professor der Uni Zürich, Walter Heitler, ausgezeichnet mit der Max-Planck-Medaille, eine sehr treffende Zielvorgabe im Titel seines Buches formuliert: *„Naturwissenschaft ist Geisteswissenschaft.“* [42] Heitler hat sicherlich nichts Religiöses gemeint, sondern eine „Wissenschaft vom Leben“, die das Geistige in unprätentiösem Sinn (z.B. als In-*forma*-tion) mit einbezieht. Spiritualität eben – ganzheitlich erweiterte Forschung.

---

[41] J. Ostriker: *„Die Quintessenz des Universums“*, in: *Spektrum der Wissenschaft 2001/3*, S. 32ff; (gilt auch für die nächsten Zitate in Folge).
[42] W. Heitler: *„Naturwissenschaft ist Geisteswissenschaft.“*, Zürich 1972.

Bewusstseins-Übung: *„Dankbar sein"* (*„... in-den-Schoß-gefallen"*)

Es gibt im Sprachgebrauch höchst interessante Redewendungen. Zum Beispiel: Jemandem sei etwas einfach *„in-den-Schoß-gefallen"*. Warum diese Metapher? Es scheint eine Gabe zu sein, etwas das unser Dasein in generöser Weise unterstützt, fördert, bestärkt. Wichtig in jedem Fall: Gar nichts davon war oder ist in irgendeiner Weise selbstverständlich! Die anerkennende Sicht auf solche Gönnerhaftigkeit des Schicksals oder auf eine derart wohlwollend-förderliche Unterstützung durch andere Menschen kann uns selbst bewusst machen, wie sehr jeder / jede von uns bislang als Günstling/in des Schicksals lebt / lebte.

Übungs-Anleitung:

Frage Dich, was Du im Leben geschenkt bekommen hast. Was hat Dir „das Leben" so alles gewährt, ohne dass Du dafür etwas tun musstest? Was dankst Du anderen Menschen und ihrer liebenden Großzügigkeit?

Tabelle:

Erstelle im ersten Schritt eine Liste, was an Essenziellem Dir geschenkt wurde, was Dir ohne Gegenleistung real in-den-Schoß-gefallen ist.

1.)
2.)
3.)
4.)
5.)
6.)
7.)

Anerkenne Deine wesentlichen Unterstützer. Fühle ihre Großzügigkeit.

Bemerke:

Achte Dich und Dein Leben für alles, was Dir geschenkt wird / wurde. NICHTS davon ist selbstverständlich! Deine Wertschätzung, Liebe und Achtsamkeit für Dich als Wesen spiegelt sich darin. Oder auch Deine mangelnde Solidarität mit Dir, Deine Unerbittlichkeit. Sollte der Blick auf dieses Symptom ernüchternd bis verbittert aussehen, so ist es an der Zeit, den Blick auf Dich und das Leben zu ändern. Bist Du willens, dann ändere ihn! Anerkenne das Leben auch in DIESEM symptomatischen Hinweis. Sei auch dafür dankbar. Lächle und – geh weiter!

Kapitel 4: In-*forma*-tion – und andere Felder

Interdisziplinäre Forschung

Wie schon bei der veralteten Gravitations-Vorstellung und dem Gravitations-Feld, haben sich die Menschen auch an die Vorstellung eines magnetischen Feldes gewöhnt, das sich unsichtbar durch den Raum erstreckt. Nicht nur das Magnetfeld beruht auf elektrischen und magnetischen Kräften. Alles, was wir sehen, enthält elektromagnetische „Felder" und diese sind für unsere Existenz als physische Wesen von fundamentaler Bedeutung. Bedenken wir: Vor nicht einmal 100 Jahren, wer hätte es für möglich gehalten, dass Wirkungen elektromagnetischer Felder einstmals in derart vielfältiger Weise (Rundfunk, Fernsehen, Handy, Radar, etc.) das gesellschaftliche Leben, Kultur und Wirtschaft bestimmen würden? ... Und die technischen Möglichkeiten sind sicherlich lange noch nicht ausgeschöpft!

Die Fragen, welche sich uns stellen, gehen in eine durchaus ähnliche Richtung: Gibt es etwas, was man ganz allgemein, als *„Informations-Felder"* oder auch *„Gestaltbildende-Felder"* bezeichnen könnte, als: *„Morphische- oder Morphogenetische-Felder"*, wie Rupert Sheldrake sie nennt. Er formulierte die Theorie der von ihm so benannten Felder als Grundlage seiner Hypothese eines *„Gedächtnisses der Natur"*. Die für mich entscheidende Frage: *Ist es berechtigt, auch Bewusstsein – auf-welcher-Ebene-immer – als ein „Feld-Phänomen" zu begreifen?*

Felder. – Fernwirkung von Kräften

Vieles weist auffällig in diese Richtung. Phänomene geben Hinweise, dass es neben den mittlerweile allseits bekannten Fernwirkungen wie Magnetismus und Elektromagnetismus sowie erwähnten Fluktuationsfeldern im Vakuum noch weitere Informations-Fernwirkungen gibt.

Vor dem Hintergrund der herrschenden Philosophien war es nur konsequent, dass die Physiker des 18. und 19. Jahrhunderts – selbst Lichtwellen – als einen rein mechanistischen Prozess dachten. Man konnte sich daher auch nicht vorstellen, dass es dafür kein Medium geben sollte, in dem diese Wirkungen vonstatten gingen. Erst im Zusammenhang mit den späteren Erkenntnissen der Quantenphysik klärte sich auch das physikalische Bild jenes seltsamen Konzepts einer

„Kraft-die-über-ein-Feld-wirkt". Als Modellvorstellungen für solche *„Wirkungen-über-Distanz"* wurden von der Wissenschaft zu Beginn Teilchen dingfest gemacht (Ein „Etwas", das zwar kein Teilchen, aber eine *„wirkende Eigenschaft"* ist. [1]) Für das Elektromagnetische Feld heißt dieser Übermittler *„Photon"* (Licht-Quant), für das Gravitations-Feld nannte man ihn *„Graviton"*, usw. Und es gibt noch weitere, nur im wissenschaftlichen Zusammenhang bekannte (Quanten-)Felder. [2]

Licht scheint wissenschaftlich betrachtet eine schizophrene Natur zu haben: Manchmal verhält es sich in seiner Wirkung wie ein Schwarm von Teilchen (Quanten-Bündel) und dann wieder als Welle. Vor knapp einem Jahrhundert wurde dieses Paradoxon durch die Formulierung der Quantentheorie gelöst. Entsprechend dieser Theorie ist ein Feld nichts Passives, sondern füllt in Form von Wellen den Raum. Interessant ist, dass dieser *„uns heute selbstverständliche Begriff ‚Feld' bei seiner Einführung keineswegs unproblematisch war. Newton, der sich viel mit Astrologie befasst hatte, in der es bekanntlich ‚Fernwirkung' gibt, hat diesen Begriff offenbar von dort her abgeleitet, ihn freilich in exakte mathematische Form gefasst. Derartiges blieb von seinen Zeitgenossen – zum Beispiel von Leibniz – nicht unwidersprochen, die ihm die Hereinnahme von ‚spukhaften Fernwirkungen' in die Physik vorwarfen. Der Begriff ‚Feld' bildet aber heute längst in der gesamten Physik Grundlage aller Theorien und wird nicht mehr hinterfragt."* [3]

Wir werden hier lediglich zwei weitere Felder besprechen: Zunächst das so genannte „Higgs-Feld". Und als zweites noch das Konzept eines „Informations-Feldes" vorstellen, für welches heute der Name „Morphogenetisches Feld" gebräuchlich wurde, oder der Begriff „Psi-Feld" oder auch schlicht „5. Feld" verwendet wird.

Bereits im 17. Jahrhundert wies Isaac Newton auf die „Äquivalenz-von-Gewicht-und-Masse" hin und entwickelte daraus sein universelles Gravitationsgesetz. Etwa zweihundert Jahre später erkannte Albert Einstein die „Äquivalenz-von-Masse-und-Energie", sein: $E = mc^2$. Und

---

[1]   Siehe Kap. 2, Anm. 9, 10, 14, 16.

[2]   Siehe Kap. 2, Anm. 12-16.

[3]   F. Cramer: *„Chaos und Ordnung – Die komplexe Struktur des Lebendigen."*, Stuttgart 1989, S. 231.

obwohl Newton und Einstein diese großartigen Erkenntnisse hatten: Keiner von beiden wusste, was Masse wirklich ist. (Übrigens: Niemand, auch kein Physiker, weiß bis heute genau, WAS Energie ist. [4]) Kürzlich erst hat die experimentelle Physik einen Forschungsbeweis erbracht, was „Masse" der wissenschaftlichen Erkenntnis nach ist beziehungsweise sein könnte. Im CERN am LHC (Large Hadron Collider) wurden Protonenstrahlen maximal beschleunigt und aufeinanderprallen gelassen. Die entstehende Energiedichte entsprach für Bruchteile von Sekunden jener Dichte, Mikrosekunden nach dem sogenannten „Big Bang", als nach dem Stand heutiger Forschung die „Materie" entstand.

Alles das, nur um das mysteriöse Higgs-Boson, den vorausgesagten Übermittler der Kraft des Higgs-Feldes zu verifizieren – oder zu falsifizieren. Benannt nach der postulierten Theorie des Physikers und Universitätsprofessors Peter Higgs. Higgs selbst kommentierte seine Entdeckung im Jahr 1964 zunächst folgendermaßen: *„Habe diesen Sommer etwas vollkommen Nutzloses entdeckt!"* [5]

Etwa vierzig Jahre später entwarfen Wissenschaftler am CERN bei Genf dieses größte und teuerste wissenschaftliche Experiment aller Zeiten. Eines der zentralen Ziele war es, die *„nutzlose Idee"* von Peter Higgs zu testen. Man wollte herausfinden, ob seine zunächst abwertende Selbsteinschätzung zutreffend war, oder ob er dafür den Nobelpreis erhalten würde ...

Nun, die Sache ist seit 2012 entschieden und er erhielt für seine Idee 2013 gemeinsam mit François Englert den Nobelpreis für Physik. [6] Die Higgs-Theorie erklärt das vermeintlich herausforderndste Rätsel der zeitgenössischen Physik und Kosmologie: den Ursprung der Masse. Das Auftauchen von Masse, so vermuten die Physiker, gab dem

---

[4]   Soweit der renommierte Physiker und Entwickler des Augen-Lasers, Mani Bhaumik. M. Bhaumik: *„Codename Gott"*, Wien 2011, S. 135; Siehe *„In-forma-tion / Bd. 2"*, Kap. 3: Ich-Bewusstsein versus Wille, Anm. 3 sowie Kap. 12: *Was ist Leben? –* Phänomene und Symptome, Anm. 2, 10.

[5]   Kurze Nachricht von Univ.-Prof. Peter Higgs an einen Studenten der Universität Edinborough. Zitiert in: F. Close: *„Luzifers Vermächtnis – Eine physikalische Schöpfungsgeschichte."*, Berlin 2004, S. 287.

[6]   Siehe Kap. 2, Anm. 39; Siehe Kap. 3, Anm. 5; Siehe *„In-forma-tion / Bd. 2"*, Kap. 12: *Was ist Leben?* – Phänomene und Symptome, Anm. 10.

Universum Inhalt und Form. Daher wird das „Higgs-Boson" gern auch als das „Gottesteilchen" apostrophiert. Der Physiker Frank Close: *„Die Verwirklichung dieser Theorie könnte auf Zusammenhänge zwischen scheinbar völlig unterschiedlichen Phänomenen hindeuten, und die Masse wäre der Grund, warum die **wahre Einheit** verborgen ist. ... Die Masse bricht die Symmetrie der Schöpfung und sie ist gleichzeitig die Ursache für alle, seit jener Zeit entstandenen Strukturen, Muster und Asymmetrien. ... Die Theorie von Higgs geht von der Annahme aus, dass das ‚Vakuum' in Wirklichkeit ein strukturiertes Medium ist. ... Doch warum nehmen wir dieses Higgs-Feld nicht wahr? Die Antwort lautet: Wir nehmen es wahr! Sämtliche Strukturen, alles Existierende und alle Wesen geben Zeugnis davon, dass das Higgs-Feld den Elementarteilchen eine Masse verliehen hat. ... Unsere Existenz beruht auf einigen sehr delikaten Beziehungen zwischen den Massen der fundamentalen Teilchen. ... Wir verstehen nicht, warum die Massen diese ‚magischen Werte' besitzen. Doch wenn wir uns überlegen, wie unsere Welt aussähe, wenn auch nur einige dieser Werte anders wären, dann beginnen wir zu begreifen, von welchen Feinheiten unsere Existenz abhängt, und was wir noch alles zu klären haben."* [7]

Der Experimental- und Quantenphysiker Anton Zeilinger äußert sich zur maßgeblichen Veränderung wissenschaftlicher Begriffe sowie ihrer Bedeutung bezüglich der Vorstellbarkeit von „Wirklichkeit": *„Natürlich, der Begriff der Materie hat sich aufgelöst, wurde ersetzt durch Begriffe wie ‚Feld', oder ‚Wechselwirkung', solche Dinge, die mehr abstrakt sind. Aber auch diese Dinge sind Begriffe, mit denen man operationell agieren kann: Wie das wirkt, was das macht. ... Wir haben einen operationell, halb bildlichen Zustand gefunden, der nicht mehr materiell realistisch ist."* [8]

Wissenschaft versuchte lange Zeit die entsprechendste Vorstellung der Wirklichkeit zu finden. Sie orientierte und definierte diese Suche daran, welches Modell-Bild weniger Widersprüche in sich trage. Mit der notgedrungenen Anerkennung des sogenannten „Welle-Teilchen-

---

[7] F. Close: *„Luzifers Vermächtnis – Eine physikalische Schöpfungsgeschichte."*, Berlin 2004, S. 288, S. 300, S. 290, S. 294; Siehe Kap. 1, Anm. 2; Siehe Kap. 6, Anm. 1, 2, 3f.

[8] A. Zeilinger, in: *„Humbug oder Wissenschaft – Im Grenzgebiet der Erkenntnisse."* Transkription, in: *ORF Radiokolleg, 2003*, von M. Adel.

Dualismus" von Licht (aber auch Materie!) [9] musste die Wissenschaft erstmals anerkennen, dass Widerspruchsfreiheit in den Wissenschaften ein für alle Male passé ist. Herbert Pietschmann, Professor für Theoretische Physik der Uni Wien, formuliert diesen Erkenntnis-zusammenhang etwas desillusioniert: *„Ganz entscheidend möchte ich aber betonen, dass wir uns die Elimination des Widerspruches erkaufen um den Preis einer grundlegenden Veränderung der Welt (nicht nur unseres Weltbildes), die durch die Austreibung des Geistes wieder ein Stück Leben eingebüßt hat. Denn wir können nicht umhin, das was im Weltbild fehlt, auch in der Wirklichkeit abzuleugnen oder in die Privatsphäre zu verweisen. ... Je weiter wir uns mit der Konstruktion (mit diesem neuzeitlichen ‚Turmbau zu Babel‘) vom unmittelbar persönlichen Bereich der Menschen entfernen, umso größer wird das Bestreben, die Konstruktion mit der Wirklichkeit selbst zu verwechseln. Wir bauen ein Vorurteil immer weiter aus: Wirklich ist das, was weniger Widersprüche enthält. Der Grund scheint mir auch darin zu liegen, dass mit diesem Eliminieren der Widersprüche, diesem Austreiben der Geister, eben auch das Leben ausgetrieben wird."* [10]

Paradigmenwechsel

Heute findet auf allen Ebenen ein auffälliger Paradigmenwandel statt. Die wissenschaftliche Forschung hat das auch kulturelle Dilemma sogenannter „rationalistischer Aufklärung" erkannt und beginnt neuerdings erste Konsequenzen aus dieser reduktionistischen Sicht-weise zu ziehen. Ganz offensichtlich wandelt sich unsere Kultur – in Analogie zum Wechsel von der Ratio der „Moderne" des beginnenden 20. Jhdts. zur „Post-Moderne" – nunmehr in eine Zeitgeist-Kultur der „Post-Aufklärung". Die Einseitigkeit und zerstörerische Kraft einer nüchtern abstrakten Verstandeskultur wurde einfach zu deutlich sichtbar. Sie ent-deckte und entblößte sich mehr und mehr bezüglich der ihr selbst eigenen Irrationalität. Und so bricht im Bereich der neuen Wissenschaften eine innovative Aufbruchstimmung aus: Dies schlägt heute bereits bis in die Redaktionen der Wissenschafts-Sendungen

---

[9] Siehe Kap. 2, Anm. 9-11, 19, 28.
[10] H. Pietschmann: *„Das Ende des naturwissenschaftlichen Zeitalters.",* Frankfurt / Berlin 1983, S. 52, S. 175, S. 132, S. 86; (H.P. Dürr: *„Das Netz des Physikers.",* S. 74).

und Bildungs-Programme von Rundfunk und Fernsehen durch und ermöglichen einer interessierten Öffentlichkeit an diesem kulturellen Wandel teilzuhaben. Fachübergreifende Forschung ist das Schlagwort. Was für das Forschungsgenie der Renaissance, Leonardo da Vinci noch selbstverständlich war, kehrt auf gehobener Ebene zeitgenössischer Wissenschaft neuerdings wieder.

Materie und die Spielregeln der Evolution. – „*Selbstorganisation*"?!

Für ein Begreifen des Lebens und der Entwicklung seiner Organismen gibt es heute zwei ganzheitlich-wissenschaftliche Ansätze. Der eine sieht einen sogenannten „*Typus*", als Struktur-schaffendes Prinzip in den Strukturen, während der andere, sich mit dem Aspekt von „*Feldern*", als etwas den Formprozess Bewirkendes befasst. Es ist ein vereinigendes Ordnungsprinzip der beobachtbaren Phänomene, welches Forscher wie Rupert Sheldrake interessiert. Er postuliert die Existenz sogenannter morphogenetischer Felder und morphogenetische Resonanz als Wirkungsprinzip [11]. Rupert Sheldrake stuft diese Informations-Felder als dem Organismus immanent ein: *„Sie evolvieren im Bereich der Natur und unterliegen dem Einfluss dessen, was früher geschah."* [12] Allein: Derartige „Felder" – anderer, nicht-biologischer Provenienz – gäbe es dann auch im Bereich aller anderen Strukturen wie den Gehirnstrukturen des Menschen oder auch den Planetensystemen: ebenso ausgestattet mit Resonanzen morphogenetischer Art.

Auch Friedrich Cramer, Biochemiker, experimenteller Mediziner und emeritierter Direktor im Max-Planck-Institut in Göttingen, vertritt mit seiner „Evolutionsfeldtheorie" bezüglich des sogenannten „selbstorganisierenden Chaos" [13] ein interessantes Konzept. Cramer gelangt zur

---

[11] R. Sheldrake: *„Das Gedächtnis der Natur – Das Geheimnis der Entstehung der Formen in der Natur."*, Bern 1992, S. 132ff.

[12] *„Der Gedanke, dass morphogenetische Felder ein Gedächtnis beinhalten, ist der Ausgangspunkt für die Hypothese der Formbildungsursachen. ... Die bislang einzige Alternative – ich meine die Kombination von Platonismus und Materialismus zu einer mechanistischen Sicht – wird dies wohl nie leisten können, denn sie wurzelt in einer vorevolutionären Vorstellung vom Universum, die von der Physik allmählich aufgegeben wird."* R. Sheldrake: *„Das Gedächtnis der Natur."*, Bern 1992, S.142.

[13] Unter „selbstorganisierendem Chaos", oder kurz: „Selbstorganisation", verstehen Chaosforscher eine sich wie zufällig entwickelnde Ordnung materieller Strukturen.

Auffassung, dass Formbildung „*weder allein strukturell noch allein mathematisch erklärbar sein*" wird. Wir stoßen dann „*allerdings an eine Grenze beim* **Begriff** ‚**Selbstorganisation**', *der* **naturwissenschaftlich nicht mehr erklärbar ist, sondern einer neuen axiomatischen Begründung bedarf.**" [14] „*Selbstorganisation*" ist für Cramer nicht „*ein bloßes Akzidens* (eine zufällige, unwesentliche Eigenschaft; KP.) *von Materie, sondern eine unabtrennbare Eigenschaft und ein Attribut der materiellen Substanz.*" Er betont, dass „*Selbstorganisation das Schöpfungspotenzial der evolvierenden Materie* (ist), *und das gilt für die gesamte Materie. Wir können auch einfach ‚lebende Materie' sagen und meinen damit, dass Materie weit vom Gleichgewicht substanziell lebend ist. Das ist keine Tautologie; denn es ist eine physikalische Eigenschaft, lebend zu sein.*" Nun ja, nicht jeder der heute forschenden Wissenschaftler wird dieser Argumentation folgen wollen. Ich meine, Cramer sagt dies aus seinem Erkenntnis-Standpunkt, dass ALLES „Leben" ist. Und insofern ist er bereit sich über den materialistischen Standpunkt zu erheben. In einem suchenden Menschen paaren sich eben die gegensätzlichsten Ideen und befruchten einander: Dabei tritt jedenfalls eine Grundsätzlichkeit jeglicher Entwicklung zutage.

Der Biologe und Forscher, Univ.-Prof. Wolfgang Schad, formuliert eine diesbezügliche Grundthese: „*Immer wenn die Interpretation in der Gefahr steht zum Dogma zu werden, braucht es eine gerade gegenteilige Betrachtung. ... Es herrscht hier eine Art von wissenschaftlicher Ko-Evolution komplementärer Interpretationen.*" [15] Friedrich Cramer schließt die Fragestellungen zur Selbstorganisation im Buch „*Chaos und Ordnung*" wie folgt: „*Es gibt keine Physik ohne metaphysische Grundlegung, aber es ist ungeheuer wichtig, die Nahtstelle zwischen beiden genau zu bezeichnen, um eine Begriffsverwirrung zu vermeiden. In der Evolutionstheorie ist der Begriff ‚Selbstorganisation' diese Nahtstelle zwischen Theorie und Meta-Theorie. ... Wenn Gott die ‚Materie und die Spielregeln' geschaffen hat, warum soll nicht die Evolution in seinem Willen liegen und sich vollkommen mit einer*

---

[14] F. Cramer: „*Chaos und Ordnung – Die komplexe Struktur des Lebendigen*", Stuttgart 1989, S. 230f; (gilt auch für die nächsten zwei Zitate); Siehe Kap. 2, Anm. 28, 29, 36.

[15] W. Schad / P. Sitte: „*Evolution in der Sicht der modernen Biologie.*", Transkription aus: „*Dialoge*", Wien, 2. März 2001.

vernünftigen Evolutionstheorie vertragen? Die Sinnfrage bleibt aber in naturwissenschaftlichen Fragen und Erklärungen durch Voraussetzung ausgeschlossen." [16] Gut, für Betrachtungen heutiger Naturwissenschaft bleibt sie per Voraussetzung ausgeschlossen, aber bei Cramer als Biologe und Mensch besteht sie. Liest man sein Buch genau, so finden sich gar nicht so versteckt viele Hinweise auf sein Bedürfnis, Sinn-Fragen oder Teleologie-Aspekte aufzuwerfen, einfach um dem Leben in seiner unfassbaren Gestaltungskraft plausibel gerecht werden zu können. [17] Und mit gewissem Maß an Selbstironie zitiert Cramer, John Scott Haldane, einen *„durchaus materialistisch denkenden Biologen"* – wie Cramer selbst anmerkt – und dessen wissenschaftssoziologisch pointierte Sichtweise in folgendem Bild: *„Die Teleologie ist für den Biologen wie eine Mätresse: Er kann nicht ohne sie leben, aber er will nicht mit ihr in der Öffentlichkeit gesehen werden."* [18]

5. Feld: In-*forma*-tion. – Seinsgrund des evolvierenden Universums

Bereits 15-jährig als international renommierter Nachwuchspianist bekannt, später dann als Wissenschaftsphilosoph sowie Begründer des Club of Budapest: Univ.-Prof. Ervin Laszlo. Geehrt mit der höchsten Auszeichnung der Pariser Universität: der Verleihung des Doktortitels honoris causa in Philosophie und Wissenschaften sowie Gastprofessor verschiedenster Universitäten, fungierte viele Jahre als Berater des „Club of Rom". Als Laszlos bedeutendste Pionierarbeit und Ergebnis seiner über 40-jährigen Forschungsarbeit wird die Theorie-Konzeption eines kosmischen Informations-Feldes gewertet. („Psi-Feld", nach jenem griechischen Buchstaben und Symbol benannt, welches Erwin

---

[16] F. Cramer: *„Chaos und Ordnung – Die komplexe Struktur des Lebendigen"*, Stuttgart 1989, S. 240.

[17] Z.B.: *„Der Aufbau des Organismus wird nach einem Programm organisiert. Wer aber organisiert das Programm?". „Ohne die Einsteinsche Frage nach dem Wozu? ausführlich zu diskutieren, müssen wir aber doch fragen: Inwiefern gibt es das Phänomen der Selbstorganisation? Wann und auf welches Substrat wirkt sie? ... Jedenfalls kann der Geist nicht aus Materie als Überbau entstanden sein. Eher ist es umgekehrt."* F. Cramer: *„Chaos und Ordnung – Die komplexe Struktur des Lebendigen."*, Stuttgart 1989, S. 227, S. 228, S. 229.

[18] R. Spaemann / R. Löw: *„Die Frage Wozu? Geschichte und Wiederentdeckung des teleologischen Denkens"*, München 1981, zitiert in: F. Cramer: *„Chaos und Ordnung – Die komplexe Struktur des Lebendigen."*, Stuttgart 1989, S. 221.

Schrödinger der Wellenfunktion gab, die den Zustand von Quanten definiert; KP.). Laszlo: *„Unsere Erforschung der fabulös anmutenden Welten von Quantenphysik, postdarwinistischer Biologie, aktueller Bewusstseinsforschung und neuer Kosmologie, hat uns einige faszinierende Erkenntnisse geliefert. Wir haben eine Reihe bedeutsamer Anhaltspunkte für die Existenz eines verbindenden Urfeldes in der Natur gefunden. Das Vorhandensein eines solchen Feldes ist die logischste Erklärung für die seltsame ,Verschränkung' von Quanten, den kleinsten identifizierbaren Einheiten von Materie-Energie im Universum, für die ebenso rätselhafte, nahezu unmittelbare Kohärenz von Organismen, für die scheinbar esoterischen, transpersonalen Verbindungen, die in den Randbereichen der Bewusstseinsforschung zutage treten, und für die verblüffende Kohärenz des Kosmos als eines Ganzen."* [19]

Wissenschaftlich besehen, scheinen alle Entstehungsprozesse im Großen wie im Kleinen in signifikanter Weise systemisch offenen Wegen zu folgen. Es sind Rückkopplungen, die auf jeder Ebene des Seins die Entwicklungsdynamik von dem, was wir mit „Leben" bezeichnen, bestimmen – sowohl in kosmischen Dimensionen wie auch in Biographieabläufen. Was letztlich ja nicht verwundert, da es sich auf allen Ebenen um ein-und-dasselbe Universum handelt: *„Schließlich ist unser Universum nicht zufällig und planlos, sondern entwickelt sich gemäß kohärenter Gesetze und Konstanten. Diese Evolution ist sowohl in sich schlüssig als auch unumkehrbar. ... Vertreter der Chaos- und dynamischen Systemtheorien bilden den Prozess nach. Hierbei wird durch in sich selbst unbestimmte Prozesse mit ,chaotischen Attraktoren'* [20] *ein bestimmter, einmaliger Endzustand in einem sich entwickelnden System erreicht. ... Im Hinblick auf Freiheit sind chaotische Attraktoren sehr tolerant. Sie lassen zu, dass das von ihnen gesteuerte System seinen eigenen evolutionären Weg wählt. Das bedeutet, dass der endgültige Zustand, den das System erreicht, bei jedem Durchlauf anders ist, und zwar auch dann, wenn es sich aus identischen Ursprungsbedingungen*

---

[19] E. Laszlo: *„HOLOS – die Welt der neuen Wissenschaften."*, Petersberg 2002, S. 91.

[20] Unter sogenannten „Attraktoren" versteht man in der Chaostheorie systemspezifische Zahlenwerte, welche für die Entwicklung eines Systems charakteristisch sind, ohne dass dadurch seine Entwicklung determiniert (vorbestimmt, festgelegt) erscheint. Siehe Kap. 6, Anm. 10.

heraus entwickelt hat und von denselben Attraktoren gesteuert wird. ...
Das sich ergebende Ziel wird durch das Spiel selbst geschaffen." [21]
„Eine Region des Raumes kann frei von Materie sein, aber sie ist
niemals frei von Energie – von Energie tragenden Feldern, um genauer
zu sein. ... Wie schon erwähnt, betrachtet die neue Physik das Vakuum
als ein universelles Medium, als die Quelle aller Felder und Kräfte der
Natur. Die virtuellen Vakuumenergien fluktuieren um ihren Nullpunkt-
Basiswert und sind selbst am absoluten Nullpunkt der Temperatur noch
aktiv." [22]

Das Quantenvakuum scheint jegliche Form der In-*forma*-tion
(Naturgesetze) in Form von Interferenzmustern zu bewahren. Alle
anderen: Elektromagnetisches Feld sowie die Felder der schwachen
und starken Kernkraft existieren im Medium des Quantenvakuums
und nutzen allesamt dessen Eigenschaften. Während der sogenannte
„Vektorwellen-Anteil" des Vakuums, Kraftwirksamkeiten übertragen
kann (z.B.: elektromagnetische Wellen; KP.), kann der wissenschaftlich
postulierte „Skalarwellen-Anteil" als Informationsträger fungieren. Was
man bereits heute über Skalarwellen weiß, ist, dass sie sich gegenseitig
überlagern, statt sich zu durchdringen. Laszlo: *„Folglich produzieren*
Interferenzmuster, die durch Skalarwellen erzeugt wurden sogenannte
Schrödinger-Hologramme, die Phaseninformationen speichern. Solche
Informationen finden sich in verteilter Form an allen Punkten innerhalb
des Bereichs der Wellenfronten. Dies erklärt, warum innerhalb eines
bestimmten – vorstellbar: unermesslich großen – Bereichs eine quasi
sofortige Korrelation zwischen den Teilchen stattfindet."

Sowohl spannender wie wertvoller Verdienst Laszlos: Einzelstücke
spezialisierten Fachwissens in einem ersten starken Wurf zu einem
wissenschaftlich kohärenten Bild zusammengesetzt zu haben.

Ganz entsprechend beschreibt es der Grand Old Men of Vienna
Physics, Univ.-Prof. Walter Thirring, in den Entstehungszeiten des
CERNs Direktor des Theoretical Departments of Physics am CERN
und Professor für Theoretische Physik der Uni Wien, in dem, in seinem

---

[21] E. Laszlo: „*HOLOS* ...", Petersberg 2002, S. 129f; Siehe Kap. 6, Anm. 3, 4, 7, 11.

[22] Ebenda, S. 93, S. 99f, S.101; Siehe „*Jn-forma-tion / Bd.2*", Kap. 9: Intuition, Anm. 43,
44; (gilt auch für das nächste Zitate in Folge).

letzten Lebensjahr erschienenen Buch „*Baupläne der Schöpfung – Hat die Welt einen Architekten?*": „*Im Falle des Äthers ist es anders gekommen: Zunächst strich man seinen Namen aus den Physikbüchern, dann erkannte man, dass die Diskussion auf falschen Grundvorstellungen beruhte. Das Bild, dass die Materie aus ‚herumschwirrenden Atomen' besteht und sich zwischen ihnen nur Zwischenraum, d.h. nichts befindet, ist ontologisch falsch – das Wesen der Dinge ist anders.* **Laut Quantenfeldtheorie ist der gesamte Raum homogen erfüllt mit Quantenfeldern, die keinen materiellen Ursprung haben. Materie ist nur eine lokale Anregung der Felder.** *Diese besitzen die Eigenschaften des Äthers und noch viele weitere, noch erstaunlichere. Sie erfüllen den ganzen Kosmos gleichmäßig. ...* **Außerdem ist auch im kleinsten Stück des Feldes der Bauplan des gesamten Universums gespeichert. Wo immer man im Kosmos genügend Energie zur Verfügung hat, kann man die gesamte Palette der Elementarteilchen aus dem Feld herauszaubern.** *In anderer Form und von falschen Vorstellungen gereinigt, existiert der Äther also sehr wohl, ja, er enthält sogar alles.*"[23]

Bewusstsein. – Ein Feld-Phänomen ...?

Zum Abschluss des Kapitels sei die bereits zu Beginn angeschnittene Frage nun nochmals gestellt: *Ist es möglich, dass sich auch (unser) Bewusstsein als physikalisch fundiertes Feld-Phänomen begreifen lässt?* – Nicht zuletzt die Einsichten aus der Quantenphysik sowie das in diesem Zusammenhang beschriebene Quanten-Phänomen der „Nicht-Lokalität"[24] lässt wenig andere Denk-Möglichkeiten zu. Lediglich vielleicht die Deutung, dass ALLES WAS IST, ausschließlich in unserem eigenen Bewusstsein stattfindet. (Doch dazu ausführlich an anderer Stelle.[25]) In diesem Fall jedoch eröffnet sich natürlich ein „*sehr-viel-weiteres*", zukünftiges Arbeitsfeld. Sowohl für die Forschung, als auch für menschliche Kulturentwicklung.

Gespräche mit Wissenschaftlern sowie seine eigenen Überlegungen drängten Ervin Laszlo letztlich zur Auffassung einer eindeutigen

---

[23] W. Thirring / J. Huber: „*Baupläne der Schöpfung – Hat die Welt einen Architekten?*", Wien 2011, S. 93; Siehe „*In-forma-tion / Bd.2*", Kap. 9: Intuition, Anm. 43, 46.

[24] Siehe Kap. 5, Anm. 20-22; Siehe „*In-forma-tion / Bd.2*", Kap. 9: Intuition, Anm. 15ff.

[25] Siehe A. Zeilinger, in: „*In-forma-tion / Bd.2*", Kap.5: Leben – ein Diskurs, Anm. 12,13.

Kongruenz – einer Übereinstimmung – der beiden Begriffsinhalte von „Information" und „Bewusstsein". Laszlo, mit einer anschaulichen Überlegung: *„Die Evolution des Bewusstseins nährt sich aus sich selbst heraus. ... Da das Spezies-Hologramm der Menschheit durch das ‚Einlesen' der Hologramme lebender Menschen fortwährend erweitert wird, nimmt sein Reichtum an Information immer mehr zu. Menschen, die diese Information nicht unterdrücken, finden sich in einem wachsenden natürlichen ‚Internet' wieder, das sie miteinander, mit der Umgebung und ihrer individuellen und kollektiven Geschichte verbindet. ... Unser Leben ist ein Tanz mit diesem Feld, mit der bleibenden Erinnerung der Natur."* [26] Entsprechendes gilt dann natürlich auf allen Skalen der kosmischen Evolution.

Von dem Gesichtspunkt aus betrachtet, könnte es sogar sein, dass die eigene Lebens-Information, eingeschrieben im „In-*forma*-tions-Feld", als Hologramm weiterexistiert, selbst wenn unser individuelles Dasein auf der physischen Lebensebene beendet ist. Etwas wie „Unsterblichkeit" könnte somit irgendwann in Anspruch nehmen dürfen, nicht mehr aber auch nicht weniger zu sein als das Ergebnis fundierter wissenschaftlicher Erkenntnis. Bewusstseins-Forschung steht an und wird ansatzweise auch bereits engagiert durchgeführt.

Wenn es stimmt, was der innovative Automobilentwickler Henry Ford einst pragmatisch so formulierte: *„Ob Du glaubst, Du kannst es, oder ob Du glaubst, Du kannst es nicht – Du hast Recht!"* dann sind wir als gesamte Menschheit imstande, dasjenige im Leben *absichtsvoll* zu ernten, was wir voll bewusst und liebevoll säen. Das heute weit verbreitete Gefühl eines wie auch immer gearteten Opfer-Bewusstseins hat dann allerdings ausgedient. – Ob so oder so: Wir (er)leben auch heute aus Resonanz-Gründen bereits genau das, was zu uns gehört, was auf uns „hört", weil wir es im Bewusstsein vorher anstießen. Ganz entsprechend wie wir ja auch wissen, wen wir wohl an die Strippe bekommen, beim bewusst gewählten Anrufen einer Telefonnummer. [27]

Der Philosoph und Physiker sowie wahrscheinlich angesehenste Quantenphysiker des späten 20. Jahrhunderts, Professor John Stewart

---

[26]   Laszlo: *„HOLOS – die Welt der neuen Wissenschaften.",* Petersberg 2002, S.148, S.145.
[27]   Siehe Kap. 11, Anm. 12-17.

Bell, leitender Mitarbeiter am CERN und Autor der nach ihm benannten „*Bellschen Ungleichung*" (mit einstmals dramatischen Konsequenzen für die Quantenphysik; KP.) bezieht sich in den folgenden Äußerungen während eines Interviews wenige Monate vor seinem Tod, auf verschiedene Arten von Fernwirkungen im Universum – wie etwa auch die sogenannte „Nicht-Lokalität". Davon ausgehend beschreibt er Idee und Begriffsbildung von Feldern sowie Aspekte des Bewusstseins. Bell zu Aspekten des individuellen Bewusstseins und des Erlebens dieser Welt: „*Diese Art der Argumentation trifft aber nicht das eigentliche Problem. Diskussionen dieser Art liegt meines Erachtens eine stillschweigende Zweiteilung der Welt zugrunde. ... Wenn ich aber nicht daran glaube, dass die Welt in zwei Teile geteilt ist, dann muss ich eine Theorie erarbeiten, die beide Seiten integriert: das, was auf der einen Seite passiert, und das, was auf der anderen Seite geschieht. ... **Sollten wir also fortfahren wollen, ein ernsthaftes Gespräch zu führen, dann müssen wir hinnehmen, dass es darin nicht darum gehen kann, was logisch widerlegbar ist und was nicht, sondern darum, was einleuchtend, interessant und brauchbar ist.** ... Wenn wir uns also dennoch für etwas interessieren, was außerhalb unseres Geistes stattfindet, dann haben wir es nicht mehr mit Beweisproblemen zu tun, sondern mit der Suche nach Begriffen, die uns helfen, unser Leben und unsere Erfahrungen in eine Ordnung zu bringen. ... Die Begriffswelt, die uns zur Verfügung steht, ist, denke ich, in gewisser Hinsicht doch reichlich naiv.*" [28]

Wie also könnte diese zu erarbeitende Theorie aussehen, die beide Seiten integriert: das, was auf der Seite unseres Bewusstseins als Wahrnehmung passiert und das, was auf der anderen Seite (im Außen) geschieht, sodass es hilft „*unser Leben und unsere Erfahrungen in eine Ordnung zu bringen*" – wie es der Physiker Bell ziemlich unspektakulär und pragmatisch ausdrückt? Bell gibt in dem Zusammenhang einen Hinweis: „*Womöglich muss man zwischen ‚Beweis' und ‚Wahrheit' unterscheiden. Ich glaube an viele Dinge, die ich nicht beweisen kann.*"

---

[28] J. S. Bell: „*Raffiniert ist Gott, aber boshaft ist Er nicht. (Einstein) – Wirklich nicht?*" in: H. Thomas: „*Naturherrschaft – Wie Mensch und Welt sich in der Wissenschaft begegnen.*", Köln 1990, S. 325, S. 304, S. 310f, S. 325, S. 317, S. 321, S. 323, S. 325; (gilt auch für die nächsten Zitate in Folge).

Mittlerweile wurde aus wissenschaftlicher Erkenntnis deutlich – nicht zuletzt durch die Fortschritte in der Quantenteleportations-Forschung –, dass Informations-Übertragung im Universum nicht nur schneller als Licht, sondern im Moment stattfindet – und das selbst zwischen weit voneinander entfernten Teilchen („*Nicht-Lokalität*"). Bell beschreibt mögliche Konsequenzen dieses Phänomens: *„Wenn Sie annähmen, dass irgendetwas schneller als das Licht ist, dann sind Sie zu dem Schluss gezwungen, dass die Dinge schneller als die Zeit gehen und Sie damit die Vergangenheit ändern können. Das ist für mich schwer zu schlucken. Die gesamte Vorstellung ‚kausaler Struktur' wird damit dunkel. Das ist eine höchst unbehagliche Vorstellung, aber ich sehe nicht, dass ‚schneller als Licht' und ‚rückwärts in der Zeit' Verstöße gegen die Logik beinhalten. Allenfalls können Sie sagen, dass so etwas unserem tiefsten Instinkt widerstreitet und unsere tiefsten Gefühle über den Weltgang verletzt. Aber möglicherweise sind es nur die Grenzen unserer Erfahrung, die hier Hindernisse aufstellen. Schließlich verfügen wir über Erfahrungen eines Lebens bei relativ niedriger Temperatur und relativ niedrigen Geschwindigkeiten. Womöglich warten auf uns noch ganz andere Erfahrungen."* Nun, da wird wiederum massiv an den Grundvorstellungen von Zeit als „in-eine-Richtung-ablaufendes-Phänomen" gerüttelt ...! Vielleicht ist aber in realiter wirklich nur etwas wie Ewigkeit, eine Kontinuität ohne Vorher / Nachher vorhanden. [29] Wir wissen das alles nicht. Derartiges nur deshalb für absurd zu erklären, weil „nicht-sein-kann-was-nicht-sein-darf", muss als wissenschaftlich wenig seriös gewertet werden. Und eventuell ist da ja doch etwas dran. Vielleicht warten wirklich „*auf uns noch ganz andere Erfahrungen ...*"

Abschließend lassen Sie uns noch hören, auf welche Weise der Forscher Bell – wohl aber auch der Mensch Bell – die entsprechenden Motive für sein Handeln findet, um persönliche Entscheidungen in seiner Ausrichtung des Lebens zu treffen: *„Die Schwierigkeit in der Wissenschaft besteht aber nicht so sehr darin, unterschiedlichste, spekulative Möglichkeiten herauszufinden, als vielmehr darin: **Gründe zu finden, warum man angesichts verschiedener Möglichkeiten das eine statt dem anderen wählt, tut.** ... Man braucht also ein begründetes*

---

[29] Siehe Kap. 5, Anm. 20-22.

Motiv, um ein bestimmtes Konzept zu verfolgen und sich an anderen gar nicht erst zu versuchen." Es wäre von diesem Gesichtspunkt aus somit für jeden von uns entscheidend, erspüren zu können, welches Motiv für ein derart neues Konzept – sich und die Welt zu begreifen sowie mit sich und der Welt umzugehen – wert wäre, individuell erprobt zu werden. Da ist jeder Einzelne individuell aufgerufen, *seines* für sich zu formulieren. Für mich wär's: (Er)leben zu wollen, was uns als Menschen in unserer Lebendigkeit und Entwicklung stärkt!

Was, so fragte ich mich irgendwann, könnte nachhaltig betrachtet dafür wohl ein stärkeres Motiv abgeben, angesichts verschiedener Möglichkeiten das eine statt des anderen zu wählen, als: Wertschätzung seines eigenen menschlichen Schöpferseins und somit der „*Liebe zur eigenen Tat*". Sowie ein daraus erwachsendes Begreifen und Verständnis des Anderen aus derselben Einsicht. Getragen vom Mut zur Eigenverantwortlichkeit des Herzens. Ich weiß: Das klingt „hehr", ja. Doch, undogmatisch und frei gelebt, können nachhaltiges Glück, gelebte soziale Pluralität und ein Gefühl inneren und äußeren Friedens die Folgen sein. Vielleicht ist das Konzept des Lebens und die ihm immanente Erlebenskonsequenz von „*Wir ernten, was wir säen, ob wir wollen oder nicht.*" in letzter Konsequenz ebenso unbeweisbar. Vielleicht ist aber auch hierfür der Schlüssel, dass man, wie John Bell sagt, *zwischen Beweis und Wahrheit unterscheiden* lernen muss. Es könnte sein, dass die Wahrheit dieses Konzepts sich durch nichts anderes beweist als: dass es vom „rechten Motiv" erwählt wurde ... Und, in Zukunft: „*sich an anderem gar nicht erst versuchen.*" Ein derartiges Motiv, freudig, leicht und wertschätzend für sich wählen zu wollen – es zu „lieben" – kann in unserem Bewusstsein und Universum Leben verwandeln. „*Was wir säen, werden wir ernten*", dabei könnte es sich durchaus um DAS Grundprinzip aller Evolution in diesem Universum handeln, sollte „*morphogenetische Resonanz*" etwas mit In-*forma*-tions-Übertragung zu tun haben. Vieles erhärtet heute diese These.

Irgendwie scheint mir dieses Konzept geeignet, „*unser Leben und unsere Erfahrungen in eine Ordnung zu bringen*". Eine Ordnung die Mitgefühl, Eigenverantwortlichkeit, Freiheit, Begeisterung und Liebe atmet. Liebe, leider ein äußerst missbrauchtes Wort. Hier steht es allerdings für nichts anderes als die gelebte Bereitschaft, einen Raum zu schaffen, in dem Veränderung stattfinden darf – für sich selbst, für andere. Man beginne sinnvollerweise zunächst mal den eigenen Acker zu bestellen. [30] Davon mehr in folgenden Kapiteln, vor allem aber in *„In-forma-tion / Band 2"*. Sie werden sehen, der eigene Umgang mit dem Wunder „Leben" sowie dem „Rest-der-Welt" verändert sich, sobald Sie sich mit der Betrachtung anzufreunden beginnen, durch ein „Energie-Feld", ein „In-*forma*-tions-Feld" mit jedem und allem – im Sinne einer Einheit – verbunden zu sein.

Schlussbemerkung

In welcher Weise ist es also möglich, mehr darüber herauszufinden, wie In-*forma*-tion in diesem Universum wirkt? Und: Wie kann man diese *Informations-Felder* in ihren Eigenheiten tiefgehender erforschen, um sie bewusster kennenzulernen? Diese Fragehaltung wird notwendig sein. Denn nur so werden sie uns ihre Wirksamkeit preisgeben und uns darin bestärken, MIT ihnen als mündige Menschen, als verantwortliche Schöpfer umzugehen und sie auch sinnvoll für unsere Entwicklung nutzbar zu machen. Viele Forscherpersönlichkeiten sind überzeugt, dass solch grundlegende Felder existieren. Wie sie, bin auch ich mir gewiss: ***In wenigen Jahrzehnten wird durch die Erkenntnis ihrer Wirkungsart und ihre Nutzbarmachung, ein völlig neues Verständnis von Leben, In-forma-tion und Bewusstsein unsere Menschheitskultur von ihrer Mitte her bestimmen.*** Die menschliche, mentale Potenzialität wird sich in ungeahnter Weise steigern und unsere Kultur auch im zwischenmenschlichen Bereich in markanter Art und Weise verändern; bedeutender noch als es im 19. Jahrhundert die Entdeckung der elektromagnetischen Felder für unsere Kultur auf informations-technologischem Gebiet mit sich brachte. Man muss aber nun nicht untätig auf diesen fernen Tag warten. Jeder von uns kann auf seine Weise heute damit beginnen. Sie können sich ebenso gut sagen: *Das ist der Anfang einer neuen Lebensphase. Freie Geister sind wir alle.* Wir dürfen es ruhig auch für möglich halten, um es zu erleben und beginnend daraus auch zu handeln.

Leben Sie bereits so, wie die Welt sein soll, in der Sie leben wollen?

---

[30] Siehe Kap. 6, Anm. 24, 26.

Kapitel 5: Zeit

Chronos und Kairos

Bereits die alten Griechen kannten zwei unterschiedliche Aspekten der Zeit. Wiewohl beide Aspekte „göttlichen Ursprungs", waren sie doch zwei höchst ungleiche Brüder: „Chronos" und „Kairos". Beide galten als Götter. Für die Griechen und ihre Art das Leben zu begreifen, war Kairos jedoch jener Aspekt des Zeitlichen, dem eindeutig Vorrang eingeräumt wurde.

Auch wir wollen uns seiner bedienen, um jenen, für unsere Kultur ungewohnten Zeitaspekt des „Jetzt", zu beleuchten. „Kairos", er ist es, der die Ewigkeit im Augenblick durchscheinen lässt. Kairos, der Gott-des-rechten-Augenblicks gilt der griechischen Mythologie zufolge als Zeus' jüngster Sohn. Er ist es, der die von den Göttern erwählte, wahre Entscheidung ins-Leben-spricht, den der Entwicklung immanenten, rechten Zeitpunkt. Kairos wird in der Bildhauerei als Jüngling mit geflügelten Schuhen dargestellt, eine Haarlocke in der Stirn, während am Hinterkopf kaum Anzeichen von Haarwuchs erkennbar sind. Davon, so meinen Philologen, komme bis zum heutigen Tag die Redensart: „*eine günstige Gelegenheit am Schopf packen*". Ist sie vorbei, kann man sie nicht mehr zu fassen kriegen. Heute würden wir, anstatt von Kairos zu sprechen, vermutlich sagen, es ist die Stimme unserer Intuition, welche wir als inneren Impuls unserer Wahrheit fühlen (oder hören), um sie als stimmig anzuerkennen. So werden rechte Entscheidungen getroffen.[1] Intuition garantiert, den rechten Zeitpunkt zu erkennen, dann fährt man wie auf-dem-Golfstrom zum Ziel, oder schöpft ihn im ziellosen Genießen aus.

Der Begriff „Chronos" stammt auch aus der griechischen Mythologie. Es ist der versinnbildlichte Ablauf der Zeit, auch: „die Lebenszeit". Chronos, er könnte der Schweizer Uhrenindustrie Pate gestanden sein, garantiert das Gleichmaß jedes Trottes und sorgt, dass die messbare Zeit vergleichbar bleibt – trotz Jetlags. Er repräsentiert die Zeit als zugeteiltes Zeitmaß, als festgeschriebene Größe. Chronos wird in vielen antiken Quellen gleichgesetzt mit Kronos, dem jüngsten Sohn des Uranos

---

[1] Siehe „*Jn-forma-tion / Bd.2*", Kap. 9: Intuition.

(des Himmels) und der Gaia (der Erde). Von Kronos berichtet die Mythologie, dass er sich zunächst selbst an die Spitze der Macht setzt, indem er seinen Vater Uranos entmannt. Kronos selbst verschlingt aus Angst, dass ihm durch seine eigenen Nachkommen dasselbe widerfahre, alle seine Kinder unmittelbar nach deren Geburt, bis auf das jüngste – Zeus –, das diesem Akt durch eine List der Gaia entkommt. Kronos verschlingt gewissermaßen die eigene Zukunft und wird später doch von jenem Zeus, dem späteren „Götter-Vater-des-Olymp", gestürzt. In der Folge entwickelt sich aus Zeus' Nachkommenschaft, mit dessen wiederum jüngstem Kind Kairos ein gänzlich neuartiges Zeit-Prinzip, das die Menschen an ihren geistigen Entwicklungsstrom anschließt. Bezüglich der Fragestellung: „Zeit-Qualität versus Zeit-Quantität" war das Match für den griechischen Menschen somit entschieden: zugunsten der Qualität von Zeit: für die rechte Tat zur rechten Zeit, für Kairos. Ihm gebührte des Griechen Dank für die Erfüllung erfolgreicher Lebensführung. Kairos entschied über Glück und Unglück, indem er die Information des „rechten Zeitpunkts" verkündete. Demjenigen, der bereit war dem Leben hingebungsvoll zu vertrauen.

Auseinandersetzung zum Thema „Zeit"

Während sich die Physik zu Beginn des 20. Jhdts. mit einer „Zeit-ohne-Eigenschaften" konfrontiert sah, erkennen Vertreter der Gegenwartsphysik – so arrivierte wie Nobelpreisträger Ilja Prigogine oder Charles W. Misner [2] – „Zeit" mittlerweile in ihrer Relativität. Inklusive Aspekten wie Diskontinuität und Nichtlinearität. Sie nicht mehr als „qualitätsentleert" gesehen, sondern zunehmend als „prozessträchtig". Zeit nicht mehr nur als leere Dimension zu deuten, in der sich etwas Inhaltliches abspielt, ist somit neuer Forschungs-Fortschritt. Kairos hat somit neuerdings auch hier erkenntnismäßig Einzug gehalten: Man hat es wissenschaftlich besehen nicht mehr mit einem ausdrucks-

---

[2] I. Prigogine: „Die Wiederentdeckung der Zeit.", in: Zimmerli (Hrsg.): „Geist und Natur.", München, Bern 1989. Der Physiker Charles W. Misner ist in Fachkreisen vor allem für seine Arbeiten im Bereich der Quantengravitation bekannt. Sein Buch „Gravitation", welches er 1973 gemeinsam mit den Physikern J.A. Wheeler und K.S. Thorne verfasste, gilt noch heute in Fachkreisen als die „Bibel" der Allgemeinen Relativitätstheorie. Misner fand eine Lösung zu Einsteins Feldgleichung, heute bekannt unter der Bezeichnung „Misner Space".

losen Zeit-Strahl zu tun. Nach Einstein ist Zeit am Raumerschaffen und an den Dichteverhältnissen konstitutiv beteiligt, gibt Richtung, trennt zwischen Vergangenheit / Zukunft und trägt den Wandel. Und: Sie webt polare Prinzipien in die Netze der Organismen hinein, strukturierend, auflösend, verjüngend, das-Leben-versiegen-lassend. Offensichtlich impulsiert das Geschehen UM und IN uns Erfahrungsschichten, in denen scheinbar unterschiedliche Zeitverhältnisse walten. So sind den verschiedenen Naturreichen ganz offensichtlich nicht nur differente Qualitäten des Da-Seins zu eigen, sondern auch unterschiedliche Dimension der Zeit. „Zeit" scheint für einen Stein eine bedeutend andere Größenordnung aufzuweisen als für einen Baum, eine Blume, einen Schmetterling oder eben – für uns Menschen. [3] An dieser Andersartigkeit wird für unser Bewusstsein eine evolutive Stufenfolge der Bewusstheit des Lebens und seiner In-*forma*-tion erlebbar – ablesbar.

Wieder eine andere Zeit-Dimension herrscht für ein Kind vor, im Gegensatz zum Erwachsenen, für den Träumer beziehungsweise einen wachen Beobachter des Geschehens. Schlafen, Träumen, Wachen gibt es somit nicht nur im Menschen, sondern sie spiegeln sich für unser Bewusstsein auch in den Naturreichen und der Evolution als Gesamtes. Der deutsche Physiker, Atom- und Zeitforscher Georg Maier: „*Die Frage nach der Zeit stellt sich also in der Schicht des tagwachen, erkennenden Bewusstseins. Unsere Erfahrungen bilden sich jedoch nicht notwendigerweise innerhalb desselben, das heißt wichtige Erlebnisse entstammen wesentlich dumpferen Bereichen unserer Organisation.*" [4]

Des Menschen Bezug zu dem, was er als Zeit begreift, hat sich entsprechend der Ausformung und Entwicklung seines Bewusstseins im-Laufe-der-Zeit gewandelt. Erstmals haben wir uns als Menschheit wieder dahin entwickelt, Zeit nicht mehr nur als ominösen Zeit-Raum aufzufassen, in dem sich die Welt entwickelt. Der Philosoph Georg Wilhelm Friedrich Hegel erkannte bereits vor etwa 200 Jahren: „*Die Zeit ist nicht gleichsam ein Behälter, worin alles wie in einen Strom gestellt ist der fließt und von dem es fortgerissen und hinuntergerissen*

---

[3] Siehe dazu die Bewusstseins-Übung „*Zeit-Kontemplation*" am Ende dieses Kapitels.

[4] G. Maier: „*Stufen der Zeit.*", zitiert in: „*Was ist Zeit? – Die Welt zwischen Wesen und Erscheinung.*", Hrsg.: G. Kniebe, Stuttgart 1993, S. 115.

*wird. Die Zeit ist nur diese Abstraktion des Verzehrens. Weil die Dinge endlich sind, darum sind sie in der Zeit, nicht **weil** sie in der Zeit sind, darum gehen sie unter, sondern die Dinge selbst sind das Zeitliche; so zu sein ist ihre objektive Bestimmung. **Der Prozess der wirklichen Dinge macht also die Zeit.**"* [5] – Der Prozess der wirklichen Dinge! Was für eine sinnige Formulierung dieses großen Philosophen!

Erinnern wir uns der halb scherzhaften Bemerkung des Physiker John Wheeler bezüglich Zeit: *„Zeit ist, was verhindert, dass nicht alles auf einmal passiert."* [6] Derart philosophischer Tiefsinn von geradezu unauslotbarer Reichweite, er entstammt ausgerechnet der pointierten Formulierung eines Physikers! Vermutlich war dies am Anfang zur Entstehung unseres Universums nicht wirklich das Problem. Dieses Problem entstand wohl erst im Laufe der Zeit, spätestens aber mit der Entwicklung menschlichen Bewusstseins und durch unseren Verstand, der sich ohne Zeitstrukturen wohl restlich überfordert fühlen würde, die Kontrolle zu bewahren. In den letzten Jahren schlugen namhafte Wissenschaftler Modelle vor, die den Anfang des Alls (Kosmos) erklären sollten. Ein mathematisierter Vorschlag stammt von den bekannten Kosmologen Stephen W. Hawking und James B. Hartle. Sie wandten *„die Quantenmechanik für das Universum als Ganzes an, indem sie eine Wellenfunktion angaben, die die Anfangsbedingungen des Alls festlegt. **Demnach gibt es im frühesten Universum noch keinen Unterschied zwischen Vergangenheit und Zukunft. Die Zeit verhält sich wie eine räumliche Koordinate, und ebenso wie es keine Grenze des Raumes gibt, hat die Zeit keinen identifizierbaren Anfang.**"* [7]

Es könnte allerdings durchaus sein, dass die Zeit deshalb *keinen identifizierbaren Anfang* hat, weil sie offenbar primär nur eine Projektion unseres irdischen Verstandes darstellt. Ein Konstrukt, um bezüglich unserer Wahrnehmungen über-die-Runden-zu-kommen und nicht völlig überfordert das Handtuch werfen zu müssen.

---

[5] G.W. Hegel: *„Enzyklopädie der philosophischen Wissenschaften."*, Frankfurt 1970, S. 258.

[6] F. Close: *„Luzifers Vermächtnis – Eine physikalische Schöpfungsgeschichte."*, Berlin 2004, S. 267; Siehe Kap. 2, Anm. 40.

[7] Zitiert nach: *„Warum gibt es überhaupt etwas und nicht nichts?*, in: *Spektrum der Wissenschaft 3/1999*, S. 61.

Vergangenheit – Gegenwart – Zukunft

„Der Mensch ist im besten Sinne so weit gegenwärtig und anwesend, wie er sich von Vergangenheit und Zukunft löst und zugleich doch Vergangenes und Zukünftiges, das heißt die Kräfte, die er an beiden schulte, in den Augenblick hinein wirksam machen kann. Zusammenfassend lässt sich sagen: Vergangenheit enthält Unabänderlichkeit, Gewissheit, Ruhe. Der Mensch hat gehandelt; das Geschehen ist abgeschlossen. Aus der Rückschau auf das Vergangene lässt sich Weisheit gewinnen. Zur Zukunft gehört das Offensein für jegliches Handeln, aber auch absolute Ungewissheit. Der Mensch will und wird handeln. ... Zu begegnen ist der Zukunft mit Bereitschaft, Entschlossenheit, Mut, auch Hoffnung, Vertrauen und klarem Vorbedenken. Die Gegenwart ruft zum Handeln auf. Geschehen vollzieht sich. Das Zusammengreifen alles dessen, was an Vergangenheit und Zukunft erfahrbar und zu gewinnen ist, führt zur Geistesgegenwart." [8]

Für unser Bewusstsein verläuft das irdische Leben offensichtlich „in-der-Zeit". Ergebnisse, Veränderungen, bis das Physische die In-*forma*-tion umzusetzen imstande ist, scheinen unterschiedlich viel Zeit zu brauchen. Und doch dürfen wir die These wagen: Es ist im Irdischen nur eine Frage der Zeit, bis In-forma-tion wirksam geworden sein wird und sich in entsprechender Form zeigt. Dazu der Genetiker Kazuo Murakami: *„Kein Ziel kann erreicht werden, ohne Zeit und manchmal scheinbar unbelohnte Bemühungen in die Vorbereitung zu stecken. Wenn wir dabei den Mut verlieren, dann deshalb, weil es uns an Überzeugung mangelt."* [9] Von einem derartigen Standpunkt besehen, kann es uns zur entscheidenden-Frage werden: *Gehört zur Zukunft neben einem „Offensein für jegliches Handeln", wirklich jene „absolute Ungewissheit"* – von der oben die Rede ist, oder sind bei ungetrübter Kenntnis unserer Grundhaltungen und Überzeugungen (zur Welt, zu uns selbst) VIELE der Entwicklungen absehbar und somit keinesfalls ungewiss? Wir werden dieser Fragestellung ebenso nachgehen, wie

[8] E. Dühnfort: *„Ebenen des Zeiterlebens."*, zitiert in: G. Kniebe (Hrsg.): *„Was ist Zeit? – Die Welt zwischen Wesen und Erscheinung."*, Stuttgart 1993, S. 215f.

[9] K. Murakami: *„Der göttliche Code des Lebens – Ein neues Verständnis der Genetik."*, Güllesheim 2008, S. 142f.

einer erweiterten Sicht bezüglich Vergangenheit: Denn auch hier lässt sich eine für unser Bewusstsein viel entscheidendere Sicht ausmachen, als die genannte. Meiner Erfahrung nach ist es richtig, dass wir die Vergangenheit nicht in ihren Geschehensaspekten ändern können, WOHL aber in der Interpretation unseres Bewusstsein. Wodurch sich ein maßgeblich anderes Bild ergibt. Wir können somit nichts ungeschehen machen. Aber wir können jene durch eigene Bewertungen und Überzeugungen (In-*forma*-tionen) entstandenen Erinnerungs-Bilder verändern sowie die in unserem Bewusstseins-Feld geankerten Emotionen (er)lösen. [10] – Lebendige Offenheit vorausgesetzt ...

Der Augenblick. – Die Dauer des *JETZT* (Psychische Präsenz-Zeit)

Wie lange dauert ein sogenannter Augenblick? Inwiefern trifft eine derartige Terminologie wie *dauert* überhaupt zu? Hat das Momentane, eine wahrnehmbare Ausdehnung? Konstituiert eine derartige Dauer gar unser tagwaches Wahrnehmen? Sind es Minuten, Sekunden oder liegt die Realität des Augenblicks wirklich jenseits jeglicher Zeit?

Manchmal kommt uns ein Augenblick wie eine Ewigkeit vor. So gibt eine Vielzahl von Berichten, wie Menschen, während eines Unfalls in Sekundenbruchteilen ihr gesamtes Leben vorbeiziehen sahen. Ebenso erzählen Sportler von ähnlich kuriosen Zeitempfindungen: *„Der brasilianische Fußballstar Pelé erzählt von einer sonderbaren Ruhe, in der sich Raum und Zeit scheinbar auflösten. In diesen Augenblicken habe er das Gefühl, er könne durch seine Gegenspieler regelrecht hindurchlaufen. Der amerikanische Footballstar John Brodie erinnert sich an das Gefühl, alle Zeit der Welt zu haben, während die gegnerischen Verteidiger auf ihn zurasten. Und mancher Fußballtorwart schwört, er habe die Naht des heranschnellenden Balls im Detail betrachten können. Wer diesen Zustand, die sogenannte ‚Zone‘ erreicht hat, scheint die Zeit gleichsam anhalten zu können."* [11]

Wieder ist es die Wissenschaft, welche philosophisch neue Räume öffnet. Diesmal die Physiologie. Im alten Denken war es möglich, dem Bild der sogenannten „Skala" zu vertrauen: unendliche, lineare Dauer.

---

[10] Siehe *„Jn-forma-tion / Bd.2"*, Kap. 9: Intuition, Anm. 27, 48.

[11] Zitiert in: *„Augenblick oder halbe Ewigkeit – Warum wir die Zeit immer anders empfinden."*, in: *ORF Dimensionen – Die Welt der Wissenschaft, 2008*, von S. Geier.

Zeit ist doch zählbar?! – Was aber im Hintergrund der Dauer lauert, ist das Jenseitigste, was es gibt: Sie entzieht sich als ewiger Bandwurm-von-Jetzten. Nur weil wir dieses „Bewusstseins-Band" im Stakkato zirka alle drei Sekunden zerschnipseln, wird es hiesig und zeitlich. Vertraut man moderner Zeit-Forschung, so scheint die *„Gegenwart des Gegenwärtigen"* (Augustinus) eine im menschlichen Organismus verankerte und festgelegte Größenordnung zu haben: in etwa die Dauer eines Atemzuges. Innerhalb dieses als Gegenwart empfundenen Zeitraumes gelingt auch ein Vergleich von Zeitintervallen. Deshalb sind hier auch musikalische Rhythmen angesiedelt. So orientierte sich das Taktmaß bis ins 18. Jhdt. noch am Herz- und Atemrhythmus. *„Es ist zu vermuten, dass sich das Zeiterleben auf die biologische Organisation stützen kann um den kontinuierlichen Zeitfluss zu stoppen, indem dieser in Einheiten von zyklischer Gestalt gegliedert wird."* [12]

Heutige Humanbiologie trägt einiges zum Erfassen des Phänomens „Zeitwahrnehmung" bei. Und dennoch: Es herrscht keine letztgültige Einigkeit unter Forschern, bezüglich des wahren Taktgebers unseres Zeitempfindens. Einer der bekanntesten Zeitforscher der Gegenwart, Univ.-Prof. Dr. Ernst Pöppel, Leiter des Instituts für medizinische Psychologie der Ludwig Maximilians Uni München, äußert sich im Interview mit folgenden Worten: *„Wenn man über zeitliches Erleben nachdenkt, muss man die Zeit aus einer anderen Perspektive betrachten, als es die klassische Physik tut. ... Die Idee, die manche hatten, dass der Augenblick gleichsam nur ein Zeitschnitt ist zwischen Vergangenheit und Zukunft, also gar keine Ausdehnung hat, das ist eben eine törichte Auffassung. ... Wir haben sehr viele Taktgeber im Gehirn. Nehmen wir den Taktgeber fürs Gehen. Das normale Gehen sind zwei Schritte pro Sekunde. Oder der Taktgeber des Atmens oder der Taktgeber des Herzens. Das sind alles Taktgeber, auf die man sich früher bezogen hat. Ich glaube, wir haben aber in der Tat mindestens zwei Taktgeber gefunden, die notwendig sind, damit wir mit Zeit umgehen können."* [13]

---

[12] G. Hildebrandt: *„Zeiterleben und Zeitorganismus."*, zitiert in: G. Kniebe (Hrsg.): *„Was ist Zeit? – Die Welt zwischen Wesen und Erscheinung."*, Stuttgart 1993, S. 167.

[13] E. Pöppel: *„Augenblick oder halbe Ewigkeit – Warum wir die Zeit immer anders empfinden."*, in: *ORF Dimensionen – Die Welt der Wissenschaft, 2008*, von S. Geier; (gilt für mehrere Zitate in Folge).

Zeitgenössische Forschung ortet die Taktgeber im Gehirn, wo unser Bewusstsein sämtliche Wahrnehmung abzuholen scheint. Inmitten von ca. 100 Milliarden Nervenzellen, den Neuronen. Jedes dieser Neuronen ist mit bis zu 10.000 sogenannten Netzwerken verschaltet. Mit so vielen anderen Neuronen kommuniziert also jede Gehirnzelle, um Reize von außen physiologisch zu verarbeiten – mittels feinster elektrischer Impulse. Signale, die wie in einem äußerst komplexen Datennetzwerk hin- und hergehen. Das geht „blitz-schnell". Und trotzdem scheint es eine Weile zu dauern, um eine Information auch physiologisch zu verarbeiten. Ernst Pöppel über die Neuronen-Wirksamkeit: *„Und die produzieren innerhalb von neuronalen Schaltkreisen Zeit-Quanten von etwa 30- bis 40-Tausendstel Sekunden, oder 30 bis 40 Millisekunden. Das sind kleine Zeitfenster, innerhalb derer Information aus den verschiedenen Bereichen der Sinnessysteme zusammengefasst wird. Und da gibt es mindestens ein Dutzend verschiedene Experimente, die belegen, dass es diese zeit-lose Zone von 30 bis 40 Millisekunden gibt, die hergestellt wird durch neuronale Oszillationen in bestimmten – auch bekannten – neuronalen Netzwerken unseres Gehirns."*

30 Millisekunden. – Um diese Größenordnung zu veranschaulichen: Das ist etwa jene Zeit, die ein Airbag benötigt um sich nach einem Frontalaufprall aufzublasen. Derart kurz sind die kleinsten Zeitfenster, die unsere Physiologie der Wahrnehmung vorgibt. Ohne die Einhaltung dieses Codes – keine geordnete Wahrnehmung und Differenzierbarkeit. Bei noch kürzeren Abständen zweier Signal-Reize werden sie nicht mehr als unterscheidbar wahrgenommen. Dies gilt für Seh-, Hör- und Tastsinn gleichermaßen. *„Das heißt, es ist ein Fenster, innerhalb dessen alles als gleichzeitig behandelt wird. Insofern ist es auch ein zeitloses Zeitfenster. Zeit kommt dort im üblichen Sinne nicht vor – also wie es in der klassischen Physik ja angenommen wird. Das heißt, die Zeit strömt nicht durch uns hindurch, sondern sie wird erst mal zerhackt."*

Diese Ergebnisse zeigen, dass die Zeit, welche unser Bewusstsein als „Moment" wahrnehmen kann, kein Punkt auf der physikalischen Zeitachse ist. Er dauert 30 Millisekunden. Während im Orchester unseres Gehirns Information verarbeitet wird und elektrische Impulse von einem Nervenbündel zum anderen jagen, vergeht Zeit. *„Dadurch* *entsteht eine zeitliche Ungenauigkeit im Gehirn. Und um eine Genauigkeit herzustellen, um etwas auf einander beziehen zu können, muss es – also so hat sich das Gehirn eben entwickelt – ein Zeitfenster geben, innerhalb dessen alles zusammengezogen wird."*

Ein solches Zeitfenster ist somit ein elementarer Funktionszustand unseres Gehirns. *„Dadurch wird es überhaupt erst möglich, dass wir Hören und Sehen aufeinander beziehen können, dass wir mit unserem Gedächtnis umgehen können. Wenn wir unser Gedächtnis absuchen nach Informationen, dann machen wir das in kontinuierlichen, aber zeitlich von einander unterscheidbaren Zeitschritten."* Messungen der Gehirnströme zeigen, dass Sinneswahrnehmungen wie Hören, Tasten, Sehen im Gehirn gleichmäßige Schwingungen in unterschiedlichen Arealen auslösen. Das heißt, das Orchester der Neuronen wird dazu initiiert, die elektrischen Impulse gleichmäßig, in einem bestimmten Takt, zu geben. Wie wichtig diese Schwingungen offenbar für unser zeitliches Erleben sind, zeigt sich im OP eines Krankenhauses: Wenn ein Patient unter Betäubungsmittel operiert wird, dann verschwinden diese Schwingungen im EEG. Professor Pöppel: *„Die Konsequenz ist, wenn man eine Operation hatte, dann wacht man auf als ... wäre überhaupt keine Zeit vergangen. Während beim oder nach dem Schlaf, da hab ich sehr wohl dieses Gefühl. Das heißt: Es wird überhaupt keine Information verarbeitet, das Hirn ist in einem gleichsam zeit-toten Zustand. Und diese Beobachtung ist für uns eben auch ein wesentliches Argument dafür, dass es diese grundlegende Taktfrequenz gibt, die notwendig ist, um elementare Ereignisse des Bewusstseins überhaupt zu definieren. Das ist sozusagen die hochfrequente Uhr, die wir haben, an der wir uns orientieren, um dann Zeiterleben daraus zu bauen."* Diese *physiologische Funktion* ist ein verlässlicher Taktgeber des Gehirns.

In welchem Zeitintervall findet physiologisch betrachtet Gegenwart statt – diese für unser Bewusstsein als „Moment" erlebte Zeit zwischen Vergangenheit und Zukunft? Nach unten ist sie mit 30 Millisekunden begrenzt; nach oben aber – wie bereits gesagt – gibt es ebenso eine Grenze. Prof. Poppel: *„Was wir gemacht haben: Wir haben die Gegenwart einfach gemessen. Und es stellte sich heraus: Die Gegenwart des Menschen liegt etwa bei 2 bis 3 Sekunden."* Alle etwa 2 bis 3 Sekunden machen wir uns somit ein neues Bild von der Welt und ordnen unsere Welt gewissermaßen neu. Experimente dazu gibt es viele. *„Zeitliche Bühne"* nennt Ernst Pöppel dieses Zeit-Fenster. In diesem Intervall wollen unsere Sinne stets neu gefüttert werden, damit wir uns sicher fühlen und die Welt einordnen und verstehen können. *„Wenn wir etwas vergleichen, ob etwas mehr oder weniger ist, was man permanent ja macht! – schöner, besser, leichter, schwerer usw., dann müssen die beiden Informationen in einem Zeitfenster von 3 Sekunden gegeben werden. Denn wenn der zeitliche Abstand größer ist, wird das zuletzt Gegebene überschätzt, d.h. wir machen eine falsche Beurteilung."*

Die „zeitliche Bühne" stellt somit die logistische Funktion unseres Gehirns dar. Laut den Untersuchungen: über alle Kulturkreise hinweg.

Das Phänomen des Erlebens einer Dauer ist paradox. Erleben wir etwas als interessant, scheint die Zeit zu verfliegen, schauen wir später zurück, erscheint sie uns lang. Sind wir furchtbar gelangweilt, zieht sich die Zeit wie ein Gummiband. Erinnern wir uns aber später daran, erscheint dieses quälende Warten eher kurz. Wie ist das möglich? Es ist die „zeitliche Bühne", mit der Ernst Pöppel dies zu erklären versucht. Wenn wenig Interessantes passiert in diesem Zeitfenster, dann bekommt unser Gehirn wenig Information. Das heißt es wird nur wenig abgespeichert. *„Interessanterweise ist dann der Effekt: Weil es langweilig ist, wird die Aufmerksamkeit auf die Informationsverarbeitung selber gelenkt und das wird dann als langweilig empfunden. Wenn viel erlebt, viel verarbeitet wird, dann ist meine Aufmerksamkeit gar nicht mit dem Zeitfluss beschäftigt, sondern es sind die Inhalte, die mich interessieren. Das heißt, jedes 30 Millisekunden-Fenster wird durch neue Information, die wichtig ist um etwas zu erkennen, besetzt. Ich staple sozusagen gleichsam in einem 3-Sekunden-Fenster relativ viel Information. Und dann habe ich auch schon die Erklärung dafür, dass ich etwas als schnell im Rückblick – oder als lang oder als kurz erleben kann."*

Inzwischen ist die Forschung so weit, auch wenn die Suche nach dem Taktgeber im Gehirn immer noch auf Hochtouren läuft, dass viele Forscher es für höchst unwahrscheinlich halten, dass unser Zeitempfinden von einer Stelle in einem bestimmten Teil unseres

Gehirns gesteuert wird. Zwar umstritten, glauben viele Hirnforscher doch, dass das Gehirn seine Zeitwahrnehmung selbst organisiert. Das heißt: Erst durch das Zusammenspiel vieler unterschiedlicher Hirnregionen kommt zustande, was unser Bewusstsein als Zeitwahrnehmung empfindet. Einen physiologischen Dirigenten, der dieses Zusammenspiel steuert, scheint es aber nicht zu geben. [14] Subjektives Zeitempfinden wird heute in Ansätzen erklärbar. Die Wissenschaft meint es sogar zum Teil messen zu können. Wie es aber entsteht, warum wir Zeit unterschiedlich empfinden, oder auch, was der biologische Sinn davon ist – diese Fragen sind bis heute nicht wirklich zu beantworten.

Da ist vieles ungeklärt, wie Univ.-Prof. Pascal Wallisch von der Uni Chicago, Autor der Studie *„Zeiterleben in der Tempogesellschaft"*, sagt: *„Was mich als Wissenschaftler so interessiert: Man kann ja hier noch Pionier sein, also die wichtigsten Fragen sind noch völlig ungeklärt, völlig offen. Also nicht so wie zum Beispiel in der visuellen Wahrnehmung, wo man nur noch die Details einfügt. Aber in der Zeitwahrnehmung sind die wichtigsten Fragen vollkommen offen."* [15] Der Zeitforscher Ernst Pöppel ist sich sicher: *„Wenn die Frage der Zeitwahrnehmung geklärt ist, folgen weitere wichtige Erkenntnisse. ... Erleben – nicht nur Zeiterleben, sondern der Umgang mit der Zeitlichkeit von Information – ist die Grundlage um überhaupt kognitive Prozesse, Denkprozesse, Wahrnehmungsprozesse zu verstehen."* [16] Fest steht: Wir empfinden nie „Zeit", sondern lediglich das, was (in ihr) stattfindet. Es ist quasi der „Nachhall-des-Augenblicks", den wir als unsere Gegenwart begreifen und erfassen können.

Vom freien Umgang mit Zeit: Emanzipation bzgl. *„Institution Uhr"*

Auch wenn es allen Anschein hat, als hätte sich unsere Gegenwartskultur von der natürlichen Zeitordnung und ihren Rhythmen emanzipiert – es gibt die Zeiten, wo wir uns unserer Abhängigkeit von Zeit sehr bewusst werden. Und dies nicht nur in extremen Situationen. Ein

---

[14] Siehe Kap. 10, Anm. 29f.

[15] P. Wallisch: *„Augenblick oder halbe Ewigkeit – Warum wir die Zeit immer anders empfinden.",* in: *ORF Dimensionen – Die Welt der Wissenschaft, 2008,* von S. Geier.

[16] E. Pöppel: *„Augenblick oder halbe Ewigkeit – Warum wir die Zeit immer anders empfinden.",* in: *ORF Dimensionen – Die Welt der Wissenschaft, 2008,* von S. Geier.

beredtes Beispiel einer gewachsenen Kultur ohne Einengung durch eine vom Leben abstrahierte, festlegende Zeitmessung – und somit für die Andersartigkeit eines derartigen Bewusstseins – ist Afrika. Hier werden Kultur und Leben nach wie vor durch eine sehr viel andere Art der Zeiterfahrung bestimmt, die so in den westlichen Industrieländern kaum mehr anzutreffen ist. Nicht umsonst gilt das afrikanische Sprichwort: *„Die Europäer haben die Uhr, wir aber haben die Zeit.“* [17]

Jakoba Konaté, der an der Uni von Abidschan (Elfenbeinküste) Philosophie unterrichtet, schildert den Zeitbegriff aus afrikanischer Sicht: *„Die Verbreitung von Armbanduhren war das Schlimmste, was die Europäer den Afrikanern angetan haben. Wenn man den Zeitbegriff des Afrikaners betrachtet, ist man von seinem großzügigen Umgang mit der Zeit überrascht. Das afrikanische Lebensgefühl kennt keine Herrschaft der Zeit. Es akzeptiert keineswegs die strikte Einteilung von fixer Arbeitszeit und dem Vergnügen danach. So unterbricht der Afrikaner sehr gern seine Arbeit, wenn es darum geht, Feste zu feiern. Das afrikanische Denken stellt den einzelnen konkreten Menschen in den Mittelpunkt der Überlegungen. Nicht die Erkenntnissteigerung auf wissenschaftlichem Gebiet steht im Vordergrund, sondern die Sorge um den einzelnen Menschen. Es ist die Aufgabe jedes Menschen, eine möglichst genaue Kenntnis seiner eigenen Person zu erlangen, seine Stärken und Schwächen, seine Vorlieben und Abneigungen herauszufinden, um dann eine Balance zu erlangen, die ein Zusammenleben in der Gemeinschaft überhaupt erst ermöglicht.“* [18]

Für den Chaosforscher, promovierten Physiker, Philosophen und Profi-Tänzer Marco Wehr erweist sich das Phänomen menschlicher Hinwendung, weg vom JETZT und zwecks ständiger Planung hin zu einer zwangsweise vorstellbaren Zukunft als eigenartigstes Dilemma bezüglich Präsenz und Hingabebereitschaft. Marco Wehr schreibt: *„Planbarkeit – ein Narkotikum gegen Angst vor dem Ungestalteten.“* [19]

---

[17] http://www.zitate-online.de/autor/sprichwort-afrikanisches/seite1.html (5/2016).

[18] J. Konaté, in: *„Philosophie, die an der Zeit ist.“*, Transkription, in: *ORF Radiokolleg, 2009*, von N. Halmer.

[19] M. Wehr: *„Welche Farbe hat die Zeit? Wie Kinder uns zum Denken bringen“*, Frankfurt 2007, S. 40; Siehe *„In-forma-tion / Bd.2“*, Kap. 12: *Was ist Leben? – Phänomene und Symptome*, Anm. 22-25.

Jenseits von Zeit. – Das Phänomen so genannter *„Nicht-Lokalität"*

Die heutige Forschung betrachtet es mehr oder minder als „wissenschaftlich erwiesen", dass alles was wir sind und was uns umgibt, aus Quanten besteht. Auch in der Elementarteilchenwelt prägt In-*forma*tion das wechselseitige Geschehen. Quanten tauschen, wie vielerorts experimentell bestätigt, Informationen aus. Doch quantenphysikalische Experimente aus dem beginnenden 21. Jahrhundert lassen einen erweiterten Schluss zu: *Informations-Übertragung geschieht auf dieser mikro-kosmischen Ebene offensichtlich jenseits-von-Zeit.* Die im Experimentablauf beobachteten „Nicht-Lokalitäts Phänomene" [20] gehorchen keiner bekannten Informations-Übertragung und lassen sich laut dem an der Uni Genf arbeitenden Experimentleiter, dem Quantenphysiker Professor Antoine Suarez, nicht in zeitlichen Begriffen, wie „vorher" oder „nachher" fassen. Sie entziehen sich vielmehr jeglichem herkömmlich-wissenschaftlichen Verständnis. Was Suarez selbst als naheliegendsten Schluss zieht: Das Geschehen auf dieser Mikroebene wird offensichtlich von einem physikalisch (noch) unbekannten Intelligenz-Feld bestimmt. Suarez wörtlich: von einer *„unsichtbar mächtigen Intelligenz – allgegenwärtig und allmächtig."* [21]

Bedeutet dies etwa, dass nichts-und-niemand aus dieser Domain „jenseits-der-Zeit", egal wie wir sie mit Worten bezeichnen wollen, herausfallen kann? *Werden wir alle von dieser In-forma-tions Kraft gelenkt?* – Besteht „menschliche Freiheit" etwa darin, zu erkennen und anzuerkennen, DASS ES SO IST? – Kühne Idee: Um zu lernen, mit dieser Dimension – als vollbewusste Menschen – übereinzustimmen und quasi als „sich-ihrer-selbst-bewusste-Menschen" mit diesem SEIN in Kommunikation zu treten? ... Mit dem Sein jenseits von Zeit.

---

[20] „Nicht-Lokalität" ist ein Begriff aus dem Bereich der Quantenphysik und beschreibt das Phänomen der sogenannten „Verschränkung". Es bedeutet, dass eine Wechselwirkung (Informations-Austausch) ZEITGLEICH (!) zwischen zwei Objekten eintreten kann, auch dann, wenn sie sich zur *selben* Zeit an weit entfernten Orten befinden. Siehe Kap. 4, Anm. 29; Siehe Kap. 6, Anm. 17.

[21] A. Suarez: *„Nicht-lokale Kausalität – Weist die heutige Physik über die Physik hinaus?"*; in: H. Thomas: *„Naturherrschaft – Wie Mensch und Welt sich in der Wissenschaft begegnen."*, Köln 1990, S. 142f; Siehe auch *„In-forma-tion / Bd.2"*, Kap. 5: Leben – ein Diskurs, Anm. 18.

Zurück nun zu Suarez' in Wissenschaftskreisen höchst beachtetem Experiment. Er führte sein mittlerweile berühmtes „*before-before-*" oder „*Suarez-Scarani-Experiment*" in den Jahren 2002 / 2003 durch, mit geradezu sensationellem Ergebnis. Einerseits bestätigte sich erneut jene eigentümliche „telepathische Fernwirkung" zwischen Quanten, genannt Nicht-Lokalität. Andererseits stellte sich durch Suarez' raffiniert angelegtes Experiment noch eine andere, unglaublich anmutende Realität jenseits dieser Mikroebene heraus. Da man bislang aber weder den Funktionszusammenhang noch den Mechanismus der Informations-Übertragung kennt, mutet das Ganze eher wie ein Wunder, als ein physikalisch fassbares, naturgesetzliches Prinzip an. („*Verschränkung*" nennt die Quantenphysik diesen wundersamen Akt koordinierten Quanten-Informations-Geschehens.) Das experimentelle „*Wunder-von-Genf*" gilt heute als wissenschaftlich ernstzunehmender Hinweis darauf, dass jenseits der „Zeit-Welt" Informations-Wirkungen das Geschehen bestimmen. Ausgehend von diesem Experiment, wird man sich mit wissenschaftlich höchst revolutionären Konsequenzen für die makroskopische Welt anfreunden dürfen: Da alle Materie letztlich aus Quanten zu bestehen scheint, bedeutet dies wohl, dass selbst 14 Milliarden Jahre nach dem Urknall noch alles-mit-allem in Kommunikation steht und somit informativ verbunden ist.

Die Frage, welche sich dadurch aktuell stellt: *Welche Erklärungs-Ebene bieten diese Erkenntnisse für Phänomene wie Intuition, Präkognition (Vorahnung), Telepathie, Synchronizitäten gleichartiger Ereignisse ... oder gar bezüglich Reinkarnations-Erfahrungen?* Könnte es gar sein, dass nichts im Gehirn, beziehungsweise in unserem „*Informationssystem alias Bewusstsein*" geschehen kann, ohne dass irgendetwas irgendwo im Universum darauf reagiert – und umgekehrt?

Die Überlegungen auf Grundlage solcher Experimente, weisen auf neue Weise darauf hin, den Kosmos als jene „große-Ordnung" zu begreifen, als jene „Ganzheit", wie sie bereits früheren Kulturen begreifbar war. Diesmal auf Basis quantenphysikalischer Forschung.

Welche Ideen entwickeln Quantenphysiker, wie solche In-*forma*-tion über Zeit und Raum in alle Teile der „Materie" – und somit auch in unseren Körper und Geist eindringen kann? Was sind Antoine Suarez'

Schlussfolgerung zu dieser Art von „Quanten-Telepathie"? Er sagt: *„Angenommen, diese Ereignisse treten ohne ein Anzeichen von Zeitfluss auf, wie es die Quantenmechanik voraussagt und auch die Experimentalergebnisse bestätigen, so ist dies genau die Art, wie die Dinge in der Natur geschehen. Als wesentliche Folgerung dieser Experimente zur Quanten-Verschränkung müssen die Überzeugungen fallen gelassen werden, dass physikalische Ursachen notwendigerweise auf einem beobachtbaren Signal gründen. Quanten-Verschränkung untermauert die Idee, dass die Welt tiefer ist als die sichtbare und sie enthüllt eine Domain des Daseins, die nicht in Begriffen von Raum und Zeit beschrieben werden kann. In diesem nicht-lokalen Quanten-Reich herrscht Bedingtheit ohne Zeit. Die Dinge entwickeln sich, jedoch ohne dass die Zeit hier vorbeikommt."*[22] (Übersetzung: KP.)

Zur derartigen Informationsübertragung „jenseits-der-Zeit" erklärt Suarez: Teilchen, die miteinander durch eine Wechselwirkung verknüpft sind, werden zu Bestandteilen eines unteilbaren Systems – sie sind zeitgleich über einen gewissen Raum verteilt. Quanten können sich zur selben Zeit z.B. in Wien *und* Berlin aufhalten: Sie sind non-lokal – sozusagen: überall. Und, hinter dieser Non-Lokalität könnte sich das eigentlich Unfassbare verbergen. Denn eine derartige Vorstellung von *„Allgegenwärtigkeit"* oder *„Allwissenheit"* ist bislang nur in Termini von Religionen und spiritueller Geistigkeit bekannt. – Die Quantenphysik lässt jedenfalls ein völlig neues Weltbild erkennen.

Was in dem Zusammenhang noch aussteht, ist der interdisziplinäre Brückenschlag zur modernen Hirnforschung und die Klärung der Frage: *Was ist es, das die Quanten steuert, die unser Universum informell vernetzt halten und somit wohl auch unser physisches Gehirn und im Weiteren unser Bewusstsein?* Bieten Quanten als Informations-Träger, eventuell mittels Intuition, die Möglichkeit für einen künftig freien Menschen-Willen? Oder bleibt der Mensch weiterhin gesteuert von seinen Bewertungen (Emotionen)? – Die Thematik *„Bewusstsein und menschliche Freiheit"*, hält weitreichende Konsequenzen für die psychologische Praxis, die Soziologie und die Gehirnforschung parat.[23]

---

[22] A. Suarez: *„Entanglement and Time."*, in: *quant-ph / 0311004*; 2003/11.

[23] Siehe Kap. 11, Anm. 14-20; Siehe auch *„In-forma-tion / Bd.2"*, Kap. 9: Intuition

Meditation: kompromisslos gegenwärtig. – Die Macht der Präsenz

Es gibt eine Lebensweisheit von Konfuzius *„Wenn Du es eilig hast, geh langsam."* Für unsere heutige Kultur und ihre aktuelle Art von Zeitmanagement erscheint diese chinesische Lebensweisheit geradezu als Provokation. Dennoch, es gibt Menschen, die selbst erfahren haben, dass der innere Pulsschlag, der intuitive „Weg des Herzens", der klarste, beruhigteste und auf seine Weise „schnellste" ist. Irgendwie steht die Zeit dabei wie still. Lebens-Zeit „vergeht" gewissermaßen nicht, wenn Du „Dein-Ding" machst. So kann man im Leben hoch-interessante Zeitphänomene erleben, wenn man dafür achtsam ist. Zeit könnte somit nicht nur für die Physik als inexistent gelten, sondern auch für uns Menschen. Wir entwickeln uns und wandern aus unserer Präsenz der Mitte durch das Feld des Lebens, von Augenblick zu Augenblick und haben, wenn wir so wollen: die perfekte Illusion von „Zeit".

„Allgegenwart" erscheint als religiös besetzter Begriff, weil er uns kulturgeschichtlich stets so verkauft wurde. Wir fassen diese Idee hier jedoch anders: Es ist der Augenblick der Gegenwärtigkeit: das „Hier und Jetzt". Sind wir präsent und mit all den Sinnen mit der Gegenwart eins, dann kann man durchaus von „Allgegenwart" sprechen. Bisher wurde diese Fähigkeit ausschließlich jenem höchsten, schöpferischen Wesen – weit jenseits der Menschenwelt – „Gott" genannt – zugedacht. Hier & heute dürfen wir uns für den Standpunkt öffnen, dass wir in Zeiten höchster Präsenz, wenn wir selbstbewusst „unser-Ding" machen und leben (bildlich: ***unser Zwillings-Teilchen „klonen"***), eine derartige Nähe zum intuitiv Allgegenwärtigen in uns Menschen finden können. Etwas, das begeistert. Etwas, das die Zeit stillstehen lässt. Etwas, was uns das Leben neu schmecken lässt: freudig, in all seiner Kostbarkeit.

Wir können solche lebensvollen Tätigkeiten, solch bewusstes Sein auch als „Alltags-Meditation" begreifen, als etwas, was uns nicht heraussondert aus der sozialen Umwelt, sondern uns im „Raum-der-Präsenz" auf höchst bewusste Art verbindet. So wie Meditation in einem Raum höchster Präsenz stattfindet, so auch diese „Alltags-Meditation":

Präsenz ist dieser Raum. nicht primär das eigene-stille-Kämmerchen, oder die Höhle-im-Himalaja. Mediation im zeitgenössischen Sinn, ist im Grunde genommen nichts anderes als ein „in-Verbindung-Sein". Es ist mehr das Gefühl von „Bewusstheit", als ein Vor- oder Nach-Denken, wie dies für Zukünftiges oder Vergangenes gelten mag. In der Meditation wird Dein „Fühlen" zum „Organ-der-Wahrnehmung" (für mich trifft es dieses Bild am besten). Beharrlichkeit wird Deine Aufmerksamkeit leiten, in diese Gegenwart einzutreten, welche man treffend als „All-Gegenwart" bezeichnen darf. Wenn Menschen von Erlebnissen der „Einheit" in der Meditation sprechen, dann bedeutet es, dass sie ihr Fühlen mit diesem „All-Es" in Verbindung bringen. Ein unmittelbares Verstehen tritt ein: Spontanes Wissen. Dazu möchte ich den von mir geschätzten Bewusstseins-Forscher Georg Kühlewind, zitieren, da ich seine Berichtfassung als sehr treffend empfinde. : *„Woher wissen wir, dass wir verstanden haben? Wir wissen es unmittelbar, brauchen nicht nachzudenken oder Versuche anzustellen, es ist uns ohne jegliche Probe klar. Das erkennende Fühlen sagt ‚ja'. ... Erkennendes Fühlen wird nie Objekt, es ist durchsichtig wie alle Arten der Aufmerksamkeit."* [24]

Dass bei Meditation neurophysiologisch messbare Kohärenz der Gehirnströme eintritt, wissen auch die zwei renommierten Physiker Roger Penrose und Mani Bhaumik (Entwickler des „Exciplex Lasers" – des Augen-Lasers): *„Penrose glaubt, dass in unserem Gehirn eine ‚Art großräumige Quantenkohärenz existiert, die weite Teile des Gehirns bestimmt.' ... Die Kohärenz unseres Gehirns ist die Fähigkeit mit dem Universum in Wechselbeziehung zu treten und das zu erreichen, was wir mit dem Begriff ‚Verstehen' bezeichnen."* [25]

Das kann zeitgenössische Spiritualität sein: pur, unprätentiös und schlicht. Meditation bedarf heute keinerlei künstlich gesetzter, esoterischer Inhalte, sondern: Präsenz mit dem Da-Sein. Hier liegt Heilung. Echt-Zeit ist gefragt, waches Lebendig-Sein und inspiriertes Erleben des Gegenwärtigen. Das ist es auch, was empirische Bewusstseins-Forschung als bedeutsame Idee und Praxis beisteuern kann, um auch im individuell-persönlichen Alltag Verbundenheit, Eigenverantwortung und Präsenzbereitschaft zu fördern und letztlich mehr und mehr zu etablieren. – Gegenwärtigkeit leben, eben.

---

[24] G. Kühlewind: *„Aufmerksamkeit und Hingabe – Die Wissenschaft des Ich"*, Stuttgart 1998, S. 44f, S. 47.

[25] R. Penrose, zitiert in: M. Bhaumik: *„Codename Gott"*, Wien 2011, S. 182.

Bewusstseins-Übung: *„Zeit-Kontemplation"* [26]

Komm nun zur Ruhe, indem Du Dir Zeit für einen Spaziergang nimmst. Bevor Du losgehst, notiere die Kontemplations-Inhalte 1.-7.) (in ihrer Reihenfolge). Nimm es mit auf den Weg. Mach Dir erst nach Ende der gesamten Übung Notizen zu Deinen Erfahrungen und Einsichten!

Übungs-Anleitung:

1.) Finde zunächst einen Stein. Nimm ihn in die Hand. Betrachte ihn. Mach Dir über ihn Gedanken. Wie entstand er? Was war er einmal? Wie wurde er so klein? Wie kam er wohl hierher? Wie lange gibt es ihn wohl schon, was denkst Du? Du kannst Dich aber auch fragen, was wohl sonst schon alles mit ihm passiert ist im Lauf-der-Zeit. Nimm Dir dafür in aller Ruhe 3-5 Minuten Zeit, nachzusinnen. Vermutlich stellen sich noch andere Gedanken und Fragen ein. Bleib möglichst präsent mit dem einen Stein als Inhalt der Gedanken. Solltest Du abschweifen, bemerke es und geh wieder in Gedankenverbindung mit ihm.

2.) Finde einen Baum. Bleib bei ihm stehen und mach Dir Gedanken über sein Dasein, sein Werden und Entstehen, sein Alter. Bleib präsent. Was hat er wohl alles erlebt? Was ist für ihn Zeit? (3-5 Minuten).

3.) Finde eine Blume oder Pflanze. Bleib bei ihr stehen. Beobachte sie. Sei mit Deiner Aufmerksamkeit ganz im Betrachten und mach Dir Gedanken über ihr Dasein, etc. (Wieder etwa 3-5 Minuten).

4.) Finde ein Tier. Beobachte es. Denke dabei wieder entsprechende Gedanken: über sein Dasein, über Zeit in seinem Sinn. Wieder 3-5 min.

5.) Betrachte eine Landschaft. Sei mit Deiner Aufmerksamkeit ganz im Betrachten dieses Bildes. Denk über diese Landschaft nach. (3-5 min.)

6.) Betrachte den Himmel über Dir und sinne über Zeit nach. (3-5 min.)

7.) Geh nun wieder heim. Finde zuhause einen guten Platz und schau auf Dich selbst hin und Dein Leben. Denke mitfühlend über Dich und Deine bisherige Lebenszeit nach. (5-7 min.)

Allfällige Notizen:

Was hast Du erlebt? – Wie fühlst Du Dich?

---

[26] Die Übung geht von ähnlich eingeführten Praktiken wie „*Zeitbedingte Wahrnehmung*" (Free-Spirit), oder Rudolf Steiners „*Anthroposophische Nebenübungen*" aus.

Kapitel 6: Chaos und Strukturen der Ordnung

Chaosforschung. – Systemische Ordnung im Bereich Nichtlinearität

Aus welchen Aspekten immer betrachtet – es entsteht der Eindruck, dass es, *hinter* den Gesetzen des Universums oder auch *ihnen innewohnend*, „Geist" gibt. Nirgendwo in der Natur hat die Forschung etwas wie „Geistlosigkeit" feststellen können, nicht mal in den unberechenbaren Systemen, welche die Chaoswissenschaftler erforschen. Denn auch dort gibt es geheimnisvolle, herrlich schöne Muster und Strukturen. Selbst der deprimierenden Vorstellung eines Universums, das unerbittlich der sogenannten „Entropie" verfällt, steht das reale Bild einer Wirklichkeit entgegen, wo auf allen Ebenen Weiterentwicklung hin zu Komplexitäten höchster Ordnung stattfindet. Die Wissenschaft bezeichnet diese auffällige Tendenz – ziemlich nichtssagend wie ich meine – als *„Selbstorganisation"*. Mittlerweile deutet auch wissenschaftlich betrachtet immer mehr darauf hin, dass das Universum ohne diese unfassbare Tendenz zur Organisation gar nicht existieren könnte. Wenngleich diese Ordnung wohl niemals jenes Maß an Perfektion anzunehmen gedenkt, wie es Mechanisten und Deterministen unter den Forschern früher vorschwebte. Von Stephen Hawking und anderen Kosmologen wird dieses Evolutionsprinzip als „Anthropisches Prinzip" [1] bezeichnet: die Entwicklung des Kosmos hin zum Leben höherer Ordnung und intelligenten Lebewesen mit der Fähigkeit der Selbstreflexion wie dem Menschen (griech.: Anthropos). Es ist heute die Zeit angebrochen, wo wir auf unterschiedlichsten Ebenen beobachten, dass der (kartesianische) Reduktionismus sich aufschwingt, einen neuen, ganzheitlichen Aspekt hinzuzugewinnen: das Begreifen des Lebens als Ausdruck nicht-definierbarer, nicht-linearer Ordnung und In-*forma*-tion.

---

[1] S. Hawking: *„Eine kurze Geschichte der Zeit."*, Reinbek 1988, S.160f. *„Würden sich manche Naturkonstanten nur minimal von ihrem Wert unterscheiden, wäre ein totes und steriles Universum ohne Leben entstanden. Dieser Zusammenhang wird von den Naturwissenschaftlern als ‚Kosmologische Feinabstimmung' und von den Philosophen als ‚Anthropisches Prinzip' bezeichnet und gehört für die Theologen in das Gebiet von ‚Intelligent Design'. ... Für mich sind diese Bezeichnungsweisen im Endeffekt nur unterschiedliche Betrachtungsweisen und Erklärungen des gleichen Phänomens."* Siehe auch H. Oberhummer: *„Kann das alles Zufall sein? – Geheimnisvolles Universum."*, Salzburg 2008, S. 140; Siehe Kap. 4, Anm. 14f.

Die sogenannte Chaostheorie ist ein wissenschaftsphilosophisches Erklärungsmodell für das Entstehen und die Entwicklung des Kosmos, der Erde und des Lebens. Sie bringt verschiedenste Phänomene und Entwicklungen in plausible Zusammenhänge. In vielerlei Hinsicht lässt sie sich aber auch auf die Entwicklungsprinzipien sowohl der Politik, der Gesellschaft als auch der Kultur übertragen. In den vergangenen Jahren bekam die Chaostheorie erhöhte Aufmerksamkeit, da sie die totalitären Thesen der Wissenschaftstheorien in Zweifel stellt und damit die Glaubwürdigkeit wissenschaftlicher Prognosen fragwürdig macht. Eine ihrer erstaunlichen Thesen besagt, dass unserer Evolution ein im Grunde *„gesetzloses Verhalten"* zugrunde liegt. Das Unvorhersehbare zeigt organisierende Wirkungsweisen. Es arbeitet nach einem zunächst unbekannten Muster, das aber als Eigendynamik eine kontinuierliche, in sich logische Abfolge zeigt. Die „Logik" dieses prozessualen Geschehens ist in der Regel allerdings erst rückwirkend erkennbar. [2]

Der Physiker und Chaosforscher Joseph Ford meint, in unverhüllter Anspielung auf Einsteins *„Gott würfelt nicht!"*, kontrovers: *„Gott würfelt mit dem Universum. Doch sind die Würfel präpariert. Und das Hauptziel der Physik ist heute, herauszufinden, nach welchen Regeln sie präpariert worden sind und wie wir sie für unsere eigenen Zwecke benutzen können."* [3] Sie scheinen verblüffender Weise so präpariert, dass *„im Verlauf vieler Würfe die Lebensformen nicht nur überleben, sondern sich verbessern. Und zwar mit der Wahrscheinlichkeit eins."*

„Wahrscheinlichkeit eins" – bedeutet in diesem Zusammenhang: *Stufe höchster Wahrscheinlichkeit.* Von dem Standpunkt betrachtet ist Evolution etwas, was sich treffend als „Chaos mit Rückkopplungen" beschreiben lässt. Nur: Woher mag diese unglaubliche *Präparierung im Würfelspiel der Evolution* kommen? Woher stammt die In-*forma*-tion, welche Höherentwicklung bewirkt? Von jener Feinabstimmungen zwischen physikalischen Konstanten [4], morphogenetischen Feldern oder sonstigen Feldern? Zeigt die Entwicklung eine wie immer geartete

---

[2] Siehe Kap. 3, Anm. 6, 7.

[3] J. Ford: *„What is Chaos that we should be mindful of it?"*, zitiert in: P.C.W. Davis: „*The New Physics*.", Cambridge 1989, S. 345; (gilt auch fürs nächste Zitat in Folge).

[4] Siehe Kap. 1, Anm. 2; Siehe Kap. 4, Anm. 7.

Zielgerichtetheit zugrunde? [5] Ja, gibt es etwas wie Bewusstsein oder Gewahrsein in diesem Kosmos, und: Durchdringt *„Etwas Großes"* [6] dieses Universum, wie es der Top-Genetiker Murakami nennt?

Etwas wie *„Bewusstsein"* in diesem Kosmos als möglich zu erachten, braucht heute eine gestrichene Portion Mut, aber auch Demut und Unvoreingenommenheit. Einfach deshalb, weil sich mit dieser Sicht alles „zwanghaft-Kontrollieren-Wollende" unseres Menschenverstandes als Farce entlarven würde. Geist schafft bekanntermaßen Ordnung. Dieser schöpferische und freie Geist würde bleiben, doch der schäbig-kleingläubige „Kontroller" müsste weichen. „In-*forma*-tion" als anerkannt transmaterielles, geistiges Prinzip, wie auch immer es in dieser Welt beheimatet ist, ist momentan gerade im Begriff diese Hürde – auch wissenschaftlich besehen – zu nehmen.

Durch die Chaos- und Systemforschung ändert sich momentan das Verständnis von Wissenschaftlichkeit nachhaltig. Dies hat mit den systemischen Aspekten, die dieser Forschungsrichtung immanent sind, zu tun. Die Vorhersagbarkeit ging, wie bei der Quantenmechanik, verloren und ist daher kein Aspekt dieser Forschung mehr. Dadurch unterscheidet sich die wissenschaftliche Sicht der beiden Forschungsrichtungen von klassischen Vorläufern. Univ.-Prof. Karl W. Kratky, Institut für Experimentalphysik der Uni Wien: *„Andererseits stellt sich heraus, dass chaotische Systeme erstaunlich leicht gesteuert werden können. Es sei darauf hingewiesen, dass dem System dabei keine Bewegung von außen aufgezwungen wird, sondern eine bereits latent vorhandene aus dem System herausgeholt wird. ... Chaos und dessen Regelung ist kein Betriebsunfall der Natur, sondern hat sich im Lauf der Evolution als optimal herausgestellt. ...* **Für die Chaossteuerung gibt es aber doch noch Probleme mit der alten Wissenschaft. ... Vielleicht deshalb, weil sie zwar funktioniert, aber das genaue Verständnis dafür fehlt, warum sie funktioniert?"** [7] Hier zeigt sich ein

---

[5]   Siehe Kap. 3, Anm. 8.

[6]   Siehe Kap. 11, Anm. 2-4.

[7]   K.W. Kratky: *„Interaktivität, Rückkopplung und Chaossteuerung."*, in: *„Möglichkeit niederenergetischer Bioinformation – Physiologische und Physikalische Grundlagen für Bioresonanz und Homöopathie."*, in: *Schriftenreihe der Wiener Internationalen Akademie für Ganzheitsmedizin / Bd.17*, Wien 1997, S. 93ff.

weiteres Charakteristikum der Chaosforschung, die gesichert innerhalb der Wissenschaft steht: Das Konstatieren einer systemdynamischen Tatsache bedeutet nicht, das zugrunde liegende Gesetz zu (er)kennen. Ähnlich klingt es auf einem Symposion namhafter Wissenschaftler: *„Wahrheit wird nicht selten verwechselt mit vollkommener Erkenntnis. **Wer sagt, dass es Wahrheit gibt, behauptet damit noch nicht, dass man sie ganz erkenne.**"* [8] Daraus möge ein Appell zur Unvoreingenommenheit resultieren und der Mut zur Wahl ungewöhnlicher Standpunkte, um mit dem Minimum bekannter Annahmen, neue Grundlagen zu eröffnen. *„Die Wissenschaft von den nichtlinearen dynamischen Systemen ist gegenwärtig modernste Forschung. Nichtlineare vernetzte dynamische Systeme zeigen ganzheitliches Verhalten, d.h. versucht man einen Teil des Systems zu isolieren, so beeinflusst man zugleich alle anderen Teile. Morphologisch streben nichtlinear vernetzte Systeme häufig fraktalen Strukturen zu. Deren Hauptmerkmal ist, dass sie selbstähnlich sind* [9]: *Sie tragen im Kleinen quasi holographisch die Ganzheit in sich. ... Das dynamische Langzeitverhalten chaotischer Systeme ist nicht vorhersagbar: bestenfalls kann man jenen Bereich (Attraktor* [10]*) angeben, auf dem die Systemdynamik liegt."* [11] Diese Aussage des Atomphysikers und emeritierten Professors am Atominstitut der Österreichischen Universitäten, Herbert Klima, weist auf das Phänomen der Selbstähnlichkeit hin und auf

---

[8] M. Rothweiler: *„Wissenschaft und Weltverständnis – Schlussaussprache."*, in: H. Thomas: *„Naturherrschaft – Wie Mensch und Welt sich in der Wissenschaft begegnen."*, Köln 1990, S. 272; Siehe Kap. 10, Anm. 36, 49, 54.

[9] Die historischen Spuren der Chaostheorie und der Fraktalen Geometrie sind vielfältig. Vorläufer sind Poincaré und die beiden Göttinger Gelehrten Georg Christoph Lichtenberg (Mathematiker und Physiker; 1742–1799) und David Hilbert (Mathematiker; 1862–1943). Lichtenberg: *„Alles ist sich gleich, ein jeder Teil repräsentiert das Ganze."* Damit hat er DEN zentralen Begriff der Fraktalen Geometrie – die „Selbstähnlichkeit" – erkannt und vorweggenommen.

[10] Unter „Attraktoren" versteht man system-spezifische Zahlenwerte, welche für die Entwicklung eines Systems charakteristisch sind, ohne dass dadurch seine Entwicklung determiniert (festgelegt) erscheint. Siehe Kap. 4, Anm. 20.

[11] H. Klima / B. Lipp / H. Lahrmann: *„Möglichkeit niederenergetischer Bioinformation – Physiologische und Physikalische Grundlagen für Bioresonanz und Homöopathie."*, in: *Schriftenreihe der Wiener Internationalen Akademie für Ganzheitsmedizin / Bd.17*, Wien 1997, S. 40.

den Aspekt des „Attraktors" als mathematisch fassbare Ordnungs-struktur eines nichtlinearen dynamischen Systems (wie z.b.: Leben).

Mathematiker und Naturwissenschaftler erforschen seit Ende der 1970er Jahre Phänomene, die *trotz* strengem naturwissenschaftlichem Determinismus als *„prinzipiell nicht prognostizierbar"* erkannt werden. Auch bei diesen Phänomenen verläuft der Übergang von Ordnungs-strukturen ins Chaos nicht zufällig, sondern folgt „Mustern". So verschafft die Chaosforschung dem Nichtlinearen neuartige Geltung. Einfach, weil lineare Modelle, lineares Denken, zu kurz greifen, wenn es um die Annäherung an die natürliche Komplexität des Lebens geht.

Informationstheorie: Vom Unterschied, der den Unterschied macht

„Der Standpunkt, den ich zum Verständnis der Körper-Geist-Frage vorschlage, bedient sich der **Informationstheorie***, einer anerkannten Disziplin mit verifizierbaren Gesetzen, die sich auf Naturwissenschaft, Geschäftsleben und auf Geisteswissenschaften anwenden lassen. ... Information als Brücke zwischen Geist und Materie, Psyche und Soma ... ist brauchbar zum Verständnis des menschlichen Körpers: Physische Prozesse ... finden in einem offenen System statt. Daher passt hier die Metapher von der Information besser als die von Materie und Kraft."* [12]

Für die Vorreiterin der Psychoneuroimmunologie, Candace Pert, war es entscheidend, dass sie selbst andere Wissenschaftsbereiche kennenlernte – wie die Kybernetik–, wo bereits eine als fundierte anerkannte Forschungsrichtung entwickelt war. Dies half ihrer Idee, die entdeckte Körper-Geist-Kommunikation vom *„Mythos und Makel des Esoterischen"* zu befreien. Auf dem Feld war unter anderen Gregory Bateson federführend, Biologe, Kybernetiker, Sozialwissenschaftler und Philosoph sowie Professor an der Harvard Universität. Bateson behandelte die genannten wissenschaftlichen Gebiete nie als getrennte Disziplinen, sondern lediglich als verschiedene Aspekte, in denen systemisch-kybernetische Denkweisen zum Tragen kamen. Batesons Arbeit war stark geprägt von Sigmund Freud und C.G. Jung sowie von Claude Shannon, dem Begründer der Informationstheorie. [13]

---

[12] C. Pert: „*Moleküle der Gefühle – Körper, Geist u. Emotionen.*", Reinbeck 1997, S. 391f.

[13] http://de.wikipedia.org/wiki/Gregory_Bateson. Gregory Batson hatte mit seiner

Für Pert's Begreifen des von ihr mitentdeckten und erforschten, neurophysiologischen Informations-Geschehens war es entscheidend Bateson's Informationstheorie-Gesetz als wissenschaftliches Statement kennenzulernen: *„Information reicht über Zeit und Raum hinaus, sie ist nicht an die engen Grenzen von Materie und Energie gebunden."* Pert fand darin DEN entscheidenden Schlüssel für ihr rationales Verständnis des Gesamtzusammenhangs. Pert: *„Die Definition, die Gregory Bateson für die Information gefunden hat, war:* **Information ist der Unterschied, der einen Unterschied ausmacht. ... Das ist ein außerordentlich wichtiges Konzept in der Informationstheorie, weil das System durch die Einbeziehung des Beobachters in die Gleichung ein neues Intelligenzniveau erhält."** [14]

Von diesem Gesichtspunkt aus, wird verständlich, warum jegliches Ereignis von jedem lebenden Bewusstsein anders wahrgenommen und erlebt wird. Vor allem aber auch etwas gänzlich anderes bedeuten und bewirken kann: Das wahrnehmende Bewusstsein – als vorgeprägter beziehungsweise vorgefüllter Informations-Pool jeglicher Lebensform auf dieser Erde – bestimmt mittels Resonanz auch über jenen Aspekt der Information, der ankommen und aufgefasst werden kann: „Teich" beispielsweise trägt als Information für einen Frosch etwas völlig anderes in sich und bewirkt und fördert bei ihm eine andere Reaktion als beim Menschen. „Teich" birgt aber auch für verschiedene Menschen höchst unterschiedliche Informationen. Für den Biologen andere als für Freizeitsportler und wiederum andere für den Feuerwehrmann, der einen Waldbrand zu löschen hat. Es kommt nur gerade das im jeweiligen Bewusstsein in Resonanz, was in Resonanz kommen kann. Haltungen, Stimmungen und vorgegebene Festlegungen wie Überzeugungen, Wertungen, Emotionen, Bedürfnisse, all das erschafft die Erfahrungsebene, bedingt und dominiert unser (Er)leben! [15]

Resonanz und Rückkopplung spielen in der Chaosforschung und Informationstheorie eine entscheidende Rolle. Bateson beurteilt die Entdeckung der *„Rückkoppelung als den bedeutendsten Erkenntnis-*

Arbeit auch entscheidenden Einfluss auf die System- und Familientherapie.

[14] C. Pert: *„Moleküle der Gefühle – Körper, Geist u. Emotionen."*, Reinbeck 1997, S. 393.

[15] Siehe *„In-forma-tion / Bd. 2"*, Kap. 4: Überzeugungs-Netze und Leben, Anm. 7-9.

Aspekt, den die Menschheit als Bissen-vom-Apfel-der-Erkenntnis – seit Platon – genommen hätte." [16]

Das Konzept der Rückkopplung stammt aus der Kybernetik – aus wissenschaftlichen Untersuchungen der Steuerungs-Prozesse in verschiedenen Systemen. Der Wortteil „kyber" leitet sich her vom griechischen „kybernetes", Steuermann. Dieser steuert das Schiff, indem er die Ruderstellung beständig und entsprechend den Informationen – der sogenannten Rückkopplung – verändert. Pert: *„Das gleiche Prinzip gilt für das psychosomatische Netzwerk, das ganz ähnlich arbeitet wie bei einem Boot, das nach einer Reihe von Rückkopplungsschleifen ausgerichtet wird. Durch die Freisetzung von Neuropeptiden, die an Rezeptoren binden, verschicken Zellen ununterbrochen Nachrichten an andere Zellen und die empfangenen Signale veranlassen die Zelle, Veränderungen, in dem Fall sind sie physiologischer Art, vorzunehmen. Informationen gehen aber auch an die Peptid-ausschüttenden Zellen, worauf diese mehr oder weniger produzieren. ... Der Organismus ist ein geschlossener Informationskreislauf."*

Durch die Forschungsergebnisse der Psychoneuroimmunologie ist es den Wissenschaftler(inne)n in den letzten Jahrzehnten auf äußerst faszinierende Weise gelungen *„Neuropeptide und ihre Rezeptoren in neuem Licht zu sehen: nämlich, dass sie das biochemische Substrat des Gefühls sind. Die Gefühle sind der Informationsgehalt, der über das psychosomatische Netzwerk ausgetauscht wird. ... Wie Information bewegen sich die Gefühle zwischen den beiden Bereichen von Geist und Körper hin und her – im materiellen Bereich als Peptide und ihre Rezeptoren – und im immateriellen Bereich als Empfindungen, die wir erleben und die wir Gefühle nennen. ... Meine Zellen sprechen buchstäblich miteinander und das Gehirn beteiligt sich eifrig an diesem Gespräch."* Und Pert weiter: *„Wenn also der Fluss unserer Moleküle nicht vom Gehirn gesteuert wird, und wenn das Gehirn nur ein Knotenpunkt unter anderen ist, drängt sich natürlich die Frage auf: ‚Woher kommt die Intelligenz, die Information, die unseren Körpergeist regiert?' Wir wissen, dass Information eine unendliche Fähigkeit zur Expansion und*

---

[16] C. Pert: *„Moleküle der Gefühle – Körper, Geist und Emotionen."*, Reinbeck 1997, S. 394f, S. 399, S. 477, S. 400; (gilt auch für die nächsten Zitate in Folge).

Zunahme hat und dass sie nicht an die Gesetze von Zeit und Ort, Materie und Energie gebunden ist. Folglich kann sie nicht zur materiellen Welt gehören, die wir mit den Sinnen wahrnehmen, sondern muss in einem eigenen Reich existieren, das wir mit dem Gefühl, dem Geist, der Seele wahrnehmen – einem ‚Inforeich'! ... Information! Sie ist das fehlende Bindeglied, das uns ermöglicht, die kartesiansche Trennung von Körper und Geist zu überwinden, weil Information definitionsgemäß weder zum Geist noch zum Körper gehört, aber mit beiden Kontakt hat. Wir müssen akzeptieren, dass sie einen eigenen, neuen Bereich beansprucht, den wir vielleicht ‚Inforeich' nennen können und der noch auf seine wissenschaftliche Erkundung wartet." Ähnlich der bekannte Quantenphysiker und Forscher an der Uni Genf, Professor Antoine Suarez: *„Warum zeigen Physiker zunehmend Interesse für solche Fragen? Der Grund ist meines Erachtens, dass in den letzten Jahren gewisse Dinge in der Physik geschehen sind, die auf Wirklichkeitsbereiche hinweisen, die den Bedingungen von Raum und Zeit nicht unterworfen sind, auf Wirklichkeitsbereiche, die jenseits-der-Physik liegen.*" [17]

Nicht nur Physiker (an)erkennen mittlerweile (Be)Reiche jenseits der Physik, sondern auch Neurobiologen. Erstmal ausgesprochen, fällt es nach und nach wie-Schuppen-von-den-Augen und Forscher fragen sich, wie es möglich war so lange und wie blind daran vorübergegangen zu sein. Die nun allerorts um sich greifenden Erkenntnisse beginnen wissenschaftlich salonfähig zu werden und verändern so das alte, statische Weltbild. *„Die Informationstheorie befreit uns aus der Falle des Reduktionismus und seinen Dogmen des Positivismus, Determinismus und Objektivismus. Obwohl diese Grundpostulate abendländischer Wissenschaft seit dem 16. und 17. Jhdt. tiefe Wurzeln in unserem Bewusstsein geschlagen haben, konstituiert die Informationstheorie eine so neue, so ausdrucksreiche Sprache von Kraft und Reaktion, dass sie uns hilft, aus alten Denkmustern auszubrechen. Jetzt können wir uns anschicken, ein anderes Modell des Universums zu entwerfen und darin einen neuen Platz für uns suchen.*" [18]

---

[17] A. Suarez; *„Nicht-lokale Kausalität – Weist die heutige Physik über die Physik hinaus?"*, in: H. Thomas: *„Naturherrschaft – Wie Mensch und Welt sich in der Wissenschaft begegnen."*, Köln 1990, S. 132; Siehe Kap. 11, Anm. 13.

[18] C. Pert: *„Moleküle der Gefühle ..."*, Reinbeck / Hamburg 1997, S. 400.

Das vielleicht größte Missverständnis der Welt ...?!

Schauen wir nun in einen scheinbar anderen Bereich von „Resonanzen": uns selbst betreffend und unsere Zwischenmenschlichkeiten ...

Da gibt es doch dieses Sprichwort: *„Wie man in den Wald hineinruft, so schallt es heraus."* Das kennt doch jede(r), oder?! Und obwohl sich viele, ob ihres missverständlichen Verständnisses dieses Sprichwortes vom Leben enttäuscht zurückziehen und sich verhärten, wird dieses „mist-verständliche Verständnis" von Generation zu Generation tradiert und prägt die erfolglosen Versuche enttäuschter „Gut-Menschen". Irgendwie scheint es so – leider gar nicht zu funktionieren: Propagierte und vorgelebte Fairness wird von „den anderen" einfach nicht entsprechend honoriert! Und unser nettes Verständnis, Mitleid und vorgezeigte Akzeptanz kommt auch nicht postwendend retour. [19]

Was uns an dieser Stelle nicht erspart bleibt, ist der Blick auf einen selbst. Wie geht man mit sich selbst um? Wer von diesen „enttäuschten Seelen" geht mit sich nur annähernd so unterstützend, hilfreich, wertschätzend, mitfühlend, verständnisvoll, liebevoll, fair oder gar großzügig um wie mit anderen?! Ich wage zu behaupten: Keine! Wer von diesen Enttäuschten wartet sich selbst gegenüber mit *echten* Geschenken auf, kleinen Aufmerksamkeiten – oder gar „echter Aufmerksamkeit"? Keiner! Ich kenne das von einem „guten Freund-aus-Wien" (auch so kann man über sich selbst sprechen ... ☺). Was tat man nicht alles hingebungsvoll, damit die anderen erkennen, was diese anderen für einen selbst (für MICH!!!) doch bitte, bitte, bitte! tun mögen! [20] Weil selbst – für sich selbst?! Nein, sich selbst gegenüber darf man ja beileibe nicht so offensichtlich egoistisch sein!!! [21]

Betrachten wir dieses frustrierende Geschehen aber nun einmal zur Abwechslung von der Ebene der In-*forma*-tion. Da wird leicht verständlich, warum dieses zur Schau gestellte Verhalten und diese Art von „in-den-Wald-hineinrufen" so gar nicht funktionieren kann! Das Motiv SIND ja gar nicht die anderen und ihre Bedürfnisse,

---

[19] Siehe Bewusstseins-Übung *„Vertrocknen versus Ertränken"* am Ende dieses Kapitels.

[20] Siehe *„In-forma-tion / Bd.2"*: Kap. 10: Wissenschaft und Spiritualität im Konsens, Anm. 10-13.

[21] Persönliche Anleitung im Coaching unter: http://www.twogetherwien.com/coaching.

sonst gäbe es auch keine Ent-täuschung! Man würde genau das und genau so viel geben, wie man freien und offenen Herzens geben will, weil es genau so für einen selbst stimmt. Aber man gibt ja in diesem klassisch ernüchternden Geschehen unverhältnismäßig mehr (durchaus berechnend), als man wirklich gerne geben will. Es ist primär unser Selbst-Bild, das wir bedienen, oder aber unsere eigenen Bedürfnisse, die wir indirekt von den anderen erfüllt haben wollen. Anstatt die Verantwortung für uns zu übernehmen, machen wir es den anderen vor, wie sie doch endlich uns gegenüber agieren sollten – an unserer statt. Das ist ziemlich verrückt. Und es *kommt-daher-auch-ziemlich-verrückt!*

Interessant ist es auch, einmal ganz unbefangen und ungeniert auf das Leben dieser „vom-Leben-ach-so-Enttäuschten" zu schauen. Dabei wird eine stets ähnliche Qualität erkennbar: selbst-verordnetes-Sklaventum [22]. Liebloses, meist unerbittlich gnadenloses Aus-Nutzen der eigenen Ressourcen. Sklaven zeichnen sich dadurch aus, dass sie im Gefängnis ihrer eigenen (Lebens-)Lügen gefangen sitzen. Z.B. der Lüge „Opfer-zu-sein". Diese Überzeugung wird sich durch Resonanzen mit dem In-*forma*-tions Feld immer wieder neu im Leben erschaffen und die verbliebene Aufmerksamkeit auf „*Ich bin Opfer!*" fixieren: Die Menschen erleben dann immer wieder ähnliche Emotionen, gegen die sie Widerstand haben, und was gerade deshalb ihre Aufmerksamkeit wie magisch anzieht. „Aufmerksamkeit" bedeutet auf der Ebene von Bewusstsein dasselbe wie: „Energie". Da Widerstände im Individual-Bewusstsein der Menschen viel Aufmerksamkeit binden, rückkoppeln sie mit genau diesen eigenen Mustern und bewirken so wiederkehrende, biographische Realitäten. [23] Gut bekannt als „self fulfilling prophecies". Widerstand-zu-haben scheint vom Standpunkt des Bewusstseins sogar die effizienteste Möglichkeit zu sein, etwas andauern zu lassen. Offensichtlich gilt hier, was im englischen Sprachraum als Sprichwort bekannt ist: „*What you resist – persists!*" Das Leben aber bietet uns pragmatisch und ungeniert immer neue Anlässe, bis wir ungesunde Bewertungen bzw. Überzeugungen bereit sind, fühlend zu integrieren.

---

[22] Siehe Kap. 9, Bewusstseins-Übung: „*Königs-Liste / Königinnen-Liste*", Anm. 26.

[23] Die Bewusstseins-Energien von Wunsch und Widerstand werden daher vom Gesichtspunkt der Resonanz als gleichwertig eingestuft, wenn es darum geht, Wirklichkeit zu erschaffen.

Vielleicht kann das Sprichwort *„Wie man in den Wald hineinruft, so schallt es heraus"* vom Standpunkt der *„Information und Resonanz"* ein neues Verständnis enthüllen. Es mag eine harte aber heilsame Einsicht sein: Es ist der Umgang mit uns selbst, unser Universum, in das wir hineinrufen, kein anderes: „Sklave-und-Sklavenhalter" sind zwei Seiten derselben Medaille. Natürlich gibt es viele Menschen, die sich wünschen, von den anderen geliebt zu werden, mehr als sie bereit sind, sich selbst zu lieben. Das verbindet diese Menschen miteinander, macht es aber um nichts weniger zerstörerisch und bestärkt sogar diesen „Feldaspekt" im Massenbewusstsein. Gottseidank ist DIESE Lösungsstrategie um „Liebe-und-so-weiter" zu bekommen, nicht vorgesehen im Universum, grobe Abhängigkeiten wären vorprogrammiert! Ob wir das als „weise Voraussicht" oder schlicht als „Resonanzphänomen" begreifen wollen, ist in seinen Auswirkungen fürs Leben unerheblich. Es scheint dafür gesorgt, dass uns in dieser Welt niemals jemand anderer mehr an Gaben der Großzügigkeit, Wertschätzung und Liebe entgegenbringen kann als wir uns selbst. Primäre Verantwortung, Zuwendung, Mitgefühl und Liebe für uns selbst sind somit der Schlüssel, damit uns diese Gaben – ohne in Abhängigkeiten zu geraten – zuteil werden dürfen.

„Liebe Deinen Nächsten wie Dich selbst." Und: *„Tut Gutes denen, die euch hassen."* [24]. Ich vermute, fast jeder kennt diese Textstellen aus der Bibel. Nur, die *Auslegung* wird aus unserem Resonanz-Verständnis eine andere sein müssen. *Öfter-als-uns-vielleicht-lieb-ist* werden wir erkennen müssen, dass wir mit dieser 2. Aufforderung auch selbst gemeint sind. Was für ein revolutionärer und hilfreicher, 2000 Jahre alter Hinweis, so man die Realität von *„Resonanz"* im Universum anzuerkennen bereit ist. Damit wird auch der auf den ersten Blick „zutiefst-unchristlich-anmutende-Gedanke" verständlich: *„Denn wer hat, dem wird gegeben und er wird die Fülle haben; wer aber nicht hat, dem wird auch was er hat, genommen werden."* [25] Es ist an der Zeit, Verantwortung zu nehmen! – Werden Sie ihr eigener bester Freund. [26]

---

[24] Jesus, zitiert in: *„Die Bibel / Neues Testament."*; Matthäus 22/39 und: Lukas 6/27.

[25] Ebenda, Matthäus 25/29.

[26] Holen Sie sich im Bedarfsfall persönliche Unterstützung. Z.B. über die Internet-Seite: http://www.twogetherwien.com/coaching ; Siehe auch *„In-forma-tion / Bd. 2"*, Kap. 3: Ich-Bewusstsein versus Wille, Anm. 15-20.

Bewusstseins-Übung: *„Vertrocknen versus Ertränken"*

Vor kurzem hörte ich im Radio eine Sendung über Topf-Pflanzen. Der Fachmann sprach etwas sehr Interessantes aus: *„Die meisten unserer Topf-Pflanzen in den Wohnungen sterben nicht an Unterversorgung, sondern Überversorgung."* Sie werden vom Zwang zur Fürsorge eher ertränkt, als dass sie in Gefahr sind, zu vertrocknen. Spannend, nicht?!

Übungs-Anleitung A:

Frag Dich, wo Du dazu neigst, Menschen, für deren Unterstützung Du Dich zuständig fühlst, mit Deiner Fürsorge zu *„ertränken"*, sodass ihnen keine Luft bleibt, zu atmen und sie zu ersticken drohen. (Wenn Du Dir unsicher bist, frag Dich, wer von den Dir nahestehenden Menschen mit Deiner „ach-so-liebevollen-Fürsorge" nicht entsprechend dankbar und wertschätzend umgeht, oder auch unverschämt darauf reagiert.) Erstelle eine Liste der Personen, *deren Verhalten* Dir auffallend erscheint. Lass Dich dabei von Deiner ehrlichen Wahrnehmung leiten.

Name	Was willst Du eigentlich von ihnen (bekommen)?
1.)	
2.)	
3.)	

Übungs-Anleitung B:

Frag Dich nun, bei welchen Menschen Du bzgl. Deiner Unterstützung dazu neigst, sie *„dursten"* bis *„verdursten"* zu lassen, obwohl sie auf Dich angewiesen sind, oder denen Du denn doch verpflichtet bist. (Wenn Du Dir unsicher bist, frag Dich, wer der Dir nahestehenden Menschen vor sich hinkümmert und wen Du trotzdem aus Deiner dankbaren Wertschätzung verloren hast.) Erstelle eine Liste jener Personen, bzgl. denen Dir *Dein Verhalten* in diesem Zusammenhang auffällig erscheint. Lass Dich auch dabei von Deiner ehrlichen Wahrnehmung leiten.

Name	Was willst Du (bezüglich ihnen) eventuell vermeiden?
1.)	
2.)	
3.)	

Wie fühlst Du Dich jetzt?
Was hast Du mittels der Übung für Dich erkannt?

Teil 2 In-*forma*-tion als Träger des Lebens

Gene & Botenstoffe. – Körper-Bewusstsein und Psyche

Kapitel 7: Epigenetik: In-*forma*-tion fürs Genom

Epigenetische Vererbung

Schon lange sind einige Forscher der Auffassung, Darwin habe mit seiner Evolutionstheorie zwar Wesentliches erkannt, dass die Evolution aber dem *zeitlichen Bedarf* einer Entwicklung basierend auf reinem Zufallsgeschehen – infolge Mutation – nicht entsprechen kann. Auch Kooperationsaspekte sowie ihre gleichberechtigte Bedeutung für jede Höher-Entwicklung vernachlässigt seine Theorie. #

Neodarwinisten und ihre Theorie standen daher schon länger im Fadenkreuz kritischer Wissenschaftler, welche sie als *„unvollständig und wissenschaftlich unbefriedigend"* einstuften. Aber auch Forscher aus anderen Bereichen befanden sie neuerdings in zunehmendem Maß als unschlüssig. Unter ihnen auch Kosmologen, Astronomen, Physiker und führende Biologen sowie Genetiker. So erkannte man es als *„absolut unwahrscheinlich, dass ein isoliertes Genom, das mittels zufällig erzeugter Mutationen arbeitet, eine neue und funktionsfähige Mutante hervorbringt. Wenn eine solche Mutante tatsächlich erzeugt wird – und im Laufe der Evolution war dies immer wieder der Fall – dann muss die Mutante des Genoms in präziser Korrelation zu den Bedingungen in der Umgebung des Organismus stehen. ... Der Astrophysiker Fred Hoyle* [1] *wies darauf hin, dass die Wahrscheinlichkeit, dass dieser Prozess ausschließlich zufällig geschieht, genauso hoch ist wie die Wahrscheinlichkeit, dass ein Hurrikan, der über einen Schrottplatz hinwegfegt, ein funktionierendes Flugzeug zusammenbaut. Konrad Lorenz* [2] *war zwei Jahrzehnte zuvor zu einer ähnlichen Schlussfolgerung gelangt. ... Der Grund ist,*

---

[1] Fred Hoyle galt zeitlebens als einer der einflussreichsten Astronomen und als renommierter Querdenker seiner Zeit. Er glaubte zwar nicht an den „Big Bang" und war es dennoch selbst, der erstmals in den 1950er Jahren diesen Begriff *„Big Bang"* („*Urknall"*) prägte.

[2] Konrad Lorenz erhielt für seine Entdeckungen, den Aufbau und die Auslösung von individuellen und sozialen Verhaltensmustern betreffend, 1973 den Nobelpreis für Medizin verliehen. Siehe *„In-forma-tion / Bd. 2"*, Prolog, Anm. 14.

dass es nicht ausreicht, wenn Mutationen eine oder mehrere positive Veränderungen in einer Spezies bewirken; die Veränderung muss umfassend sein. Die Evolution von Federn beispielsweise bringt kein Reptil hervor, das fliegen kann: Radikale Veränderungen in Muskulatur und Knochenstruktur sind ebenso erforderlich wie ein schnellerer Stoffwechsel, der die Kraft für einen längeren Flug liefern kann."[3]

Es galt als DIE Sensation der Top-Forschung, als Genetiker schon bald nach Beginn dieses 21. Jahrhunderts das „Goldene-Kalb" der Darwinschen Evolutionstheorie schlachteten und es mittlerweile zügig ausweiden. Ein neues Paradigma setzte sich durch: *Nicht nur die individuell-angestammten Gene – auch deren spezifisch-individuelle Schaltpläne werden vererbt!* Die Biowissenschaft machte ungeahnte sowie erstaunliche Fortschritte und überstieg die Vorstellungen der in diesem Bereich Beschäftigten bei weitem. Zu Ende des letzten Jahrhunderts noch waren die Gen-Forscher der Meinung, mit dem Knacken des Gen-Codes allein könnten sie das „*letzte Geheimnis des Lebens*" entschlüsseln, aber „*dann wurde uns zunehmend klar, dass das Leben nicht so einfach gestrickt ist. Je gründlicher wir auch nur eine einzelne Zelle erforschen, desto mehr begreifen wir ihre immense Komplexität.*"[4] Was heute wissenschaftlich gesichert ist, galt vor kurzem für die meisten Forscher als *undenkbar* und unwissenschaftlich.

Wissenschaftliche Grundlagen zu dieser radikal neuen Erkenntnis lieferten die rasanten Entwicklungen im Bereich der „Epigenetik"[5] und die damit verbundenen Erkenntnisse der letzten 10 Jahre. Sogenannte DNA-Methylierungen lassen Gene anspringen, oder auch verstummen. Tierversuche mit Mäusen zeigen zum Beispiel, dass sich lediglich durch Zugabe von Soja in die Nahrung deren Hautfarbe (Fellfarbe) ändern ließ – die infolge auch noch vererbt wurde. [6]

---

[3] E. Laszlo: „*HOLOS – die Welt der neuen Wissenschaften.*", Petersberg 2002, S. 47ff.

[4] K. Murakami: „*Der göttliche Code des Lebens – Ein neues Verständnis der Genetik.*", Güllesheim 2008, S. 7. Kazuo Murakami ist seit bald 50 Jahren an der Spitze der wissenschaftlichen Klonforschung tätig und einer der „dekoriertesten" Genforscher.

[5] „Epigenetik": Lehre der Wirkungen von *außerhalb* der Zelle (Umwelteinflüsse) auf die Aktivierung bzw. Deaktivierung der Gene über chemische Substanzen, Hormone, Peptide, Ernährung etc., aber auch mentale Einflüsse wie Gedanken und Haltungen.

[6] Siehe selbes Kapitel, Anm. 10.

Unter Kontrolle der Epigenetik [7]

Im DNA-Code des Erbguts steckt der „Bauplan-für-das-Leben". Doch damit dieser Sinn ergibt, braucht es epigenetische Mechanismen, welche die Aktivität der Gene regulieren und neue Proteine entstehen lassen, oder Information stilllegen, weil sie in der jeweiligen Zelle oder unter den aktuellen Bedingungen nicht benötigt wird. So entscheidet letztlich die Epigenetik über Funktionen von Zellen und Organen, aber auch über (fast) alles andere im Leben eines Menschen.

Worüber die Wissenschaft vor 200 Jahren noch diskutierte, das wurde in den letzten 100 Jahren von der Fachwelt geächtet: Um 1800 nämlich entwickelte der Botaniker und Zoologe Jean-Baptiste de Lamarck seine Theorie der *„Veränderlichkeit der Arten"*. Er ging davon aus, dass Umweltveränderungen zu genetischer Anpassung führen, die an Nachfahren vererbt würden. Neodarwinisten der (nun endgültig) letzten Generation lehnten dies kategorisch ab. Seit zehn Jahren aber merken Wissenschaftler wieder auf. So auch Thomas Jenuwein vom Max-Planck-Institut für Immunologie und Epigenetik in Freiburg: Es *„mehren sich Arbeiten zur epigenetischen Weitergabe erworbener Eigenschaften und Lamarck hatte zum Teil doch Recht"* [8]. Tierversuche haben nachgewiesen, dass Auswirkungen von Ernährung, Stress etc. epigenetisch vererbt werden, zumindest über einige Generationen.

Die Wissenschaftsjournalistin, Biologin und promovierte Virologin Stefanie Reinberger: *„Solche Untersuchungen gelingen ... im Labor, beispielsweise bei Mäusen. ... Trennt man neugeborene Tiere für mehrere Stunden am Tag von ihren Müttern, ist das ein traumatisches Ereignis für die Mäusebabys. Als Folge entwickeln sie depressions-ähnliche Symptome und legen zudem ein untypisches, risikoreiches Verhalten an den Tag. ... Es gibt auch positive Nachrichten: ‚Die Spuren der Traumatisierung sind nicht unwiderruflich ins Erbgut eingebrannt.' – verrät sie."* [9] Und wie sieht das beim Menschen aus?

---

[7] S. Reinberger: *„Angst im Genom"*, *Spektrum der Wissenschaft 7/2014*. http://www.spektrum.de/news/wie-die-umwelt-unser-erbgut-veraendert/1302426.

[8] Zitiert in: S. Reinberger: *„Angst im Genom"*, in: *Spektrum der Wissenschaft 7/2014*.

[9] S. Reinberger: *„Angst im Genom"*, in: *Spektrum der Wissenschaft 7/2014*. http://www.spektrum.de/news/wie-die-umwelt-unser-erbgut-veraendert/1302426 .

Das Epigenom gilt entsprechend neuesten Forschungen heute als der allesentscheidende Motor der biologischen Evolution, als eine zweite Informations-Ebene neben der genetischen Information. Univ.-Prof. Renato Paro, führender Epigenetiker an der ETH in Zürich: *„Wir sehen heute auf allen Ebenen untersuchter Organismen: Es werden – ganz im Gegensatz zu früheren wissenschaftlichen Überzeugungen – über die sogenannte epigenetische Vererbung, erworbene Eigenschaften, welche den Pflanzen und Tieren bzgl. ihrer Lebensumstände gut tun, an die nächste Generation weitergegeben.“* [10]

Überkommenen wissenschaftlichen Dogmen zum Trotz, stellt die Epigenetik DAS wirksame Werkzeug der Evolution schlechthin dar, effizient ins Erbgut einzugreifen. Unser Erbgut ist somit wesentlich flexibler als angenommen. Nach der Entdeckung des „genetischen Bauplans" (Genom) Ende der 1990er Jahre, erweiterte die Entdeckung des „genetischen Schaltplans" (Epigenom) zu Beginn des 21. Jhdts, Darwins Evolutionstheorie um ein essenzielles *missing link*. Der Genetiker Kazuo Murakami fasst es für sich so zusammen: *„Ein Genie ist jemand, dessen Gene, die die Generationen vor ihm an ihn vererbt haben, plötzlich durch irgendetwas aktiviert wurden. ... Mittelmäßige Leistungen bedeuten einfach nur, dass die Gene des Kindes nicht eingeschaltet sind – noch nicht. Man kann nie sagen, wann und wodurch Talent entfacht wird. ... Es ist möglich, dass unsere Gene nicht nur die von einer Generation zur nächsten weitergegebenen Erinnerungen und Fähigkeiten beinhalten, sondern auch die des gesamten Evoluti-onsprozesses, der sich über mehrere Milliarden Jahre erstreckt. Dass der menschliche Embryo im Mutterleib den Prozess der Evolution wiederholt, lässt darauf schließen, dass diese Informationen in den Genen der ersten Zelle enthalten sind. In den Genen jedes Einzelnen ist das Potenzial der gesamten Menschheit enthalten. ... **Alles ist möglich, solange wir den leidenschaftlichen Wunsch und die Energie haben, es zu tun. Das einzige Hindernis ist der Gedanke: Ich kann nicht.“***
[11] Und weiter: *„Das Ziel der Natur ist Vielfalt. Es ist unerheblich,*

---

[10] R. Paro: *„Der Darwin Code"*, Transkription eines Interviews, in: *ORF 3-Sat, hightec, 12.1. 2009.*

[11] K. Murakami: *„Der göttliche Code des Lebens – Ein neues Verständnis der Genetik.",* Güllesheim 2008, S. 57ff; (gilt auch für das nächste Zitat in Folge).

ob Menschen mit hohem IQ untereinander heiraten, oder solche mit niedrigerem IQ. Das Potenzial bleibt immer das gleiche. Jeder kann die in seinem Inneren schlafenden Talente entfalten. Alles, was man tun muss, ist, die eigenen Gene zu aktivieren."

Manchmal, so scheint es, müsste man als Forscher einfach nur bereit sein, die Augen offen zu halten. Dann sieht man und – dann staunt man. Aber in den 1990er Jahren schienen die wichtigsten Fragen der Biologie beantwortet zu sein. Denn die Forscher *„wussten"* ja, wie die Erbinformation gespeichert ist: auf dem Erbmolekül, der sogenannten DNA-Doppelhelix. Und man lernte auch ziemlich schnell das Erbgut von Bakterien, Pflanzen, Tieren und letztlich auch jenes des Menschen in Forschungsprojekten Gen für Gen zu entziffern. Wissenschaftler übertrugen Erbinformationen von einer Art auf eine andere, von Tieren auf Pflanzen, von Menschen auf Tiere. – Die Möglichkeiten und Entwicklungen der Gentechnik schienen unbegrenzt.

Sir David Baulcombe, Universitätsprofessor und Pflanzengenetiker von der Universität Cambridge schildert sein Erleben: *„Wir begannen in den frühen 90er Jahren mit unseren Pflanzenexperimenten. Wie es oft so ist, kam der Fortschritt durch ein unerwartetes Ergebnis. ... Wir wollten Pflanzen gentechnisch so verändern, dass sie unempfindlich sind für bestimmte Viruskrankheiten. Deshalb schleusten wir Gene in die Pflanzen ein. Mit ihnen wollten wir verhindern, dass Viren sich in den Pflanzenzellen vermehren können. Das war jedenfalls unser Konzept. Wir machten das Experiment und alles verlief nach Plan. Die Pflanzen wurden resistent gegen das Virus. So weit so gut. Bis wir auf die Idee kamen, nachzugucken, ob das Gen auch korrekt arbeitet. Tatsächlich: Das Gen war da – aber es war stumm ...! Das ergab doch keinen Sinn! Das Gen zeigte Wirkung, obwohl es doch ausgeschaltet war. Bis wir herausfanden: Irgendetwas hatte das Gen ausgeschaltet und gleichzeitig das Virus unschädlich gemacht. Durch diesen merkwürdigen Mechanismus war die Pflanze resistent geworden."* [12] – Gemeinsam mit seinem Kollegen Andrew Hamilton machte sich Baulcombe

---

[12] D. Baulcombe: *„Neuland – Kleine RNAs verändern das Weltbild der Biologie."*, Transkription, in: *ORF Dimensionen – Die Welt der Wissenschaft, 2008*, von: M. Lange / M. Winkelheide; (gilt für zwei Zitate in Folge).

auf die Suche nach der biologischen Ursache für diesen Effekt. Sie fanden schließlich ein kleines RNA-Molekül. Es ist inzwischen berühmt geworden – der erste Vertreter einer neuen Klasse von Molekülen, welche Gene „stumm-schalten" können: Mikro-RNAs. Dieser Mechanismus heißt heute „RNA-Interferenz". Gene stellen Erbinformation dar, codiert auf dem Erb-Molekül DNA. Ist ein Gen aktiv, wird eine Abschrift erstellt: eine sogenannte Boten-RNA. Sie trägt die Information für die Herstellung eines Proteins. Die Mikro-RNAs können einzelne Boten-RNAs erkennen, verbinden sich mit ihnen und zerstören diese, bevor sie ihre Information weitergeben können. *„Wir können heute besser erklären, wie die Aktivität von Genen reguliert wird. Dieses Forschungsfeld entwickelt sich rasant. Sie können sicher sein: Die Biologielehrbücher müssen umgeschrieben werden."*

David Baulcombe und Andrew Hamilton würden in den Lehrbüchern als Entdecker der „RNA-Interferenz" angeführt werden, hätten sie gleich veröffentlicht. Da sie erst prüfen wollten, ob ihre Experimente tatsächlich wiederholbar sind, dauerte es eine Weile, bis sie die Ergebnisse veröffentlichten. Zu lange. Kollegen waren schneller: Craig C. Mello und Andrew Z. Fire hatten damals nämlich denselben Mechanismus entdeckt: an Fadenwürmern der Art „C. *Elegans"* [13] und hatten schneller veröffentlicht. Somit wurden letztlich sie die Entdecker der RNA-Interferenz und erhielten für diese Entdeckung 2006 den Nobelpreis für Medizin oder Physiologie.

Der neue Wissenschaftszweig – die „RNA-Interferenz" – lässt viele Erkenntnisse der Genetik in einem neuen Licht erscheinen. Heute weiß man nicht nur um die Wichtigkeit der genetischen Information auf dem Erb-Molekül, sondern auch um die epigenetische Schlüsselrolle, welche die kleinen RNA-Moleküle bei der Regulation und Steuerung der Gene spielen. Nur wenige Jahre nach deren Entdeckung sind sie zu einem der wichtigsten Instrumente der Wissenschaft und der Biotechnologie geworden und sind aus der Grundlagenforschung nicht mehr wegzudenken. Fachleute meinen, sie hätten bereits heute die Wissenschaft stärker verändert als Stammzellen, Gentherapie oder Klontechnik. Fast jeder auf diesem Forschungsgebiet nutzt

---

[13] *„Caenorhabditis Elegans"*: Siehe Kap. 10, Anm. 8.

heute die RNA-Interferenz. Dennoch: Es sind längst nicht alle Fragen beantwortet. So züchtete ein Forscher in Nizza Gen-Mäuse: genetisch idente Mäuse. Alle Tiere hätten gleich aussehen müssen: braunes Fell, dunkler Schwanz. Aber es gab immer wieder ein paar andere: weiße Pfoten, weiße Schwanzspitzen. Francois Cusin schaute sich die Gene der Mäuse daher genauer an: *„Der Effekt sieht aus wie bei einer genetischen Mutation. Aber es ist nicht das Erbmolekül – die DNA –, die verändert ist. Stattdessen haben wir kleine RNA-Moleküle gefunden und zwar in den Spermien der Mäusemännchen. Das war eine Überraschung! Denn diese RNA-Moleküle waren tatsächlich verantwortlich dafür, dass die Mäuse weiße statt dunkle Schwanzspitzen hatten."* [14]

Auf Grundlage mittlerweile zahlreicher ähnlicher Beobachtungen vermuteten die beiden Forscher, dass es sich dabei nicht nur um eine Kuriosität handelt, sondern um ein neues, unbekanntes biologisches Grundprinzip: dass die Vererbung über kleine RNA-Moleküle steuert. Vererbt werden somit keine Gene, sondern Gen-Aktivitäten. Diese Form der Vererbung jenseits der Gene scheint bei allen Säugetieren vorzukommen – auch beim Menschen. *„Auch in den Spermien von Männern stecken viele kleine RNA-Moleküle. Die Forscher, die das entdeckten, konnten nicht viel anfangen mit ihrem Fund. Wir können ihnen jetzt eine mögliche Erklärung bieten. Die RNA kann im Embryo die Gene an- und ausschalten. Sie steuert also die Genaktivität."* Vom Vater kommen somit nicht nur 50 % der genetischen Anlagen, sondern auch die entscheidenden Aktivitäts-Codes für den Geneinsatz.

Unbekannt allerdings ist noch, auf welche der Gene die RNA, die in den Spermien mitreist, im Detail Einfluss nimmt. Diesbezüglich steht die Wissenschaft noch am Anfang. Das neu entdeckte *„biologische Grundprinzip"* bedeutet nicht nur wissenschaftlich, sondern ebenso kulturell sowie gesellschaftspolitisch eine echte Sensation, mit weitreichenden Konsequenzen. Hier eröffnen sich neue Dimensionen, für jegliche bewusste, individuelle Entwicklung. Unabsehbar! – Alles verweist auf ein unbegrenztes, *„individuell lernfähiges"* Genom.

---

[14] F. Cusin, in: *„Neuland – Kleine RNAs verändern das Weltbild der Biologie."*, Transkription, in: *ORF Dimensionen – Die Welt der Wissenschaft, 2008,* von: M. Lange / M. Winkelheide; (gilt auch für das nächste Zitat in Folge).

Ein Genom, welches über das bereits oben angeführte, epigenetisch induzierte, biologische Grundprinzip bis in die Vererbung hinein unbeschränkte Entwicklungschancen ermöglicht.

So ist es innerhalb kürzester Zeit überraschend still geworden um jene viel zu kurz greifenden Auffassungen darwinistischer Evolutionstheorie und Genetik. Welcher Forscher würde heute noch behaupten, das Genom allein lege fest, was ein (menschlicher) Organismus im Leben erfahren werde? Lern- und Entwicklungsprozesse, bis ins Genom hinein, können Menschen während ihres eigenen Lebens – und bis in ihre Nachkommenschaft – genetisch wachsen lassen! Und das, ohne die für Wandel und Veränderung behauptete Notwendigkeit zufälliger, genetischer Mutation. Dies lässt auch die extrem effizienten Entwicklungsabläufe während der relativ kurzen Zeit der Evolution verständlich werden.

Alteingesessene Festlegungen wissenschaftlicher Dogmatik purzeln heute allerorts. Die nunmehr als wissenschaftlich gesichert geltenden Erkenntnisse weisen uns darauf hin, ja stoßen ein neues Tor weit auf: Jegliche Art der In-*forma*-tion von außerhalb – wie von innerhalb des Organismus – hat AUF und IN unserem Organismus maßgeblichsten Einfluss auf unsere Entwicklung! Sei dies nun über Nahrung oder sonstige auf den Organismus wirkende Einflüsse: Hierzu zählen auch mentale Überzeugungen und deren wirksame Einflüsse, transportiert über Peptide und Hormone etc., wie sie zum Beispiel auch bei Placebowirkungen auftreten [15]. So konnte bei Forschungen an identen Genomen von Menschen – ein-eiigen Zwillingen – die entscheidende Bedeutung unterschiedlicher Ernährungsgewohnheiten („*Man ist, was man isst!*") sowie Lebenseinstellungen nachgewiesen werden. Diese haben ihre Bedeutung nicht nur für gesundheitliche Belange des gegenwärtig lebenden Organismus – sondern auch für das weiterzugebende Erbgut.

Seit die wissenschaftlichen Augen der Forscher dafür geöffnet sind, häufen sich die entdeckten Fakten genetisch-epigenetischer Wirkungen auf das Leben der Organismen und ihr Erbgut. Dass die Natur zunächst allerdings offensichtlich keinerlei Auswahl der Wirkungen vornimmt – es wirken sowohl lebensförderliche als auch lebenshinderliche Faktoren

---

[15] Siehe Kap. 9, Anm. 1-3, 21.

über diesen epigenetischen Mechanismus bis ins Genom – weist auf die entscheidende Bedeutung unseres Bewusstseins hin sowie auf die Notwendigkeit bewusst ergriffener Eigen-Verantwortung: *Kümmern wir uns doch um unsere normativen Muster, alias Lebens-Haltungen!* Es bedarf fühlender Wertschätzung gegenüber uns und dem eigenen Leben, um nötige Neujustierungen epigenetisch wirksam werden zu lassen und zu verankern – auch für eine zukünftige Menschheit.

Abschließend nochmals der Genetiker Murakami, der bereits 1997, lange vor der fachlichen Anerkennung der oben beschriebenen epigenetischen Forschungserfolge, in der japanischen Erstausgabe des Buches *„Inochi No Angou"*, wie folgt formulierte: *„Meine Experimente und die anderer Wissenschaftler haben gezeigt, dass Umwelt und andere Faktoren die Funktionsweise unserer Gene verändern können. Auf den Punkt gebracht wissen wir jetzt, dass schlafende Gene aktiviert werden können. Wenn es um die Umwelt oder äußere Reize geht, denkt man in materiellen Begriffen, ich aber beziehe auch die psychologische Ebene mit ein:* **Die Auswirkungen psychologischer Stimuli oder Traumata auf unsere Gene – mit anderen Worten die Verbindung zwischen Genen und Geist – rücken zunehmend in den Blickpunkt des Interesses.** [16] *... Das Ergebnis kann unterschiedlich ausfallen, je nach der Einstellung die die jeweilige Person hat. ... Hier existieren Indizienbeweise, die es untermauern. Ich bin der Überzeugung, dass weitere Forschungen in naher Zukunft die Auswirkungen unseres psychologischen Zustands auf unsere Gene aufzeigen werden können."* [17]

Gerade von diesem Gesichtspunkt betrachtet, können praktikable Klarheit und intuitive Einfachheit ausgewählter Bewusstseins-Übungen gar nicht hoch genug eingeschätzt werden. Dies wird jedem, der sich darauf einlässt, innerhalb weniger Coaching-Stunden deutlich, da die integrative Wirkung jedes Mal unmittelbar gefühlt werden kann. Dann, wenn der eigene Geist wieder ungehindert die Seele durchdringt, die eigene Wertschätzung fühlbar wird und das individuelle Wohlbefinden, bis in die Physiologie hinein, sich gesundend zu ändern beginnt.

---

[16] Siehe auch die Bewusstseins-Übung „Enttäuschung" auf der nächsten Seite.

[17] K. Murakami: *„Der göttliche Code des Lebens – Ein neues Verständnis der Genetik.",* Güllesheim 2008, S. 14.

Bewusstseins-Übung: „*Enttäuschung*" (Unbedanktes mal anders)

Wir haben Menschen in unserem Leben maßgeblich enttäuscht, andere haben uns maßgeblich enttäuscht. Wir sind da voller Bewertungen, Widerstände und Aggression. Auf den ersten Blick mag das verständlich erscheinen. Wer kennt es nicht, dieses Vorwurfsvolle: „*Da hast Du mich einfach zutiefst enttäuscht!*" – Oder auch das eigene Gefühl, die eigene Emotion, selbst tief enttäuscht worden zu sein?!

Vor Kurzem fiel mir ein kleines Blatt, keine 10 x 10 cm, in die Hände. Darauf fand ich (m)eine handschriftliche Notiz: „*Ich lerne jede Ent-Täuschung auf meinem Lebensweg als hilfreiche Unterstützung erkennen und lieben.*" Ich selbst hatte den Satz vor Jahren im Zuge der Aufarbeitung einer biographischen Situation notiert, mit Bleistift in fahriger Schrift. Zwischen anderen Blättern herausgerutscht. Lächelnd las ich diesen Satz. – Daraus ließe sich doch eine Übung machen ... ☺

Was also hat es mit „Ent-Täuschungen" so alles auf sich ...?

Übungs-Teil A:

Welche schweren Enttäuschungen im Leben kannst Du erinnern und beeinflussten massiv Dein Leben? – Wer löste sie aus? – Was war es?

a)

b)

c)

Übungs-Teil B:

Welche Enttäuschung (Nimm eine!) beeinflusst momentan Dein Leben?

Inwiefern hat Dir diese Enttäuschung, im Sinne einer „Ent-Täuschung" durchaus gedient? Was war das (verborgene) „Geschenk-des-Lebens" dieser Situation? Was konnte bzw. könnte sich dadurch noch positiv ändern? Sei kreativ, forsche außerhalb der gängigen Denkschemata.

Tabelle:

1.)

2.)

3.)

etc.)

Was hast Du für Dich mittels dieser Übung erkannt?

Kapitel 8: Immunsystem

Funktionszusammenhänge im menschlichen Immunsystem

Univ.-Prof. Gerhard Zlabinger: *„Das Immunsystem hat viele Facetten, wie es reagieren kann. Aber je nach Information, die an das Immunsystem herangetragen wird, wird eben dieses Immunsystem dann in entsprechender Weise reagieren."* [1] *„Es ist erstaunlich vor wie vielen verschiedenen Erregern oder Schadstoffen unser Immunsystem schützt und das sehr, sehr effizient."* [2] Daran beteiligt sind nicht nur die weißen Blutkörperchen [3], sondern auch Antikörper und Botenstoffe sowie die Organe unseres Lymphatischen Systems: Knochenmark, Thymus, Milz, Lymphknoten, Mandeln sowie lymphatische Zellen an den möglichen Haupteintrittspforten von körperfremden Mikroorganismen, also am Verdauungs-, Atem- und Urogenitaltrakt. Die unterschiedlichen Typen weißer Blutkörperchen, werden im Knochenmark, im Thymus oder in der Milz gebildet und gelangen letztlich ins Blut.

Die große Frage sei noch immer, so Gerhard Zlabinger, Leiter des Instituts für Immunologie der Med-Uni Wien, *„Wer ..."* (bzw. welche Information) *„... diesen Zellen nach dem Entstehen sagt, wo sie hinwandern sollen, wo sie aus dem Blutkreislauf aussteigen sollen"* (Denn auch das tun sie!). [4] Und wohin sie dann weiterwandern sollen.

Wie wird das lokale Milieu für derart komplexes Verhalten hergestellt? Woher kommt Information und setzt Impulse, ob und wie eingegriffen wird? Mehr und mehr weisen die Fakten darauf hin, dass Botenstoffe des Nervensystems das Immunsystem beeinflussen und umgekehrt, Botenstoffe des Immunsystem die Funktion des Nervensystems.

In-*forma*-tions-Fluss, wie er komplexer kaum sein könnte, steht hier unter wissenschaftlicher Beobachtung. Dem aktuellsten Zweig der

---

[1]   G. Zlabinger, in: *„Von Killerzellen und Antikörpern – Das menschliche Immunsystem."*, Transkription, in: *ORF Radiokolleg, 2009*, von: E. Schütz; Siehe *„In-forma-tion / Bd. 2"*, Kap. 12: *Was ist Leben?* – Phänomene und Symptome, Anm. 13-17.

[2]   B. Grubeck-Loebenstein, in: *„Von Killerzellen und Antikörpern – Das menschliche Immunsystem."*, Transkription, in: *ORF Radiokolleg, 2009*, von: E. Schütz.

[3]   Siehe *„In-forma-tion / Bd. 2"*, Kap. 7: Gefühle, Anm. 5, 6.

[4]   G. Zlabinger, in: *„Von Killerzellen und Antikörpern – Das menschliche Immunsystem."*, Transkription, in: *ORF Radiokolleg, 2009*, von: E. Schütz.

medizinischen Wissenschaft, der „*Psychoneuroimmunologie*" [5] gelingt es, die psychosomatischen Wurzeln jeglicher Erkrankung schlüssig nachzuweisen. Es ist ein gleichermaßen spannendes wie komplexes Forschungsfeld. Vornehmlich deshalb, da beide Systeme für sich betrachtet extrem kompliziert sind und ihre Vernetzung sowie ihr Austausch die Sache nicht gerade einfacher machen. So ist es gegenwärtig zentraler Inhalt dieser Forschung, die mittlerweile anerkannten Zusammenhänge auch bezüglich ihrer sehr detaillierten Funktionsmechanismen zu erforschen und dingfest zu machen.

Nicht weniger komplex ist auch der Prozess, durch den Zellen, im Speziellen die T-Zellen, die Fähigkeit erlangen, zwischen *körper-eigen* und *körper-fremd* zu unterscheiden. Von dieser Fähigkeit hängt ab, ob das Immunsystem körpereigene Strukturen, die keine Gefahr darstellen, unangetastet lässt. Dabei müsse man wissen, so die Immunologin Dr.[in] Beatrix Grubeck-Loebenstein, Professorin der Österreichischen Akademie der Wissenschaften: „*Die T-Zelle verlässt im Unterschied zu anderen hämatopoetischen Zellen das Knochenmark nicht als reife Zelle, sondern als unreife Zelle und wandert dann zum Thymus, das ist ein drüsenartiges Organ, das vor dem Brustbein gelagert ist und die T-Zelle kann nur dort eine reife Zelle werden, also voll funktionsfähig.*" [6]

Das Immunsystem ist neben dem Gehirn das komplexeste System jedes Organismus. Nicht zuletzt, weil es im ganzen Körper präsent ist. Und: Das individuellste ist es aus heutiger, wissenschaftlicher Sicht allemal. Auch finden im Immunsystem die verblüffendsten Prozesse statt. Mit der Thymusdrüse z.B. hat das Leben und seine In-*forma*-tion für unseren Organismus, eines der medizinisch außergewöhnlichsten Organe erschaffen. Ein Ort, wo die neu gebildeten und stets unreifen Immunzellen spezifische Lernfelder, Trainings- und Erkennungsfelder, vorfinden, um für ihre spätere Schutzfunktion individuell gerüstet zu sein! Hier im Thymus, so Ludger Klein, Professor für Immunologie der Ludwig Maximilians Uni München, lernen T-Zellen zwischen selbst

---

[5] Siehe selbes Kapitel, Anm. 16-28; Siehe Kap. 9, Anm. 8

[6] B. Grubeck-Loebenstein, in: „*Von Killerzellen und Antikörpern – Das menschliche Immunsystem.*", Transkription, in: *ORF Radiokolleg, 2009*, von: E. Schütz; Siehe „*Jn-forma-tion / Bd.2*", Kap. 12: *Was ist Leben?* – Phänomene und Symptome, Anm. 13.

und fremd zu unterscheiden. Es wird sozusagen abgetestet: *Bin ich eine gute oder bin ich eine schlechte Zelle?* Die sozusagen „schlechten" T-Zellen sind die, die eine körpereigene Struktur angreifen. Und das zeigt sich dem Thymus als diesbezüglich organisierendes Organ, in einer vorab organisierten Qualitätsprüfung und Auswahlverfahren.

Im Thymus sind die jugendlich-unreifen T-Zellen in der Lage, die körpereigenen Strukturen in Vorbereitung auf ein späteres Einsatzfeld schon „probehalber" kennenzulernen. Univ.-Prof. Klein und sein Team fanden heraus, dass der Thymus selbst alle derartigen Zellstrukturen produzieren kann, die normalerweise lediglich in ganz bestimmten Organen wie etwa im Auge oder im Magen vorkommen. Man darf den Thymus somit berechtigterweise als eine Art „physiologischen Simulator" bezeichnen. Zeigen solche T-Zellen (Abkürzung für: „Thymus-abhängige Lymphozyten"; KP.) in diesem „Trockentraining-im-Thymus" die Eigenschaft Körpereigenes anzugreifen, so erhalten sie durch Thymus-eigene Botenstoffe (Peptide), den Auftrag zur Selbsttötung. Im Thymus werden T-Zellen also auf immunologische Toleranz getrimmt.

Es gibt aber noch ein weiteres Standbein für den Erwerb immunologischer Toleranz: Potenziell gefährliche T-Zellen werden im Thymus auch umerzogen. Dann spricht man von „regulatorischen T-Zellen". Professor Klein: *„Also ist der Thymus schon mehr als nur ein Kindergarten. Hier wird bereits ordentlich geschult. Die im Thymus umerzogenen, regulatorischen T-Zellen haben jedenfalls die Aufgabe, überzogene oder gegen körpereigene Strukturen gerichtete Immunreaktionen einzubremsen."* [7]

Falls bei einem Menschen aber nun eine so genannte Autoimmunerkrankung wie Multiple Sklerose oder Typ1-Diabetes auftritt, muss man sich fragen, warum und wo da etwas schief läuft, bei einer so genial geschaffenen Erziehung der T-Zellen. Wo im Organismus kam diese eventuelle Fehlinformation her. Oder ist da etwa im Blut, wo die reifen T-Zellen zirkulieren, die Toleranz fehlgeleitet worden? Die Forscher haben heute noch keine Informationen, warum sich die

---

[7] L. Klein, in: *„Von Killerzellen und Antikörpern – Das menschliche Immunsystem."*, Transkription, in: *ORF Radiokolleg, 2009*; (gilt auch für das nächste Zitat in Folge).

eine autoaggressiv reagierende T-Zelle selbst liquidiert, die andere aber eine sogenannte „regulatorische T-Zelle" wird. Man versucht daher zu erforschen und zu lernen, wie man aus einer autoaggressiven T-Zelle, eine „gut-getrimmte" machen kann. Ludger Klein: *„Es gibt z.B. Autoimmun-Diabetes-Modelle bei Tieren, und wenn man in diese Mäuse regulatorische T-Zellen, die experimentell hergestellt worden sind, reingibt, dann kann man damit Typ1-Diabetes unterdrücken."*

Medizinisch betrachtet ziemlich überraschend, beginnt sich der Thymus bereits bald nach der Geburt zurück zu entwickeln. Spätestens ab 40 / 50 Jahren muss jeder Mensch ohne seinen Thymus auskommen. Daher gibt es Versuche, den Thymus durch einen Immunbotenstoff (Interleukin 7) in späteren Jahren wieder zum Wachsen zu bringen.

Trotz enormer Fortschritte der letzten Jahre ist die immunologische Forschung weit entfernt, all die faszinierenden Steuerungs-Prozesse zu verstehen, mit denen das Immunsystem sich selbst steuert und entwickelt. Irgendwie wird über vielfältige und höchst individuelle Prozesse, Information generiert, welche den Zellen hilft, das rechte Maß in ihren Abwehrreaktionen zu finden. Dies gelingt nicht immer, sondern führt mitunter zu fehlgeleiteten Reaktionen wie Autoimmun-Erkrankungen, wo Botenstoffe im Immunsystem gegen körpereigene Strukturen mobil machen, oder sich bei Krebs als machtlos erweisen. Ein Zeichen für die Fragilität im sensiblen Bereich immunologischer Prozesse. Von wo gehen diese Fehl-Informationen aus? Die Psychoneuroimmunologie bietet dafür neuartige, systemische Antworten. [8]

Frappant ist auch, dass unser Immunsystem offenbar in der Lage ist, eine Art „Gedächtnis" zu entwickeln. Univ.-Prof. Martha Eibl von der Uni Wien: *„Das Immunsystem hat die Fähigkeit, mit ganz wenigen Zellen auf ein Anti-Gen zu reagieren. Diese Zellen werden aktiviert, vermehren sich beim ersten Kontakt und bilden einen ganzen Stab von Gedächtniszellen. ... Das ist das Prinzip, das wir bei den Impfungen benützen."* [9] Auch hier gilt: Informationen erschaffen Informationen,

[8] Siehe selbes Kapitel, Anm. 17f; Siehe *„Jn-forma-tion / Bd.2"*, Kap. 12: *Was ist Leben?* – Phänomene und Symptome, Anm. 7.

[9] M. Eibl, in: *„Von Killerzellen und Antikörpern – Das menschliche Immunsystem."*, Transkription, in: *ORF Radiokolleg, 2009*, von: E. Schütz.

erschaffen Informationen.... Eine Kaskade von Botenstoffen organisiert Erhalt und Schutz des Organismus. Manchmal aber auch seinen eigenen Untergang.

Die reduktionistische Sichtweise, mittels Impfungen „Informationen" zielgenau ins Immunsystem einzuschleusen, hat sich stark gewandelt. So ist laut Christoph Binder, vom Forschungszentrum für Molekulare Medizin der Österreichischen Akademie der Wissenschaften, bei allen Vorteilen von Impfungen auch Vorsicht angesagt. Man greife damit in hochgradig komplexe Zusammenhänge ein, wo man „*eigentlich oft gar nicht weiß, was man noch außer der spezifischen Immunreaktion, die man verursachen möchte, an Folgewirkungen dieser Immunreaktion auslöst.*" [10] – Corona verstärkte die diesbezüglich Fragehaltung weiter.

Ähnlich auch die Sicht des Professors für Immunologe der Uni Heidelberg Dr. Stefan Meuer: „*So ein Impfstoff macht mehr, als nur die Schutzwirkung auszulösen! ... Das Immunsystem hat ganz lebenswichtige Aufgaben ... und wir kennen das ja, dass die Langzeitnebenwirkungen von Medikamenten, mit denen man das Immunsystem behandelt, schwerwiegend sind.*" [11]

Ganz entsprechend der kanadische Medizinhistoriker und Professor an der University of Toronto, Dr. Edward Shorter: „*Da es sich beim Immunsystem um ein derart komplexes System handelt, kann man sich natürlich leicht vorstellen, dass die geringste Veränderung an einer Zellpopulation, ... natürlich mit Folgeerscheinungen vergesellschaftet ist, die dann viele andere Zellen auf den Plan ruft. Die dann selbst wieder versuchen, dem gegenzusteuern. Bei einer derart komplexen Situation ist es auch sehr schwierig vorauszusagen, was passieren wird, wenn ich irgendwo an einer kleinen Stellschraube irgendwas verändere.*" [12]

Soweit einige namhafte Forscherpersönlichkeiten zu manch fachlicher Unbekümmertheit. – Impfungen „*schrauben*" am Gesamtsystem und manipulieren massiv die im System kursierende, hochgradig individuelle In-*forma*-tion. Nochmals der Immunologe Stefan Meuer: „*Was dann passiert, ist sehr, sehr individuell unterschiedlich und das*

---

[10] C. Binder, ebenda.

[11] S. Meuer, ebenda.

[12] E. Shorter, ebenda.

wird auch so bleiben. Es ist bewusst so gemacht. Denn dadurch, dass wir uns voneinander unterscheiden, sind wir nicht alle auf einmal angreifbar und auszulöschen. Ja das trifft immer nur Einzelne, es ist dies eine Überlebensstrategie der Natur." [13]

Mittlerweile wird seit längerem – und das bereits lang vor Corona – ein medizinisch vermuteter Zusammenhang zwischen Impfungen und dem signifikanten Ansteigen von Allergien wissenschaftlich diskutiert. Vor dem Hintergrund geht es medizinisch betrachtet um eine seriöse „Nutzen-Risiko-Abschätzung", wie Univ.-Prof.in Fatima Ferreira, Allergologin und Professorin im Fachbereich Molekulare Biologie der Uni Salzburg sowie Österreichs Wissenschaftlerin-des-Jahres (2008), meint: *„Es ist keine Frage, dass Schutzimpfungen an sich hilfreich sind, denn dadurch konnte die Kleinkindersterblichkeit gesenkt werden. Auf der anderen Seite stellt sich die Frage: Lernt das Immunsystem dasselbe, egal ob es sich mit geimpft abgeschwächten Erregern auseinandersetzt oder gegen die volle Erkrankung ankämpft?*" [14]

Die Immunologie ist ein Forschungszweig, der in ganz besonderem Maße im Fluss ist. Informations-Träger, Botenstoffe der unterschiedlichsten Art, werden entdeckt. Die regulatorischen T-Zellen sind nur ein Beispiel dafür. Als wissenschaftliche Sensation darf gewertet werden, dass sogar noch im Jahr 2009 und darüber hinaus, bislang unbekannte, neue Immunzellen identifiziert wurden: die sogenannten TH17-Zellen: ein entscheidendes *Missing-Link* der Immunologie sozusagen.

Nur so geht es in der wissenschaftlichen Forschung auch voran. Dazu der Quantenphysiker Anton Zeilinger im Interview anlässlich der Eröffnung des „IST-Austria", des österreichischen *Institut of Science and Technology*: *„Forschen heißt: Fragen stellen. Und nur so geht Forschung vor sich.*" [15] Ja, fragen! – Durchaus auch unvoreingenommen und ungeniert: Z.B.: **Inwiefern Psyche und Geist – dieses „In-forma-tions-Konglomerat" im eigenen Bewusstsein – krank oder aber auch gesund macht?**

---

[13] S. Meuer, in: *„Von Killerzellen und Antikörpern – Das menschliche Immunsystem.*", Transkription, in: *ORF Radiokolleg, 2009*, von: E. Schütz.

[14] F. Ferreira, ebenda.

[15] A. Zeilinger, in: *ORF Ö1-Mittagsjournal, 30.5.2009*, Transkription eines Interviews.

Psychoneuroimmunologie. – Von In-forma-tionen aus der Psyche

Der neue Forschungsbereich der Psychoneuroimmunologie [16] ging aus der Psychosomatik hervor. Er ermöglicht heute völlig neuartige Einsichten. Geklärt ist mittlerweile, wie Nerven-, Hormon- und Immunsystem kommunizieren und wie sie sich gegenseitig beeinflussen. „Das Leben" hat jene In-forma-tionen, die aus unserer Psyche kommen, in ihrer Bedeutung für hochsensible Immun-Prozesse enorm einflussreich ausgestattet. Um zu unterstützen, aber auch mit dem Risiko zu schädigen. Ganz entsprechend versucht es eine der wesentlichen Pioniere der Psychoneuroimmunologie, Candace Pert, in Worte zu fassen: „So entsteht vor unseren Augen das Bild eines ‚mobilen Gehirns' – eines Organs, das sich durch unseren ganzen Körper bewegt und seinen Sitz überall zugleich hat – beileibe nicht nur im Kopf." [17]

In seinem Aufsatz „Was ist Psychoneuroimmunologie?" fasst der Psychologe, Univ.-Prof. Ulrich Kropiunigg von der Med-Uni Wien, jene Fragen zusammen, von denen das große Interesse für die Psychoneuroimmunologie ausgeht: „Warum erkrankt nicht jeder bei gleicher Disposition an Tuberkulose, bei Nachweis des „Heliobacter Pylori" an Magengeschwüren, bei Vorliegen eines Rheumafaktors an Rheuma? Warum erkrankt jemand gerade dann an einer Monate dauernden Infektion, seit eine ambivalente Liebesbeziehung begonnen hat? Warum bekommt jemand einen Asthmaanfall am Heimatbahnhof nach jahrelanger Anfallsfreiheit, oder verändert sich die Symptomatik von chronischer Rhinitis zur Neurodermitis, seit eine unerwiderte Liebesbeziehung nach monatelangem Kampf aufgegeben wurde?" [18]

Unser Immunsystem wird also ganz offensichtlich nicht nur über Botenstoffe dieses Immunsystems beeinflusst. Folgt man Univ.-Prof. Christian Schubert, dem Leiter der Arbeitsgruppe für Psychoneuroimmunolgie des Deutschen Kollegiums für Psychosomatische Medizin

---

[16] Siehe Kap. 9, Anm. 8; Siehe „In-forma-tion / Bd.2", Kap. 7: Gefühle, Anm. 7 sowie Kap. 12: Was ist Leben? – Phänomene und Symptome, Anm. 7f.

[17] C. Pert: „Moleküle der Gefühle – Körper, Geist und Emotionen.", Reinbeck 1997, S. 10.

[18] U. Kropiunigg, in: „Psychoneuroimmunologie – Neue Erklärungsmodelle für Krankheit und Gesundheit.", Transkription, in: ORF Dimensionen – Die Welt der Wissenschaft, 2008, von: E. Schütz.

(DKPM) Berlin, gibt es *„heute auch bereits eine gute Datenlage, dass chronischer Stress oder Depression das Immunsystem beeinflussen."* [19] Immunzellen wachsen unter Stress signifikant schlechter. Der Organismus aber braucht sie im Krankheitsfall. Auch Wunden heilen nachweislich unter Stress schlechter. Selbst latente Virusinfektionen, die symptomlos im Körper schlummern, können so reaktiviert werden. Auch kann ein Immunsystem, das bei Krebs massiv gegen entartete Zellen vorgeht, immunspezifisch depressiv machen. Andererseits kann

Auch eine mental bedingte Depression das Immunsystem schwächen. So konnte durch ein Experiment gezeigt werden, dass Menschen, die unter psychischer Belastung standen, nach einer Impfung weniger Antikörper bildeten als jene, denen es – experimentell herbeigeführt – gut ging. Eine andere Studie bestätigt, dass Menschen, die sich seelisch wohlfühlen, deutlich geringere Blutspiegelwerte an Interleukin 6, das an chronischen Entzündungen beteiligt ist, aufweisen. Für dieses stärkende, eudaimonische Wohlbefinden ist nach Univ.-Prof. Schubert das Folgende entscheidend: *„Positive soziale Beziehungen sind der Faktor, der das Immunsystem in positive Richtung bringt."* [20]

Eudaimonisches Wohlbefinden. – Psychomentale Faktoren

Forscher fanden auf der Suche nach Faktoren, welche Entzündungs-prozesse einbremsen können, heraus, dass eine bestimmte Art des Wohlbefindens, die Ausschüttung von Interleukin 6 senken kann. Hier unterscheidet die Soziopsychologie zwischen eudaimonischem Wohlbefinden und hedonistischem Wohlbefinden. Univ.-Prof. Carol Ryff, Leiterin des *„ Institute on Aging"* und Professorin für Psychologie der Uni Wisconsin hat ihr Konzept bereits 1989 veröffentlicht. [21]

Hier nun ein kurzer Blick zur Wohlbefindens-Idee: Hedonistisches Wohlbefinden zielt auf „komme-was-da-wolle" Unternehmungen ab, die dem reinen Lustprinzip frönen. Eudaimonisches Wohlbefinden entsteht aber zum Beispiel durch längerfristiges Erschaffen selbstge-

---

19 Siehe *„Jn-forma-tion / Bd.2"*, Kap. 4: Überzeugungs-Netze und Leben, Anm. 3, 4.

20 C. Schubert, in: *„Psychoneuroimmunologie – Neue Erklärungsmodelle für Krankheit und Gesundheit."*, Transkription, in: *ORF Dimensionen–Die Weltd. Wissenschaft, 2008.*

21 http://psych.wisc.edu/faculty/bio/ryff; http://midus.wisc.edu/miduspis/ryff.php .

steckter Ziele, im Erleben und Finden eines persönlichen Sinns im Leben, auch im Zusammenhang mit längerfristigen Beziehungen. Hedonisten leben somit für spontane Lust und Erfolg. Während eudaimonische Menschen stärker auf Beziehung und langfristige Selbstverwirklichung hin orientiert leben. Es zeigt sich nun in klinischen Studien, dass Menschen, die eher eudaimonisches Wohlbefinden gelebt haben und leben, im Blut verringerte Interleukin 6-Werte aufweisen. Dies steht ganz im Gegensatz zu hedonistischen Personen oder jenen, die sich überhaupt schlecht fühlen. [22]

Folgt man den Fakten, kann man sagen, dass psychosoziale Faktoren offensichtlich für unsere Immunität von größter Bedeutung und in höchstem Maße prägend sind. Im Alter – aber wohl nicht nur im Alter – spielen neben funktionierenden, guten sozialen Beziehungen auch Autonomie (das Gefühl, nicht unter dem Einfluss oder seelischem Druck von anderen zu stehen), Selbstakzeptanz und seinen Lebenssinn gefunden zu haben, mit, um eudaimonisches Wohlbefinden zu bewirken und damit das Immunsystem stärken.

Univ.-Prof. Gerhard Zlabinger äußert sich im fachlichen Interview so: *„Das Immunsystem ist sicherlich in sehr, sehr großem Ausmaß abhängig von allen Informationen, die an das Immunsystem herangetragen werden. Da gibt es sehr viele Faktoren, die auf das Immunsystem Einfluss haben. ... Insofern ist es natürlich vorstellbar, dass hier, welche Mediatoren auch immer hier einwirken, diese das Immunsystem beeinflussen können.“* [23]

Und Candace Pert fasst ihre eigenen Forschungen so zusammen: *„Ich möchte deutlich machen, dass wir es mit einem ‚Zwei-Wege-Kommunikationssystem‘ zu tun haben. Gewiss, die Ausschüttung von Endorphinen kann Schmerzlinderung und Euphorie bewirken. Umgekehrt können wir aber durch unsere Geistesverfassung eine Endorphinausschüttung veranlassen. ... Ich denke mir die mentalen Phänomene gerne als Boten, die Information und Intelligenz aus*

---

[22] Aus: *„Psychoneuroimmunologie – Neue Erklärungsmodelle für Krankheit und Gesundheit.“*, Transkription, in: *ORF Dimensionen – Die Welt der Wissenschaft, 2008*; Siehe *„In-forma-tion / Bd.2“*, Kap. 8: Vertrauen, Anm. 8-15ff sowie Kap. 11: Bildung der Zukunft – ein Ausblick, Anm. 18, 19.

[23] A. Zeilinger, ebenda.

der immateriellen Welt in den Körper bringen, wo sie sich durch ihr physisches Substrat, die Neuropeptide, manifestieren." [24]

Es scheint letztlich daran zu liegen, welche Haltungen wir absichtsvoll einnehmen wollen. Was wir über uns, über andere, aber auch über das Leben „glauben". Einmal mehr ist es nicht die Frage: *Was soll ich glauben?!* – sondern: *Was WILL ich glauben?* [25]

Patrick Bahners, Redakteur für Geistes- und Sozialwissenschaften der FAZ, spricht auf einem hochdotierten Wissenschaftler-Symposion Wesentliches an: *„Jedesmal, wenn wir einen Zweck verfehlen, müssen wir entscheiden, ob wir alles, was wir für wahr gehalten haben, auch weiterhin für wahr halten wollen. Wenn wir Wahrheiten aufgeben, werden wir unserer Identität zuliebe, mit **den** Wahrheiten anfangen, die für unser Leben die geringste Bedeutung haben und erst zuletzt die Wahrheiten aufgeben, die für unser Leben fundamental sind. ... Was wir weiterhin für wahr halten, hängt nicht von der Sache ab, sondern von unseren Zwecken. ... Für die Spieler hat ihr Spiel einen Sinn, den Sinn, den sie ihm geben."* [26]

So läuft letztlich alles auf uns selbst hinaus. Und in weiterer Folge auf unsere Bereitschaft, uns von der meist uneingestanden „un-guten Lebensführung" zu verabschieden, und sich-selbst-liebevoll-soviel-wert-zu-sein, um sich eine neue Lebensausrichtung zu geben. [27] *Wie richte ich mich selbst neu aus – und auf!?* – Bin ich bereit, mir liebevoll, innerlich ein mentales Seelen-Milieu zu schaffen, das ich nicht beständig durch weiterhin Stress produzierendes und subtil-unterdrückendes Bemühen meine aufrechterhalten zu müssen, nur um für mich und andere anders zu (er)scheinen, als ich bislang bereit bin zu sein?! Dafür reicht sogenanntes „*Positiv Denken*" nicht aus. Denn „*Positiv-Denken*" praktizieren doch nur diejenigen, die untergründig gerade Gegenteiliges fühlen! Und: Fühlen wirkt physiologisch

---

[24] C. Pert: „*Moleküle der Gefühle – Körper, Geist und Emotionen.*", Reinbeck 1997, S. 478.

[25] Siehe Kap. 9, Anm. 13.

[26] P. Bahners: „*Vom Schicksal der Wahrheit nach der Dekonstruktion.*", in: H. Thomas: „*Naturherrschaft – Wie Mensch und Welt sich in der Wissenschaft begegnen.*", Köln 1990, S. 230f.

[27] Siehe Bewusstseins-Übung „*Hänsel und Gretel im Glück*" am Ende dieses Kapitels.

grundsätzlich stärker als Denken. Im Gegensatz zu „bemühen" aber durchaus angebracht: Beharrlichkeit! Beharrlichkeit im Umgang mit dem eigenen Wohlwollen und dem Glauben an sich selbst. Dazu die Psychoneuroimmunologin Candace Pert: *„Die Tendenz unsere Gefühle außer Acht zu lassen ist eine ideologische Altlast, ein Restbestand des immer noch herrschenden Paradigmas, das den Blick lediglich auf die materielle Ebene der Gesundheit, die Körperlichkeit, einengt. Dabei sind die Gefühle ein Schlüsselelement der Selbstvorsorge. Nur durch sie können wir uns ins Gespräch des Körpergeistes einmischen."* [28]

Keine Psychotherapie und keine Entspannungsübung, aber äußerst effizient: *praxisorientierte Bewusstseins-Übungen im Coaching.* Wer es selbst getan und infolge die Konsequenzen im täglichen Leben erfahren hat, kann ermessen, was diesbezüglich verwandelt wird. Die Integration derart „heil-loser Muster" im Bewusstseins-Coaching hat nichts mit subtiler Ablehnung oder Unterdrückung seelischer Haltungen aus Angst oder Vermeidung zu tun: In Übungen wird etwas „ins-Fühlen" gebracht und aus dem Widerstand des Nicht-fühlen-und-nicht-erleben-Wollens erlöst. [29] Danach hat auch jegliches „gut-meinende Bemühen" ausgedient. [30] Aber Vorsicht: *Beharrlichkeit ist damit nicht gemeint!* Beharrlichkeit steht auf einem ganz, ganz anderen Blatt als Bemühen! Beharrlichkeit ist eine Kraft, die weiß, was sie erreichen will.

Dann ist der Weg vielleicht irgendwann frei für echte Veränderung im Bewusstsein und Verantwortung fürs eigene Sein. Der persönliche Tanz-um-das-Goldene-Kalb „Selbstbild" und der krampfhafte Versuch, es be-müht abzusichern, weicht mühe-losem Sein: Integrität IST.

Abschließend die scheinbare Binsenweisheit als Motto systemischer Verhaltenstrainings und Coachings: *„Wer etwas ändern will, muss etwas verändern."* [31] Dies bedeutet: *zu „Fühlen": Das Unerquickliche als zur eigenen Verantwortung gehörend anzunehmen: Integration = Anerkennung = zu-sich-Nehmen = Veränderung.*

---

[28] C. Pert: „*Moleküle der Gefühle – Körper, Geist u. Emotionen.*", Reinbeck 1997, S. 436.

[29] Siehe „*In-forma-tion / Bd. 2*", Kap. 7: Gefühle, Anm. 20-24 sowie Kap. 8: Vertrauen, Anm. 9.

[30] Siehe „*In-forma-tion / Bd. 2*", Kap. 4 Überzeugungs-Netze und Leben, Anm. 6-7.

[31] Siehe Kap. 10, Anm. 19.

Bewusstseins-Übung: „Hänsl & Gretl im Glück"

In dieser Übung geht es darum, jene in einem selbst angelegten Core-Values, die eigenen Herzens-Anliegen, aufzufinden, um sie anschließend – und freien Willens – zu vertiefen und zu ankern. So entsteht Bewusstseins-Entwicklung wortwörtlich „wie-von-Selbst". Und das nachhaltig. Sie zu erkennen, anzuerkennen und in ihrer Kraft und Wahrheit zu fühlen, ist entscheidend! So werden Core-Values im Leben real wirken, ohne lediglich auf äußere Autoritäten gegründet zu sein.

Jeder kennt wahrscheinlich die Geschichte „Hans im Glück". Dabei geht es in gewisser Weise um den Sinn von Geben und Nehmen Und dann: ein klares Bewusstsein der eigenen Prioritäten im Leben (oder auch in der eigenen Beziehung) zu erlangen. Frage Dich worauf Du eindeutig *nicht* verzichten willst, z.B. *Sozialität, Freude* oder *Selbstbestimmtheit*; auch *Klarheit, Heilung* etc. Finde Deine wichtigen Wahrheiten.

Anleitung:
a) Was ist Dir WIRKLICH wichtig im Leben (in der Beziehung)? Notiere dazu 10 Punkte wie: *Entschlusskraft; Vertrauen; ich selbst* ☺.

Lies bitte noch nicht weiter, bevor Du Deine Liste fertiggestellt hast!

1)
2)
3)
4)
5)
6)
7)
8)
9)
10)

b) Reduziere die 10 Punkte auf die Dir wichtigsten 5; markiere sie.
c) Finde aus den 5 Punkten die eigenen Top 3. Schreibe sie für Dich auf.
d) Auf welchen EINEN von diesen 3 Punkten kannst / willst Du auf keinen Fall verzichten?
e) Zu welcher persönlichen Einsicht, oder gar eigenverantwortlichen Absicht bist Du durch die Übung gekommen? Schreib sie JETZT auf.

Core-Values

Core-Values, Kern-Werte, etwas wie HerzensAnliegen sind gemeint. Diese wiederzufinden ist die Aufgabe. Keine Blauäugigkeit und auch kein Gutmenschentum – Echtheit ist gefragt. Wer einmal den Mut gefunden hat, echt zu sein und seine Core-Values zu leben, vergeudet und verliert seine Kraft nicht mehr mit ständigem *Bemühen, so erscheinen zu sollen, wie es ankommen möge, damit die anderen etwas glauben könnten, was man sich doch selbst nicht glaubt ...* ☺ Hier geht es um nichts anderes als individuelle Eigenverantwortung. Und infolge dessen, um das zentrale Thema Gesundheit / Krankheit.

„Burn-Out" oder „Bore-Out" müssen nicht sein! Viele Menschen aber haben kaum Bewusstheit darüber, was ihnen im Leben *wirklich* unverzichtbar wichtig ist. Wer aber nicht weiß, wo er steht, kann keinen Weg finden, um dorthin zu gelangen, wo er sein möchte. Nun, Gottseidank lebt in jedem von uns ein Potenzial fühlbarer Möglichkeiten und entwickelter Fähigkeiten. Alle diese Fähigkeiten zeichnet aus, dass sie genau dadurch gewachsen sind, dass sie uns begeistert haben und wir uns daran erfreuten. Du ahnst, oder weißt ja: **Freude ist der Wegweiser zu uns selbst und jeglicher Nachhaltigkeit im Leben.** Diesbezüglich Bewusstheit über unser Bewusstsein zu erlangen, trägt entscheidend bei, mehr über unsere Wichtigkeiten im Leben herauszufinden und so berechnende Ideen von etwas wie unseren persönlichen Core-Values unterscheiden zu lernen. Dazu darfst Du neu kennenlernen, was Dir selbst wichtig ist, wie Bewusstsein funktioniert, wie es seine unterschiedlichen Rollen mimt, den eigenen Mustern folgt.

Das folgende Zitat stammt aus einem städtischen Krankenhaus in Wien und spiegelt das Gesagte verknappt wider: „*Du bist, was Du denkst. Und was Du denkst, strahlst Du aus. Und was Du ausstrahlst, ziehst Du an.*" (Autor unbekannt). Mein Sohn brachte es mir einst von seinem Spitalsaufenthalt nach seiner OP mit. Frag Dich doch selbst: „*Will ich selbst in SO einer Welt leben, wie ich sie selbst bislang lebe?*" Warte nicht darauf, dass Dir jemand anderer Deine Core-Values am Servierteller präsentiert oder sonst wie zukommen lässt! Es wird so ziemlich sicher nicht stattfinden. Initiiere Du selbst beharrlich, was Dir persönlich wichtig ist, ohne verbiesterte Verbissenheit, aber mit Freude.

Du kennst die „Rote-Nasen-Clowns", ja?! Ich kenne einen persönlich. Ein durchaus ernsthafter Mensch. Was vermutest Du selbst: Welche grundsätzliche Core-Value-Entscheidung haben sie für sich getroffen, bevor sie an das Krankenbett eines Patienten gehen? Vielleicht könnte sie so lauten: *„Meine Core-Values sind Leichtigkeit und Freude, weil ICH es will, dass Leichtigkeit und Freude mein Leben bestimmen."* – Ihre „Core-Value-Entscheidung" ist wohl unabhängig davon, ob ihr Gegenüber Verunfallte, Schwerkranke oder Depressive sind. Unsere eigenen Lebenssituationen und Visavis sind meist nicht ganz so krass. Doch: Es kommt auch bei uns (Dir) nicht aufs Visavis an, sondern auf den Willen und die Absicht und Achtsamkeit, die Core-Values ernst zu nehmen, ihnen reale Bedeutung und Wichtigkeit im Leben zu verleihen.

Lerne Dich immer besser kennen! Wer sich selbst fremd ist und sich nicht spürt, wird fremd bestimmt werden – auch in den eigenen Beziehungen. Wer sich allerdings kennt, hat eine reelle Chance „selbst-bestimmt" zu leben! Alles beginnt somit bei einem selbst, auch das „Selbst-Vertrauen". Sei Dir dessen „selbst-bewusst"! *Sei Du Dein eigener bester Freund und halte in Zukunft freien Willens Deine Core-Values hoch!* – Schaffe Dir Bewusstheit bezüglich Deiner eigenen Absichten und stehe „selbst-tätig" dafür ein. (Es kann eine große Hilfe sein, dafür eine Art *„Selbst-Vertrauen-Tagebuch"* zu führen!)

Bemerke:

Hier mein Tipp: Wenn Du Änderungen im Leben wirklich erreichen willst, so geht das immer ganz leicht. Es darf leicht für Dich sein! *Wandlung gelingt leicht am besten*: bewegt, tänzelnd, humorvoll. Sonst wird's schwer. ☺ Mach's wie „Rote-Nase-Clowns": Entscheide Dich für *Freude & Leichtigkeit*, Du kannst es! Im Zusammenhang jeglichen Bewusstseins-Coachings (Arbeit mit dem eigenen Bewusstsein) geht's immer um Eigenverantwortung. Es gilt der Versuchung nicht zu erliegen, *anderen* diese Verantwortung umhängen zu wollen. Du darfst zu 100% verantwortlich sein für Dein Erleben. Für den *Anderen* bleiben nicht 0%, sondern ebenfalls 100%. Im Bewusstsein jeder systemischen Einheit heißt die *Goldene Regel* nämlich: 100% + 100% = 100%. ☺. Versuche also nicht andere zu motivieren 50% zu nehmen! Nimm Du DEINE 100.

Beruhigend: *Es ist NIE das eigene Gesicht, das Du verlieren kannst!*

Kapitel 9: Placebos und Überzeugungen

Heilung durch „Einbildung" ...?!

Im Bereich der Psychoneuroimmunologie ist die immunologische Wirksamkeit und heilende Bedeutung gelebter Zuversicht mittlerweile wissenschaftlich außer Streit gestellt, der sogenannte: *Placebo-Effekt.* Nicht zu verwechseln mit dem, was wir landläufig unter strategisch eingesetztem „Zweckoptimismus" verstehen! Es ist die *Erwartung* von Besserung, die sich auf das Ergebnis auswirkt. Ein außerordentlich überzeugender Hinweis für die Wirkung des „*Geistes*" am Heilungsprozess. Aber auch in vielerlei anderer Hinsicht überträgt sich offensichtlich der Glaube an die heilende Wirksamkeit einer Handlung. In seinem Buch „*Timeless Healing*" [1] äußert sich der Arzt und Professor für Medizin an der Harvard Universität, Herbert Benson zu eigenen Forschungen sowie den verblüffenden Ergebnissen von Doppelblindversuchs-Programmen; unter anderem bezüglich der Wirksamkeit von sogenanntem „Handauflegen" an US-Kliniken. Der Wissenschaftler kommt, die Forschungs-Daten resümierend, zum Schluss, der Glaube an derartige Wirkungen sei im menschlichen Gehirn fest verdrahtet.

„*Placebo*" heißt: „*Ich werde gefallen.*" Sowohl der Patient, als auch der Arzt können somit zum Placebo-Effekt beitragen. Obwohl in universitären medizinischen Ausbildungsprogrammen bereits erste Änderungen Einzug halten, ist es ist nach wie vor schade, dass Ärzten kaum beigebracht wird, sich intensiver mit dem Effekt zu beschäftigen.

Historisch betrachtet, verfügten Ärzte – aus heutiger Sicht – im Umgang mit vielen Krankheiten über wenig wirksame Methoden der Heilung. Lange Zeit war es üblich, Wunden mit Arsen zu behandeln, Krankheiten mittels Aderlass. Und dann gab es auch noch höchst dubiose Heilmittel, wie etwa das berüchtigte Klapperschlangenöl. In seiner Anwendung lebte – im Hintergrund so manches ärztlichen Bewusstseins – beruhigend die Auffassung, die der heutige Volksmund noch kennt: *Nützt's nichts – schadet's auch nichts.* Heute wissen die Forscher, dass eventuelle Verbesserungen im Zustand der Patienten damals wohl *ausschließlich* auf Placebo-Wirkungen

---

[1] H. Benson: „*Timeless Healing*", New York 1996.

zurückzuführen waren. Und zweifellos ging es manchen Patienten nach den Behandlungen tatsächlich besser. Mindestens jenen vorsichtig geschätzt einen Drittel der Bevölkerung, das sich Forschungen zufolge, als für den Placebo-Effekt auffallend empfänglich erweist.

Die Geschichte der Medizin ist so gesehen also auch die Geschichte des Placebo-Effekts. Und selbst heutzutage gilt: Wenn ein Arzt, diese „Autorität-im-weißen-Kittel", eine Behandlung voller Überzeugung vorschlägt, so glaubt der Patient einfach an eine Wirkung. Und gleich, ob es sich um eine Zuckerpille oder eine echte Droge handelt, tut sie das dann auch. Hier wirkt somit unser bewusstes „für-möglich-Halten" und folglich unsere körpereigenen Botenstoffe, also jenes „den-Körper-Organisierende" – Pert nannte es *„Körper-Geist"* – in äußerst effizienter Weise als selbstheilendes Potenzial zusammen.

Auch beim unbewusst wirkenden „Körper-Geist" handelt es sich selbstverständlich um etwas vom Leben und der ihm immanenten In-*forma*-tion Entwickeltes: um Anteile-des-Lebens im Bewusstsein. Die entscheidende Frage bei all diesen Phänomenen ist lediglich, inwiefern unser „bewusster Verstand" bereit und fähig ist, das diesbezüglich Förderliche anzuerkennen. Oder, wie so oft, nicht anzuerkennen. Vom Standpunkt der reduktionistischen, Substanz-basierten Medizin dürften sie ja eigentlich nicht wirken, jene Tabletten ohne Wirkstoff, die nur aus Zucker bestehen. Und doch tun sie es. Wenn auch nicht bei allen Menschen und bei allen Leiden gleichermaßen. Warum aber wirken sie überhaupt? *Glaubst du an mich, so heile ich Dich!* – Da ist mehr als das sprichwörtliche *„Körnchen Wahrheit"* dran.

Neueste Forschungen geben darauf mittlerweile Antworten. Auch wenn zugegebenermaßen die Frage, wie Placebos genau funktionieren, heute noch nicht restlos geklärt ist. Leider wird gerade dies immer wieder als Grund vorgeschoben, warum die in dem Zusammenhang förderlichen Wirkungen von der Pharma-Industrie und Medizin ignoriert werden, ja geradezu unerwünscht sind. Dennoch: In letzter Zeit haben sich mehr und mehr angesehene Wissenschaftler damit beschäftigt. Vorliegende Ergebnisse zeigen, dass auch so hochentwickelte medizinische Technologie, wie die Behandlung im OP, den heilenden Placebo-Effekt hervorzubringen imstande ist. Eine im Jahre 2002 im *„New England*

Journal of Medicine" veröffentlichte Studie überwachte Patienten mit schweren Knieschmerzen, die sich operieren lassen wollten. Dr. Bruce Moseley, der Leiter der Untersuchung, wusste, dass Knie-OPs seinen Patienten halfen. Und er bekannte außerdem selbst, dass *„alle guten Chirurgen wüssten, dass es im Bereich der Operation keinen Placebo-Effekt gibt."* Er wollte für sich herausfinden, welche Art von Operation seinen Patienten am besten half und teilte die Patienten der Studie in drei Gruppen auf: In der einen wurde den Patienten der geschädigte Knorpel abgeschliffen und in der zweiten wurde das Gelenk gespült und alles entzündliche Material entfernt. Beides gilt heute als Standardbehandlung für chronische Knieentzündungen. Die 3. Gruppe in diesem klinischen Versuch wurde jedoch nur zum Schein operiert. Der Patient wurde betäubt, Dr. Moseley machte die drei Standard-Einschnitte und redete und bewegte sich, als führe er die Operation durch. Er planschte sogar mit Salzwasser, um für die tief Betäubten die Geräusche der Kniewaschung nachzuahmen. Nach vierzig Minuten nähte Moseley die Schnitte wieder zu, wie bei jeder anderen Operation. Alle drei Gruppen erhielten genau die gleiche postoperative Behandlung, zu der auch ein Gymnastikprogramm gehörte. [2] Die Ergebnisse waren, medizinisch betrachtet, schockierend: Alle real Operierten erfuhren wie erwartet Besserung. Doch der „Placebo-Gruppe" ging es genauso gut! Tim Perez, ein Mitglied dieser Gruppe konnte vor der Operation nur mit einem Stock gehen, jetzt spielte er mit seinen Enkeln Fußball. Er brachte das Thema seiner Heilung in einem Interview auf den Punkt: *„In dieser Welt ist alles möglich, wenn man es sich in den Kopf setzt. Ich weiß, dass unser Geist Wunder vollbringen kann."* [3] Trotz der Tatsache, dass jedes Jahr 650.000 arthritische Knie operiert werden, war für den Operateur die Sache klar: *„Ich glaube nicht, dass eine arthroskopische Operation des Knies bei Osteoarthritis eine größere Besserung bewirkt, als es der bloße Placeboeffekt kann, und daher empfehle ich sie nicht mehr."* [4] Dies sagt Dr. Moseley, Professor für Orthopädie im Baylor College in Houston. Derartig spektakuläre Ergebnisse schockierten das medizinische Establishment und seine arrivierte Ärzteschaft gehörig.

---

[2] Die Studie spricht für sich. Ihre Ergebnisse wurden durch weitere Studien verifiziert.

[3] T. Perez, zitiert nach: B. Lipton, *„Intelligente Zellen"*, S. 138.

[4] B. Moseley, zitiert: http://www.cbc.ca/health/story/2002/07/10/knee_surgery020710.

Ein anderes beeindruckendes Experiment stammt vom Neurowissenschaftler Univ.-Prof. Fabrizio Benedetti aus Turin. Es zeigt auf, wie „Leben" und „Geist" in effizienter Weise über unser körpereigenes Informations-Netzwerk wirken. Benedetti ließ Probanden im Labor Faustdrücken. Sie taten es unter „is-chemischen Bedingungen", also mit blutleeren Blutgefäßen, was äußerst schmerzhaft ist. Der Versuchsleiter Benedetti: *„Wir haben den Probanden während der Übungen zwei Wochen lang Morphium gegeben. Solche Präparate sind in realen Sporttrainings erlaubt, nicht aber später im Wettkampf. In der dritten Woche, in der der Wettkampf bei uns im Labor stattgefunden hat, haben wir das Morphium durch ein Placebo ersetzt."* [5] Ergebnis: Das Placebo (in dem Fall Wasser) vermittelte im Körper einen Morphium-ähnlichen Effekt. Wie wird ein *„Dopingeffekt-ohne-Doping"* wirksam? Interessant ist, dass Schmerzhemmung (über körpereigene Opioide) auf verschiedene Weise ausgelöst werden kann.

Der gesunde Körper veranlasst sie im Moment der akuten Verletzung selbst: Wir spüren daher zunächst keinen starken Schmerz. Oder auch, wie oben angesprochen, durch manipulative Konditionierung. Wie man heute aber auch weiß, ebenfalls durch das Gefühl der Geborgenheit. Einem kranken Menschen, dem ein vertrauter Mensch Trost zuspricht, geht es schneller besser.

Richten wir den Blick auf die Aufgabe und Haltung arrivierter Coaches oder Trainer. Auch da wird die grundlegende Bedeutung des psychosozialen Kontexts deutlich. Geradezu wie-mit-Händen-greifbar: Gute Trainer schaffen durch ihr Mitgefühl und ihre stete Präsenz eine derart förderliche Atmosphäre, indem sie den individuellen Wandel und die Erfahrungen und Einsichten mit der Haltung höchster Achtung wertschätzend begleiten. Dadurch wird im Raum eine erlebbare Leichte und Wärme erfahrbar, sozusagen als energetischer Katalysator.

Dies wirkt auch als beste Unterstützung im systemischen Coaching beim Sammeln von eigenen Erfahrungen. (Was ich selbst bestätigen kann). Etwas, das bereits der renommierte Martin Buber thematisierte, wenn er sagt: *„Wo zwei Menschen sich authentisch begegnen, findet*

---

[5]   F. Benedetti, in: *„Wie Placebos wirken."*, Transkription in: *ORF Dimensionen – Die Welt der Wissenschaft, 2008* von M. Meier; (gilt auch für die nächsten Zitate in Folge).

Heilung statt." [6] Das Motto dafür: *„Liebe als Bereitschaft begreifen, einen Raum zu erschaffen, wo Veränderung möglich wird.*"

Von ganz ähnlichen Erfahrungen und ihrer Bedeutung weiß auch der Mediziner Dr. Benedetti zu berichten: *„Was sich heute herausstellt, ist, dass der psychosoziale Kontext rund um den Patienten und rund um die Behandlung, Moleküle im Gehirn aktivieren kann. Und diese Moleküle binden an dieselben Rezeptoren wie Medikamente. Das kann gute oder schlechte Effekte haben. Ich kann einem Patienten ein wirkungsloses Medikament geben und ihm sagen, dass es nützt – dann wird es tatsächlich oft nützen. Oder ich kann einem Patienten sagen, dass es schadet – dann schadet es tatsächlich oft. Das ist ein Nocebo-Effekt.*"

Der Mediziner Dr. Klaus Linde vom Zentrum für Naturheilkundliche Forschung an der TU München spricht aus seiner Erfahrung: *„Ich will ein Beispiel sagen: Wenn man in einer klinischen Studie von Placebo-Respons spricht, also in einer Pharmastudie beispielsweise, dann gibt es Hinweise, dass, je häufiger die Patienten Kontakte zum Arzt im Rahmen dieser Studie haben, desto stärker ist die Placebo-Respons.*" [7]

Auch sogenannte „weiße Würmer" – absichtsvoll in der Bewusstseins-Arbeit eingesetzt – wirken auf dieser Ebene. Wenn ein vertrauens-würdiger Mensch ankündigt: *„Du wirst sehen, es wird ganz leicht, lass Dich einfach überraschen!*" – Dann hat es gute Chancen leicht und einfach zu werden, weil wir zulassen, dass es so leicht sein darf.

Neue Erklärungsmodelle für Krankheit und Gesundheit

Auch die sogenannte Psychoneuroimmunologie [8] nahm ihren Anfang aufgrund von Experimenten und unerklärlichen Phänomenen, ähnlich jenen des zuvor zitierten Turiner Neurowissenschaftlers Benedetti. Es waren bahnbrechende Untersuchungen der beiden Forscher Robert Ader und Nicholas Cohen zu Beginn der 1980er Jahre. Mit der Psycho-neuroimmunologie begann dazumal eine neue Ära der Psychosomatik. Die beiden beobachteten wie im Rahmen eines ihrer Experimente viele

---

[6]   M. Buber, Zitate-Sammlung in: https://www.pinterest.de/pin/555631672756265085/.

[7]   K. Linde, in: *„Wie Placebos wirken.*", Transkription, in: *ORF Dimensionen – Die Welt der Wissenschaft, 2008*, von: M. Meier.

[8]   Siehe *„In-forma-tion / Bd.2*", Kap. 7: Gefühle, Anm. 7.

Versuchstiere ganz unerklärlicherweise starben. Ihr Experiment sah folgendermaßen aus: Die Forscher hatten den Tieren über längere Zeit Wasser vorenthalten. Anschließend bekamen die Versuchstiere gleichzeitig mit einer Saccharin-Lösung (Süßstoff) auch Zyklophosphamid. Eine Substanz, die zu schweren Nebenwirkungen im Verdauungstrakt führt, aber auch zu einer starken Unterdrückung des Immunsystems. Als die Forscher den Tieren nach einiger Zeit lediglich Saccharin, ohne Zyklophosphamid, gaben, zeigte sich, dass nur das Saccharin, für sich allein verabreicht, in der Folge imstande war, eine zum Tod führende Störung des Immunsystems auszulösen. Schlussendlich kam es bei den Tieren, allein durchs Riechen des Saccharins, das die Versuchstiere davor immer nur in Verbindung mit dem Zyklophosphamid kennengelernt hatten, zur tödlichen Schwächung des Immunsystems. Ader und Cohen kamen durch diese Experimente zu dem Schluss: *„Wenn man diese Reiz-Paarung, diese Kopplung zwischen den beiden Reizen, öfters macht, reicht am Ende nur die Gabe des gesundheitlich unbedenklichen Saccharins, um die gesundheitsschädigenden Reaktionen des fortan nicht gegebenen zweiten Stoffes im Immunsystem hervorzurufen."* [9]

Aus diesem Verständnisansatz ergab sich die Fragestellung, ob und inwieweit sich das menschliche Immunsystem zum Beispiel unter Hypnose, oder eben auch ganz grundsätzlich durch jegliche etablierte persönliche Überzeugung im Bewusstsein beeinflussen lässt. Heute weiß man, dass dieser Funktionszusammenhang definitiv besteht und es dieser Wirkmechanismus ist, der zu Krankheits-, aber auch Spontanheilungs-Phänomen führt. Doch davon gleich im nächsten Abschnitt.

Auch der Name der neuen Forschungsrichtung geht übrigens auf den amerikanischen Forscher Robert Ader, Professor für Medizin und Psychiatrie der Universität Rochester zurück, der 1981 unter dem Titel *„Psychoneuroimmunologie"*, einen Sammelband zum damaligen Stand des Evidenz-basierten Wissens über die auffälligen Zusammenhänge zwischen Nerven-, Hormon- und Immunsystem herausgab. Seither wurde das Wissen bezüglich der Interaktionen dieser komplexen Systeme durch eine Vielzahl an Forschungsarbeiten erweitert.

---

[9] Zitiert in: *„Psychoneuroimmunologie – Neue Erklärungsmodelle für Krankheit und Gesundheit."*, Transkription: *ORF Dimensionen – Die Welt der Wissenschaft, 2008.*

Selbstheilung

„Der Begriff der Selbstheilung existiert schon seit alters her. Der Körper heilt sich dabei selbst, ich meine aber, dass man dies auch anders ausdrücken kann: Die Gene befehlen dem Körper, sich selbst zu heilen. Mit anderen Worten, der Körper ist mit einem eingebauten Heilungsprogramm ausgestattet. Im Körper kann nichts passieren, was nicht bereits in den Genen geschrieben steht. ... Der große Anteil jener Gene, die nicht genutzt werden, trägt die Möglichkeit zur Selbstheilung in sich. Was demnach heute von unseren Genen zum Ausdruck gebracht wird, ist nicht das letzte Wort. Gute Gene können eingeschaltet und schädliche abgeschaltet werden. Wir alle haben Gene, die Krankheiten verursachen können, und gleichzeitig Gene, die Krankheiten unterdrücken können. Es sind bereits sowohl Krebs verursachende als auch Krebs hemmende Gene gefunden worden; wenn sie gemeinsam existieren, halten sie das Gleichgewicht. Mit anderen Krankheiten ist es ebenso. Das Wichtige dabei ist das Gleichgewicht. [10] Dies sagt einer der bedeutendsten Genetiker der Gegenwart, Kazuo Murakami. [11]

Aktuell sind die Placebo-Diskussionen durch Forschungsergebnisse der weltweit größten Akupunktur-Studie aufgeflammt. In dieser Studie wurden Daten von einer Viertelmillion deutscher Schmerzpatienten berücksichtigt. Menschen mit chronischem Kopf- bzw. Rückenschmerz oder chronischen Knieschmerzen wurden in drei Gruppen eingeteilt. Eine Gruppe bekam eine standardisierte, üblich schulmedizinische Behandlung, zum Beispiel mit Bewegungstherapie, Physiotherapie und Arzneimitteln. Die zweite Gruppe erhielt eine Akupunkturbehandlung nach TCM (Traditionelle Chinesische Medizin) und für die dritte Gruppe ließ man sich, ähnlich wie in der Studie von Dr. Moseley, etwas Spezielles einfallen: Eine Schein-Akupunktur, wo nur oberflächlich und Zentimeter abseits der Akupunkturpunkte gestochen wurde. Dr. Klaus Linde betreute einen wesentlichen Teil der Studie. Er sagt: *„Die Ergebnisse sind insgesamt ziemlich frappierend. Man kann eigentlich querdurch sagen, dass Akupunktur ganz offensichtlich recht gut wirkt, also dass ein erheblicher Anteil der Patienten eine klinisch*

---

[10] K. Murakami: *„Der göttliche Code des Lebens"*, Güllesheim 2008, S. 47f.
[11] Siehe Kap. 3, Anm. 7-9; Siehe Kap. 10, Anm. 6.

relevante Besserung hatte. Was bei chronischen Schmerzen ja nicht ohne weiteres zu erreichen ist. Der Erfolg lag bei etwa 50 %."[12]

Es gab allerdings noch weit größere Überraschungen! Nochmals der Arzt Klaus Linde: *"Das Verrückte ist, dass sich in fast allen dieser Studien, die diese ‚Schein-Akupunkturkontrolle' hatte, ein teilweise gleich guter, manchmal ein kleinwenig schlechterer Effekt gezeigt hat.* **Und das frappierendste Ergebnis, das die Arbeitsgruppe vor allem der Bochumer Studien herausbekommen hat, ist, dass es dort zum Teil deutlich besser war, als durch die Leitlinien-basierte Standard-Therapie***; das heißt: als eine Therapie, die von den wissenschaftlichen Fachgesellschaften als die bestverfügbare angepriesen oder beurteilt wird. Das allerseits am meisten Frappierende ist wohl, dass eben auch die ‚falsche Akupunktur' für zwei der Indikationen – nämlich beim chronischen Rückenschmerz und bei der Kniegelenksarthrose – besser war, als die Leitlinien-basierte Standard-Therapie."*

Dies warf die Frage auf, ob auch Akupunktur nur ein hochwirksames Placebo sei: Egal wo, Hauptsache man sticht? Wirkt es primär, weil wir daran glauben? Es scheint jedenfalls in unserem auf Salutogenese, auf Gesundung ausgerichteten *"Körper-Geist"*, einen entscheidenden Informations-Impuls auszulösen. Klaus Linde mit einer Erklärung: *"Es ist davon auszugehen, dass alle leichten Schmerzreize, die wiederholt gegeben werden, eine Wirkung auf das Schmerzgedächtnis haben."*

Die Akupunktur hat mittlerweile im Westen ein ausgesprochen gutes Image. Das kommt als keineswegs vernachlässigbarer Faktor für den Placebo-Effekt dazu, wie Klaus Linde weiß: *"Es scheint so zu sein, dass eine positive Einstellung zu der Therapie noch einmal die Wahrscheinlichkeit erhöht, einen guten Respons zu bekommen. Ich nehme an, dass man, im Gesamten gesehen, wohl eine Kaskade von ineinandergreifenden Effekten hat."* Für die Lehre der TCM-Akupunktur mit dem Konstrukt vorgegebener Punkte und energetischer Meridiane sind die Ergebnisse verständlicherweise problematisch. Und das, obwohl deutlich wird, dass es der Glaube an die bewährte Methode ist, der das Massenbewusstsein bestimmt und Heilung in hohem Maße unterstützt.

---

[12]   K. Linde, in: *„Wie Placebos wirken.",* Transkription, in: *ORF Dimensionen – Die Welt der Wissenschaft, 2008;* (gilt auch für die nächsten Zitate in Folge).

Lassen Sie mich kurz zusammenfassen: Erstens scheint offenbar zu gelten, dass ein leichter Schmerz-Reiz einen starken Schmerz vertreibt! Und zweitens: Die wesentliche Bedeutung für Heilung scheint nicht die *zweifelnde* Frage unseres Verstandes zu spielen: *Was sollte ich glauben?!* sondern die selbstbewusste Frage: *Was will ich glauben?* [13] Worauf bin ich bereit mein Vertrauen auszurichten? *Will* ich mich überhaupt *wirklich* unterstützen? Bin ich bereit, an die Chance meines Gesund-Werdens wirklich zu glauben – glauben zu wollen? *Dass dabei der eigene Glaube hilft, ist mittlerweile wissenschaftlich außer Streit gestellt. OB ICH es allerdings SELBST glauben will, das haben wir selbst außer-Streit-zu-stellen.* – Nicht durch den Verstand mit (s)einem opportunistischen „besser-positiv-Denken", sondern durch ein erfühltes Wissen, dass wir gesund SIND. Sowie durch unsere innere Verbindung mit der Wahrheit unseres „hellen Geistes" (etymologisch: Mittelhochdeutsch, Holländisch: „heel" = heil, ganz).

Auf die radikale Bedeutung eines solchen Wandels im Bewusstsein werden wir noch ausführlich zurückkommen. Diese Art „Glauben", als „positive Kraft", dieses „Be-jahen" sowie der Mut zur Offenheit auf etwas Unbekanntes zuzugehen und fühlend zu vertrauen, nimmt in unserer Kultur auffallend zu. Es scheint damit zu tun zu haben, was wir mittlerweile unter dem Begriff „Medizin" aufzufassen bereit sind, anstatt es billig mit „Esoterik" abzutun. Viel scheint dafür zu sprechen, dass auch in unserer verstandesmäßig bestimmten, westlichen Medizin die künstlich gesetzten Grenzen fallen; dieser „Eiserne Vorhang" des reduktionistischen Menschenbildes. Und, dass wir im Begriff sind, uns wieder einem holistischen Verständnis zu öffnen. Wenn wir bezüglich Medizin und Spiritualität denselben Grundsätzen Gültigkeit beimessen, wird nachhaltiges Gesunden entsprechende Unterstützung finden.

Die Wirksamkeit und Effizienz solchen Herangehens, wenn auch auf etwas andere Weise, kann simultan während eines entsprechenden „Schmerz-Coachings" im Krisenfall persönlich erlebt werden. Auch diese Übungsansätze arbeiten erfolgreich nach dem selben Prinzip: Sind wir absichtsvoll und ohne Wertung oder Widerstand bereit den Schmerz (physischer oder psychischer Schmerz) zu fühlen, so kann

---

[13] Siehe Kap. 8, Anm. 25.

diese In-*forma*-tion auf die unbewusste Ebene unseres Körper-Geistes wirken und gestützt auf die Intelligenz und Weisheit seines Botenstoff-Netzwerks, den Heilungsprozess physiologisch in Gang setzen: Bemerke: *„Das Leben fördert Leben und Gesundheit auf vielfältigste Weise, sofern wir dies psychisch unterstützen und es mutig zulassen."*

Die weise Verbindung von Medizin mit dieser Art von „Glauben" ist uns ja auch in unserer westlichen Kultur durchaus bekannt. Sie wurde jedoch als Reaktion auf kirchlich-dogmatische Engstirnigkeit leider sozusagen als Kind-mit-dem-Bade-ausgeschüttet. Denn diese medizinisch-spirituelle Heilkraft wurde auch für die westliche Kultur als Weisheit, als *„Weg, Wahrheit und Leben"* formuliert: *„Darum aber sage ich euch: ‚Alles, was ihr bittet in eurem Gebet, glaubet nur, dass ihr's empfangen werdet, so wird's euch werden."* [14]. Oder die Frage: *„Willst Du gesund werden? ... Dein Glaube hat Dich gesund gemacht."* [15]

Wir kennen aber auch aus anderen Bereichen des gesellschaftlichen Lebens, dass Glaubenssätze / Überzeugungen ansteckend sind; zum Beispiel in der Werbung: So entsteht Mode. So entsteht Veränderung in der Architektur, in der Kultur. Wenn genügend Menschen glauben, dass sie, so sie „mit-der-Mode-gehen" und dann mit dem Zeitgeist in Verbindung stehen, kann Wohlgefühl und Zufriedenheit beim Kunden erzeugt beziehungsweise ausgelöst werden.

Sollten Sie jetzt das Gefühl haben, dass Sie Derartiges nicht begrüßen, weil wir natürlich wissen, wohin das auch führen kann, dann sei Ihnen diese Wertung natürlich unbenommen. Ich vermute, wir stimmen aber dennoch im Erkennen und Konstatieren der angesprochenen Wirkung überein. Und nur darum geht es hier zunächst. Glaube wirkt übrigens, unabhängig davon, ob wir in unseren BEWUSSTEN Wertungen damit übereinstimmen (wollen würden) oder nicht. Gerade dann, wenn es so offensichtlich auf unser INNERES Übereinstimmen ankommt, womit wir da jeweils übereinstimmen – und was wir in der Folge bis ins Physiologische hinein erleben werden. [16] Diese Tatsache darf durchaus zum Nachdenken anregen und unsere Entscheidung beeinflussen.

---

[14] Jesus, zitiert in: *„Die Bibel / Neues Testament."*, Markus 11/24.

[15] Jesus, zitiert in: *„Die Bibel / Neues Testament."*, Johannes 5/6 und Markus 5/34.

[16] Siehe dazu Bewusstseins-Übung *„Königs- / Königinnen-Liste"* am Ende des Kapitels.

Die Bedeutung menschlichen Bewusstseins, die innere Ausrichtung sowie jene des Massenbewusstseins, wird heute auch auf einem fast schon kuriosen Feld deutlich: Während es früher des Bewusstseins eines Franz von Assisi bedurfte – von dessen missionarischem Eifer bekannt ist, dass er auf einer Reise in den Orient und angesichts der Ungläubigkeit des Sultans von Palästina, vor diesem die so genannte Feuerprobe ablegte und über glühende Kohlen ging, um die *„Wahrheit seines christlichen Glaubens"* zu bestätigen – ist dies heute praktisch jedem möglich. So wurde es in den letzten Jahren in Manager-Trainings zur Mode, derartige Feuerläufe in die Seminare einzubauen. Hier geht es um mentale Ausrichtung und Öffnung für eine ungewohnt neue Ebene, welche jenseits unseres, in alten Vorstellungsmustern festgelegten Verstandes liegt. Mittlerweile erleben immer mehr Teilnehmer, dass es ohne Verbrennungen möglich ist über-glühende-Kohlen-zu-gehen. Immer mehr Menschen hören von diesen Phänomenen und so wird es sukzessive leichter, sich einzulassen, es-selbst-auch-zu-können. (Halten Sie es eigentlich für möglich, dass man als körperlicher Mensch nicht nur über glühende Kohlen, sondern gar *„über-das-Wasser-gehen"* kann – oder sich gar *„unsichtbar-machen"*? [17] Oder auch, dass man irgendwo in der Landschaft des Heimatlandes plötzlich – und für jeden hörbar! – die Stimme eine Freundes aus Übersee vernehmen kann ...? Sorry, richtig: DAS gibt's ja heute wirklich schon! ☺ Oder betrachten wir Phänomene von übermenschlichen Körperkräften, wo eine Mutter unter Extrembedingungen nachweislich imstande ist, mehr als eine Tonne zu heben, um ihr darunter eingeklemmtes Kind hervorzuziehen. Solche und ähnliche Erfahrungen sind heute hinlänglich bekannt. Glaube und Wille können offensichtlich wirklich *„Berge versetzen"*.

An dieser Stelle will ich allerdings darauf hinweisen, dass sich meiner Auffassung nach das *eigentliche* Wunder des Lebens weniger im *„über-das-Wasser-Gehen"* ausmachen lässt, sondern vielmehr im *„auf-der-Erde-Gehen"* eines wirklich freien, erwachten Bewusstseins. Das zu fördern, ist Anliegen dieses Buches.

---

[17] Pilotprojekte mit einer neuartigen Substanz beweisen deren technische Fähigkeit, den jeweils räumlichen Hintergrund eines Objektes optisch an dessen Vorderseite sichtbar werden zu lassen, sodass der Körper nur durch etwas wie Sandbestrahlung sichtbar ist. M. Kaku: *„Die Physik des Unmöglichen."*, Hamburg 2008, S. 38ff, S. 59.

Placebo – Nocebo

Der Placebo-Effekt ist im Grunde etwas höchst Alltägliches. Etwas, das ständig stattfindet. Es passiert umso häufiger, je öfter es funktioniert hat. Der Neurowissenschaftler Serge Mageau von der Uni Québec in Kanada führte bereits in den 1990er Jahren Tests mit Probanden durch. So konnte er die Macht der Erwartungshaltung veranschaulichen. Normalerweise gilt es als verlässliches Schmerzlinderungsmittel, wenn Sie bei Verbrennungen einer Hand, die andere in kaltes Wasser tauchen. Dazu der Forscher: *„Wir haben einige gesunde Probanden ausgewählt und ihnen gesagt, dass sie mehr Schmerzen spüren werden wenn sie ihre Hand in kaltes Wasser tauchen. ‚Was für ein fieses Experiment!' haben sie gesagt. Aber sie haben es für die Wissenschaft gemacht. Wir haben ihnen mit Hitze Schmerzen an einer Hand zugefügt und es ist dann das passiert, wovon wir ausgegangen sind. Wir haben den Effekt umgedreht. Das endogene System war blockiert, es gab keine Schmerzhemmung."* [18]

Die beschriebene Wirkung gilt als „Nocebo-Effekt". Und auch diese Wirkung infolge Erwartungen bestätigt sich in unserer alltäglichen Erfahrung. Menschen sprechen allerdings durchaus unterschiedlich stark auf Placebos und Nocebos an. Das „Verhexen" im Voodoo, die Erfolge von Wunderheilern, aber auch nachweisliche Spontanheilungen lassen sich so erklären.

Der Baseler Psychiater Dr. Jakob Bösch: *„Ich habe Leute kennengelernt, die gesagt haben: ‚Ich wurde vor 20 Jahren geheilt.' Diejenigen, die ich selber verfolgen konnte, die haben zum Teil dramatische Besserungen erlebt. ... **Und das ist eine Quintessenz, die ich von allen diesen Methoden eigentlich ziehe: Es hat mit den Menschen selber zu tun: mit dem, der Heilung sucht.** Eigentlich mit beiden. Man sagt: Alle Krankheiten können im Prinzip geheilt werden, aber nicht bei jedem Menschen und nicht von jeder Heilerperson."* [19]

Heiß diskutiert wird die Frage, ob es eine typische Placebo-Persönlichkeit gibt. „Nein", sagt der Tübinger Psychologe, Univ.-Prof. Paul Enck. Er ist Forschungsleiter für Psychosomatische Medizin an

---

[18] S. Mageau, in: *„Wie Placebos wirken."*, Transkription, in: *ORF Dimensionen – Die Welt der Wissenschaft, 2008*, von: M. Meier.

[19] J. Bösch, ebenda.

der Uni Tübingen. Sein Forschungsschwerpunkt: *„Selbstheilungskräfte des Körpers und Placebo-Effekt."* Der Forscher hat wissenschaftliche Studien im Nachhinein daraufhin untersucht. *Es gibt sicherlich in jeder Studie Leute, die nicht auf Placebo reagieren. Aber es gibt ... natürlich auch Leute, die in der einen Studie nicht reagieren und in der anderen Studie doch. Also das lässt sich im Moment sicherlich nicht so mit einem einfachen Persönlichkeitsprofil vorhersagen."* [20]

Der Placebo-Effekt wurde nicht nur bei Schmerzen oft beobachtet worden, sondern zum Beispiel auch bei Depressionen, Asthma und bei der Parkinson-Krankheit. Diese ist von Zittern, Steifheit der Muskeln und verlangsamten Bewegungen gekennzeichnet. Der Neurologe und Parkinson-Spezialist, Univ.-Prof. John Stössl von der British Columbia University in Vancouver / Kanada, hat mit Bild-gebenden Verfahren festgestellt, dass Scheinmedikamente die motorischen Leiden der Kranken annähernd gleich gut lindern wie echte Medikamente. Eine doppelte Schlüsselrolle dabei spielt der Botenstoff Dopamin. Professor Stössl: *„Als Neurologen wissen wir, dass das Dopamin die Motorik steuert. ... Es signalisiert (aber auch) Belohnung. Wenn Sie krank sind und Sie bekommen eine Behandlung, nach der Sie sich besser fühlen, so ist das eine Belohnung. Deswegen denken wir, dass für den Placebo-Effekt die Stimulierung des Belohnungssystems im Hirn erforderlich ist, und dass Dopamin nicht nur bei der Placebo-Wirkung von Parkinson eine Schlüsselrolle spielt, sondern bei allen Placebo-Effekten."* [21]

Worauf es künftig ankommt, ist der medizinische Einsatz des *medizinischen Nutzens* von Placebos. Der Tübinger Medizin-Ethiker Urban Wiesing, Professor für Ethik und Geschichte der Medizin an der Uni Tübingen hat sich in seinem Buch „Wer heilt, hat Recht" mit diesem Problem eingehend beschäftigt und schlägt vor, bewusst zu nutzen, was gute Ärzte seit Jahrhunderten tun, nämlich: den Placebo-Effekt (be) achten. Der sei nämlich *„weit mehr als ein Placebo!"*

Spricht man in einer klinischen Studie von Placebo-Respons, so weiß man wie bereits gesagt, dass sie umso stärker ist, je häufiger Patienten im Rahmen dieser Studie Kontakte zum Arzt haben. Paul Enck: *„Wenn*

---

[20] P. Enck, ebenda.
[21] J. Stössl, ebenda.

Sie so wollen: Gute Ärzte machen das. Die wissen, dass ein 30-Minuten Gespräch effizienter ist als die Verschreibung eines Rezepts." [22]

Auch auf diesem Feld scheint sich somit die These des Nobelpreisträgers und Leiters des Instituts für Experimentalphysik der Uni Wien, Anton Zeilinger, zu bestätigen. Er sagt in Folge seiner Forschungen: *„Das Weltbild steht überhaupt nicht fest. Wir haben gerade erst begonnen, darüber nachzudenken."* [23]

Was jedoch auf diesem Feld, trotz manch bestehender Unklarheit, wissenschaftlich bereits erwiesen ist: Es gibt hier nachweislich eine physiologisch signifikante Bedeutung von gefühlsmäßig anerkannten Überzeugungen – ob einem diese Überzeugungen bewusst sind, oder nicht! Und: Es gibt offensichtlich nichts grundlegender Wirkendes, als das Gefühl *„positiv"*, oder *„negativ"*, welches von unserem Glauben an eine Sache, eine Vision oder Idee als Wirksamkeit „in-die-Welt" gesetzt wird. Einerlei, ob Außen- oder Innen-Welt! [24]

Die für uns als Menschheit entscheidenden Fragen scheinen sich einer wissenschaftlich ernstzunehmenden Klärung anzunähern: *Wie entsteht Wirklichkeit? Wie entsteht Gesundheit? Werden so Wirkungen erfolgreich in Gang gesetzt ...?* – Unabsehbar, welch revolutionierende Bedeutung für eine erneuerte Pädagogik daraus erwachsen könnte, von den Konsequenzen fürs Gesundheitswesens und Sozialwesen sowie die gesamte Kultur ganz zu schweigen! Es wird entscheidend sein, mit dieser neuen Einsicht und Macht verantwortlich umgehen zu lernen. Wir stehen als Menschheit am Scheideweg zum Erwachsen-werden. Dazu abschließend der Physiker Univ.-Prof. Frank Close – Leiter der Abteilung für Theoretische Physik am berühmten Rutherford Appleton Laboratory und Forscher am CERN: *„Eines Tages werden wir vielleicht Strukturen finden, die wir uns im Traum nicht vorstellen können."* [25]

---

[22] P. Enck, ebenda.

[23] A. Zeilinger: *„Einsteins Schleier – Die neue Welt der Quantenphysik.",* München 2003, Buchumschlag; Siehe Prolog, Anm. 2; Siehe Kap. 1: *„Im Anfang war ...",* Anm. 16.

[24] Siehe *„In-forma-tion / Bd.2",* Kap. 4: Überzeugungs-Netze und Leben, Anm. 10, 16, 17.

[25] F. Close: *„Luzifers Vermächtnis – Eine physikalische Schöpfungsgeschichte.",* Berlin 2004, S. 271; Siehe Kap. 4, Anm. 29f.

Bewusstseins-Übung: „Königs-Liste / Königinnen-Liste"

Heutzutage gibt es nicht nur im alltäglichen Geschehen wenige Monarchen. Im sozialen Kontext wie auch in Beziehungen sind wahre Könige / Königinnen rar gesät. Viele Menschen regredieren in den Herausforderungen des Lebens – wie bereits besprochen – zu Knechten oder Mägden, Sklaven oder Sklavinnen.[26] Auch zwischenmenschliche Tugenden gelten als peinlich. Un-Tugenden haben sich heutzutage, nicht nur in der Wirtschaft, geradezu in ihr Gegenteil verkehrt[27].

Da ist natürlich etwas Verständliches dran. Denn: Nachahmung oder Vorgeben solcher Werte „um-zu", ist entschieden zu billig und schal.

Interessant wäre es aber, zu erforschen wie das eigene Leben sich verändet und entfaltet, wenn WIR SELBST in unserem Bewusstsein verschiedene ausgewählte Überzeugungen „zeugen". Auf diesem Bewusstseins-Feld forschende Menschen sprechen davon, dass wir unser denkendes und fühlendes Bewusstsein selbst beobachten lernen können. Hier ist immer wieder von einer Instanz die Rede, die von ihnen als „der Zeuge" bezeichnet wird: Eine Art gefühlte Beobachter-Ebene, die das eigene Da-Sein bewertungsfrei wahrzunehmen fähig sei: *„Deinen Weg, Deine Wahrheit, Dein Leben"*.

In dieser nun folgenden Übung wirst Du – ausgehend von der Dankbarkeit – wesentliche „königliche Lebenshaltungen" neu im eigenen Bewusstsein verankern: Dankbarkeit, Präsenz, Mut, Echtheit, Freude, Entscheidungskraft, Liebe zur eigenen Handlung, Ich-Bin-Kraft.

Übungs-Anleitung:

Such Dir einen stillen Platz in der näheren Umgebung. Setz Dich, schließ Deine Augen und spüre die Kraft und Ruhe dieses Ortes. Gib Dich der Ruhe hin. Dann öffne Deine Augen und sprich den ersten der folgenden Sätze – entschieden! – aus. Lausche ihm nach und

---

[26] Siehe Kap. 6, Anm. 22.

[27] *Geiz und Neid* – früher die „tödlichsten aller Todsünden" – avancieren heute zum Motor der Produktion par excellence. Ein „Sager" bringt es auf den Punkt: *„Man kauft das, was man nicht braucht mit dem Geld, das man nicht hat, um denen zu imponieren, die man nicht mag."*. *Ungerechtigkeit* gilt als Garant für wirtschaftlichen Erfolg (Börsenkurs-Hype bei Rationalisierung / Entlassungen). *Unbeständigkeit* hat sich zur Flexibilität gemausert, etc.

fühle ihn. Wie fühlt er sich an? Wie fühlt er sich in Dir an? – Wenn Du Zweifel an der Wahrheit dieses Satzes verspürst, oder Gedanken auftauchen, die dem Inhalt entgegenstehen, oder auch störende Körperempfindungen etc.: Bemerke es und gib ihnen eine Art „Bühne", wo sie sich aussprechen können. Übernimm DU das für sie. Übertreibe Deine eventuellen Zweifel und Gedanken (verbal) oder Deine Körperreaktionen (aktional). Übertreibe humorvoll – OHNE zu intensivieren! Dann sprich wieder diesen Satz der Königs-Liste aus. Die Energie möge natürlich und kraftvoll sein. Solltest Du jemand haben, der Dich coacht, lass Dich von ihm / ihr mit dem Wort „*König*" / „*Königin*" auffordern, den Satz auch entsprechend königlich-kraftvoll auszusprechen. Sprich den Satz INS DASEIN, in Dein Sein! Wie es einem Schöpfer / einer Schöpferin zu eigen ist. Mach das so lange, bis Du die Wahrheit des Satzes – fühlend – als Deine eigene anerkennen kannst.

Dann nimm Dir den 2. Satz in entsprechender Weise vor usw. bis Du mit den 7 Sätzen durch bist.

Königs-Liste / Königinnen-Liste:

Ich bin dankbar.
Ich bin präsent und verbunden.
Ich bin mutig, ich selbst zu sein.
Ich lebe die Freude.
Ich entscheide mein Leben.
Ich liebe, was ich tue.
Ich Bin – der König / die Königin.

Persönliche Ergänzung:

Finde jetzt noch Deinen persönlichen 8. Glaubenssatz, der Dir als königliche Vervollständigung zu den 7 der Königs-Liste / Königinnen-Liste wichtig erscheint und gehe damit ebenso klar und entschieden vor.

Nimm Dir nach Beendigung der gesamten Bewusstseins-Übung, für einen Spaziergang-in-Stille Zeit und fühle Deine neue Ausrichtung.

Wie fühlst Du Dich?

Kapitel 10: Überzeugung und Gesundheit

Phänomenologische Theorien[1] – Neues Verstehen für eine neue Welt

Viel spricht dafür, dass wir heute in einer Zeit umfassender Wandlung leben. Vielleicht kann sich die Einschätzung auch daran verdeutlichen, dass die vormals natürliche Angst des Menschen VOR der Natur vermehrt umschlägt in eine Angst UM die Natur, um die Gesundheit dieses kleinen blauen Planeten. Eine Sorge, die letztlich die Sorge um Wohl und Wehe des Menschen selbst darstellt: um seine Gesundheit, sein Überleben auf dieser Erde. Welches sind die dem Zeitalter der Wandlung entsprechend kreativen, eigenverantwortlichen Möglichkeiten, durch unser Bewusstsein und unseren Willen, gestaltend in die Welt und ihre Entwicklungen einzugreifen? Für uns Zeitgenossen haben sich heute neue Felder wissenschaftlicher Forschung eröffnet, die uns überraschend Neues entdecken lassen. Und, wir werden als Menschheit notwendigerweise auch neue Wege einzuschlagen haben, wenn jene entscheidenden Veränderungen Platz greifen wollen, welche die Zeit-Situation von uns einfordert. Das vergangene Zeitalter der Analyse wird einem der Synthese weichen müssen ... So gibt es heute in den Wissenschaften einige dieser *„Phänomenologische Theorien"*, welche zu herausfordernden und intensiven Beforschungen von bislang unerklärlichen Phänomenen Anlass geben und – Anstoß bieten.

Der Arzt und Anthropologe DDr. Matthias Beck, mit Zusatzstudien im Bereich Psychosomatische Medizin und Pharmazie, hat bereits vor Jahrzehnten in seiner Dissertation, als er sich mit dem Phänomen und Krankheitsbild von Allergien auseinandersetzte, erkannt, dass hinter solchen Symptomen eben auch seelische Phänomene verborgen sind. Vielleicht nicht allzu neuartig – könnte man sagen. Für ihn allerdings war es eine Einsicht, die sein diesbezügliches Interesse ein Leben lang nicht mehr los ließ. Matthias Beck: *„Bis vor 10, 15 Jahren dachte man, dass die Information für den Körper – auch für Krankheit und Gesundheit – in den Genen liegt. Man sucht das Gen für Fettleibigkeit,*

---

1 Der Begriff wurde vom österreichischen Philosophen, Sir Karl Popper geprägt.
 „Phänomenologische Theorien" beschreiben Sachverhalte oft erstaunlich präzise. Sie sind dicht an der Wirklichkeit, erklären aber (noch) nicht die hinter den Phänomenen liegende Tiefenstruktur. http://rosw.cs.tu-berlin.de/voelz/PDF/Arbeitsmethoden.pdf .

man sucht das Gen für Diabetes und ich weiß nicht was. Das ist aber eine sehr eindimensionale Sicht der Dinge, denn man weiß inzwischen, dass Gene aktiviert und inaktiviert werden müssen. Und diese Aktivierungsprozesse, die laufen ‚epigenetisch' ab: unter dem Begriff versteht man alles, was um die Gene herum auf die Genetik Einfluss hat." [2]

So gibt es mittlerweile eine wahre Flut an Hinweisen, dass diese Aktivierung zentral von unserem Denken und Fühlen bestimmt wird. Auf all den neuen Forschungsfeldern haben wir es immer wieder mit *„Phänomenologischen Theorien"* zu tun – wie sie der Philosoph, Sir Karl Popper bezeichnete. Mit etwas, was zunächst meist durch keine bekannte fundamentalen Prinzipien motiviert scheint, sondern nur aus dem Bemühen zu begreifen ist, gewisse Beobachtungen beschreibend zu verstehen. Das haben derartige Theoriebildungs-Ansätze mit so namhaften Theorien wie der *„Quantenmechanik"*, der *„Superstring-Theorie"* oder dem Konzept der *„Dunklen Materie"* im Kosmos gemeinsam. Aber auch, wie erwähnt, mit Darwins *„Evolutionstheorie"*. [3] Es gibt somit immer wieder *„Ideen auf der Suche nach einer Theorie"*. – Vor allem ein interdisziplinäres Interesse an den Zusammenhängen der lebensvollen Ganzheit und ihrer Erschließung, ist treibende Kraft der Suche. – Oder noch besser: des Findens.

Intelligente Zellen. – Wie Bewusstsein / In-*forma*-tion Gene steuert

Wir wollen uns exemplarisch mit jenen Forschungsdaten und Theoriebildungen auseinandersetzen, welche mir am plausibelsten und fundiertesten erscheinen. Wir wenden uns zunächst der Theorie des Zellbiologen und Begründers der Neuen Biologie Univ.-Prof. B.H. Lipton, zu. Er zeigt anhand seiner Forschungen, wie Bewusstsein beziehungsweise In-*forma*-tion, den Organismus und seine Gene steuert. Liptons neue Theorie versucht aus zellbiologischer Sicht zu beschreiben, wie mentale Prozesse – innere Einstellungen und Überzeugungen – unsere Gene und damit unser Leben beeinflussen. Seine Theorie stellte bereits vor Jahren ketzerisch nichts Geringeres in Frage als das Dogma

---

[2] M. Beck, in: *„Psychoneuroimmunologie – Neue Erklärungsmodelle für Krankheit und Gesundheit."*, Transkription, in: *ORF Dimensionen – Die Welt der Wissenschaft, 2008.* Siehe Kap. 7, Anm. 5ff.

[3] Siehe Prolog, Anm. 6.

heutiger Lehrmeinung: das sogenannte *„Primat der Gene"*, welches besagt, dass Gene unser Leben bestimmen und dass SIE es wären, welche die Funktionen des Organismus steuern. Lipton entwickelte sein Forschungsfeld vor mehr als vierzig Jahren auf der, von der heutigen Fachwelt so bezeichneten *„Epigenetik"*. Jener Wissenschaft molekularer Mechanismen, mit denen die Gen-Aktivitäten (im Zellkern) durch Botenstoffe (im Blut) gesteuert werden. Liptons Hauptforschungsfeld war die „Zellmembran" – quasi das *„Gehirn der Zelle"* – wie Lipton sagt [4]. Bruce Lipton: *„Ich glaube, die Zellen lehren uns nicht nur etwas über die Mechanismen des Lebens, sondern zeigen uns auch, wie wir ein reiches, erfülltes Leben führen können, ... für mich sind diese Erkenntnisse das kleine Einmaleins der Biologie. **Sie halten sich vielleicht für ein Individuum, aber als Zellbiologe kann ich Ihnen versichern, dass Sie eigentlich eine kooperative Gemeinschaft aus ungefähr 50 Billionen einzelligen Mitgliedern bilden.** [5] ... Obwohl der Mensch aus Billionen von Zellen besteht, gibt es in unserem Körper keine einzige Funktion, die nicht bereits in der Einzelzelle angelegt ist. Jede Eukaryote* (Zelle mit Zellkern; KP.) *besitzt eine funktionale Entsprechung zu unserem Nervensystem, Verdauungssystem, Atmungssystem, Ausscheidungssystem, Drüsensystem, Muskel- und Skellettsystem, Kreislauf- und Fortpflanzungssystem, sogar ein primitives Immunsystem. Das Überleben der Zelle hängt schließlich von ihrer Fähigkeit ab, dynamisch auf jede Veränderung ihrer Umgebung zu reagieren.* [6] – Soweit die Sicht dieses namhaften Vorreiters.

Auch wenn 1953, also heute bereits vor mehr als 70 Jahren, die beiden Physiker James Watson und Francis Crick mit ihrer Entdeckung der DNA-Doppelhelix gefeiert wurden und die Schlagzeile durch die Presse

---

[4] B. Lipton: *„Intelligente Zellen – Wie Erfahrungen unsere Gene steuern."*, Burgrain 2006, S. 87, S. 12.

[5] Ebenda, S. 26. So sieht es auch der renommierte Genetiker Murakami: *„Jede Zelle in Ihrem Körper ist ein unabhängiger, lebender Organismus."* K. Murakami: *„Der göttliche Code des Lebens – Ein neues Verständnis der Genetik."*, Güllesheim 2008, S. 113; Siehe *„In-forma-tion / Bd.2"*, Kap. 12: Was ist Leben? – Phänomene und Symptome, Anm. 18, 20.

[6] K. Murakami: *„Der göttliche Code des Lebens – Ein neues Verständnis der Genetik."*, Güllesheim 2008, S. 37.

ging: *„DAS GEHEIMNIS DES LEBENS ENTDECKT!"* – ist Bruce Lipton überzeugt: *„Das wahre Geheimnis des Lebens liegt nicht in der berühmten Doppelhelix. Es liegt in den genial einfachen, biologischen Mechanismen der magischen (Zell-)Membran – jenes Mechanismus, durch den Ihr Körper Umweltsignale in Verhalten umsetzt."* [7] Das revolutionärste Verdienst Liptons ist, bereits vor Jahrzehnten erkannt zu haben, wofür Generationen von Biologen ihre indoktrinierten Forscheraugen „blind-geprägt" verschlossen waren: ***Es gibt bei weitem nicht genügend Gene, um, die Komplexität menschlichen Lebens beziehungsweise menschlicher Krankheiten zu verstehen.*** Zur Veranschaulichung: Der mikroskopisch kleine Fadenwurm *Caenorhabditis Elegans* mit *„exakt 969 Zellen und einem einfachen Gehirn mit ungefähr 302 Zellen"*, verfügt über ein Genom von 24.000 Genen, der *„menschliche Körper mit seinen über fünfzig Billionen Zellen enthält nur 1.500 Gene mehr als der wirbellose Wurm."* [8]

In einem Kommentar zu den überraschenden Erkenntnissen des Human-Genom-Projektes, sagte der Genetiker und Nobelpreisträger David Baltimore 2001: *„Falls im menschlichen Genom nicht noch viele Gene vorhanden sind, die unsere Computer nicht erkennen können, müssen wir zugeben, dass wir unsere im Vergleich zu Würmern und Pflanzen zweifellos größere Komplexität nicht durch ein Mehr an Genen gewonnen haben. Die Erkenntnis dessen, was uns unsere Komplexität verleiht – das enorme Verhaltensrepertoire, die Fähigkeit zu bewusstem Handeln, eine bemerkenswerte Körperbeherrschung, unsere genau auf die Umweltveränderungen abgestimmten Reaktionsmöglichkeiten, unsere Lernfähigkeit – muss ich noch mehr aufzählen?! – bleibt eine große Herausforderung für die künftige Forschung."* [9]

Die Ergebnisse des Human-Genom-Projektes zwingen jetzt auch die etablierte Forschergemeinschaft grundsätzlich andere Vorstellungen über die Steuerung der Lebensprozesse in Erwägung zu ziehen.

---

[7] B.H. Lipton: *„Intelligente Zellen – Wie Erfahrungen unsere Gene steuern."*, Burgrain 2006, S. 75.

[8] Ebenda, S. 64.

[9] D. Baltimore: *„Our genome unveiled. (2001)"* in: *„Nature"* 409: S. 814-816, Übersetzung, zitiert in: B.H. Lipton: *„Intelligente Zellen – Wie Erfahrungen unsere Gene steuern."*, S. 64.

Es sind den DNA-Chromosomenstrang einhüllende Proteine [10], die durch ihre An- oder Abwesenheit, dessen Aktivität steuern. Proteine, die selbst wiederum von Wirkstoffen im Zellplasma informiert werden. Verfolgt man diese Wirkungskette in Gegenrichtung – von den Genen weg nach außen –, dann steht die gesamte Informationskette letztlich unter dem Einfluss von Umweltsignalen. Oder besser gesagt: Unter dem Einfluss dessen, wie unser Gehirn mit den ihm eigenen Informationen (indoktrinierte Überzeugungen, Bewertungen, Ängste, angelernte Haltungen, etc.) die Außenwelt-Wahrnehmungen auffasst, interpretiert und entsprechend physiologisch agiert. Dies geschieht durch Botenstoffe (Hormone, Endorphine, Histamine etc.), die durch Befehle des Zentralnervensystems (Gehirn), ausgeschüttet von Drüsen, in den Blutkreislauf freigesetzt werden. Botenstoffe werden als essenziell betrachtet, da sie unter anderem den steten Informationsfluss zwischen den Zellen aufrecht halten. Sie werden am Ende der Informations-Kaskade letztlich von den entsprechenden Rezeptoren, den Sinnesorganen der Zelle auf der Zellmembran, aufgenommen. [11] So wird die Information ans Zytoplasma der Zelle weitergeleitet und die Informations-Kette vom Gehirn zum einzelnen Gen schließt sich: Interpretierte Umweltsignale wurden in (Zell-)Verhalten umgesetzt ...

Für alle, die an weiterer, detaillierterer Information Interesse haben, sei Bruce Liptons Buch *„Intelligente Zellen – Wie Erfahrungen unsere Gene steuern.“*, wärmstens empfohlen. Es liest sich über lange Strecken wie ein (wissenschaftlicher) Krimi, verfasst von einem Top-Wissenschaftler. Hier noch eine weitere Lese-Kostprobe zum Thema „Bio-Evolution" – vom Einzeller zum Mehrzeller und damit

---

[10] Proteine sind die Grundbausteine jenes Phänomens, das wir *„Leben"* nennen. Unser menschlicher Körper verfügt über etwa 100.000 verschiedene Proteine, um zu funktionieren.

[11] Die *„Antennen"* der Rezeptoren (Integrale Membran-Proteine: IMPs) können auch Schwingungsenergie-Felder wie Licht und Klang empfangen (Biolumineszenz als rein energetische In-*forma*-tions-Übertragung und Kommunikation zwischen den Zellen – durch so genannte kohärente Biophotonenstrahlung). Diese Rezeptor-Antennen vibrieren wie Stimmgabeln, wenn in der energetischen Umgebung der Zelle eine Schwingung auftritt, die damit in Resonanz ist. Dann verändert sich die elektrische Ladung des Proteins und der Rezeptor verändert seine Form. T.Y. Tsong: *„Deciphering the language of cells."*, in: *Trends in Biochemical Science*, s 14: 89-92.

auch zum Menschen: *„Um intelligentes Verhalten zu zeigen, braucht die Zelle eine funktionierende Membran mit Rezeptoren (für die Wahrnehmung) und Effektoren (für die Handlung)* [12]*. Diese Protein-Komplexe (Rezeptoren = ‚Schalter‘) sind die grundlegenden Einheiten der zellulären Intelligenz. In diesem Zusammenhang ist es wichtig, daran zu erinnern, dass es in jeder Zellmembran Hunderttausende dieser ‚Schalter‘ gibt. ... **Im Laufe der Evolution erweiterte sich die Zellmembran, doch dieser Erweiterung waren physische Grenzen gesetzt.** ... Als die Zellmembran diese kritische Ausdehnung erreichte, war die Evolution der Einzeller an ihrer Grenze angelangt. Die ersten drei Milliarden Jahre gab es nur Einzeller auf diesem Planeten, weil die Entwicklung erst weitergehen konnte, als die Zelle eine Möglichkeit fand, ihre Wahrnehmung zu erweitern. Um klüger zu werden, fingen die Zellen an sich mit anderen Zellen zusammenzuschließen. Sie bildeten mehrzellige Gemeinschaften, in denen sie die Wahrnehmung untereinander verteilen konnten ... **In mehrzelligen Gemeinschaften fingen die Zellen an, sich zu spezialisieren. Diese Arbeitsteilung kommt in unseren verschiedenen Geweben und Organen zum Ausdruck. Im Einzeller wird zum Beispiel die Atmung durch die Mitochondrien ausgeführt. Im mehrzelligen Organismus entsprechen Mitochondrien den Milliarden spezialisierter Lungenzellen.** ... Die Bewegung des Einzellers entsteht durch Interaktion zytoplasmischer Proteine namens Aktin und Myosin. In einem Mehrzeller haben die Gemeinschaften spezialisierter Muskelzellen die Aufgabe der Bewegung übernommen, von denen jede über große Mengen an Aktin und Myosin verfügt. ... Selbst unser kompliziertestes Organ, das Gehirn, offenbart uns seine Geheimnisse leichter, wenn wir so viel wie möglich über das ‚Gehirn‘ der Zelle wissen, die Membran."* [13]
Lipton betont an verschiedenen Stellen seines Buches, dass auch die in den letzten etwa 700 Mio. Jahren sich entwickelten mehrzelligen Gemeinschaften. (Wir nennen sie Pflanzen, Tiere oder Menschen), Sie alle verwenden die bekannten Informations-Moleküle der Einzeller: *„Indem sie das Freisetzen und die Verteilung dieser steuernden*

---

[12] Der Rezeptor-Effektor-Komplex wirkt wie ein Schalter, der Umweltsignale in Zellverhalten übersetzt. Siehe auch B.H. Lipton: *„Intelligente Zellen ..."* , S. 82.

[13] B.H. Lipton: *„Intelligente Zellen – Wie Erfahrungen unsere Gene steuern."*, S. 85ff.

*Signalmoleküle genau regulierten, konnten die Zellgemeinschaften ihre Funktionen koordinieren und als **ein** Lebewesen agieren ... Die Gemeinschaft kann nur funktionieren, wenn sich alle Beteiligten auf einen gemeinsamen Plan einlassen.* [14] *... Die komplexen Verhaltenskontrollen, die ein mehrzelliger Organismus zum Überleben braucht, liegen in der zentralen Informationsverarbeitung: dem Gehirn* [15]. *Das Gehirn kontrolliert das Verhalten der Körperzellen. Dieser wichtige Punkt sollte berücksichtigt werden, wenn wir die Zellen unserer Organe und Gewebe für den Gesundheitszustand verantwortlich machen.".*

Reflexverhalten wird durch genetisch festgelegte Instinkte an die Nachkommenschaft vererbt. Evolutionär entwickelte sich jene Spezialisierung zu einem Teil des Gehirns. Wir sagen Limbisches System dazu: Hier werden chemische Kommunikations-Signale in Empfindungen übersetzt, die von allen Zellen der Gemeinschaft wahrgenommen werden. Einerseits tritt unser Bewusstseins und seine Umwelt-Interpretationen so in Form von „Emotionen" in Erscheinung. Andererseits bedingen die dem Bewusstsein eigenen In-*forma*-tionen (Vorprägungen, Vorstellungen, Bewertungen), die Welt zunächst „uns gemäß" wahrzunehmen. Dadurch führt unser Bewusstsein (mit den bewussten wie unbewussten Aspekten) letztlich selbst die Emotionen herbei und erlebt diese entsprechend der ihm bekannten Bewertungen. Ein selbst-verstärkender Kreislauf beginnt und setzt sich fort ... [16]

---

[14] Siehe *„In-forma-tion / Bd.2"*, Kap. 12: *Was ist Leben?* – Phänomene und Symptome, Anm. 20-22.

[15] Bruce Lipton: *„Meine aufregendste Entdeckung war, wenn ich meinen Zellkulturen gleichzeitig Histamin und Adrenalin zufügte. Ich stellte fest, dass die vom Zentralnervensystem freigesetzten Adrenalinsignale stärker sind als die lokal erzeugten Histaminsignale. Im Zweifelsfall folgen die Zellen den Anweisungen des ‚Oberbosses' des Nervensystems. ... **Unsere Physiologie und Verhaltensweisen halten sich an die ‚Wahrheiten' der zentralen Stimme, egal, ob sie konstruktiv oder destruktiv sind."*** B.H. Lipton: *„Intelligente Zellen – Wie Erfahrungen unsere Gene steuern.",* S. 134f, S. 165, S. 128f; (gilt auch für das nächste Zitat in Folge).

[16] Lipton betont allerdings auch, dass es eindeutig mehr braucht *„als ‚positives Denken',* um Kontrolle über unseren Körper und sein Leben zu erlangen. ... ***Die neurologischen Verarbeitungskapazitäten des Unterbewusstseins sind dem Bewusstsein haushoch überlegen. Wenn also die Wünsche des Bewusstseins den Programmen des Unterbewusstseins widersprechen, raten Sie mal, wer da wohl gewinnt?"*** B.H. Lipton: *„Intelligente Zellen ...",* S. 125f.

Durch die Evolution des Gehirns bot sich den Organismen auch die Chance aus Lebenserfahrung zu lernen. Alle Arten neu erworbenen Verhaltens wurden auf diese Weise konditioniert. Unser menschliches Unterbewusstsein – so stellt der Biologe Bruce Lipton fest – ist *„nicht mehr und nicht weniger als eine emotionslose Datengrundlage, deren Aufgabe darin besteht, Umweltsignale wahrzunehmen und die entsprechend programmierten Verhaltensweisen aufzurufen – ohne Fragen zu stellen, ohne zu urteilen.“* [17] Auch bei uns Menschen finden (frühkindliche) Lernprozesse auf diese Weise und ungefiltert ins Unterbewusstsein herein. So werden wir Menschen konditioniert (Etablierung von Gewohnheiten). Diese bestimmen infolge unbewusst, und damit umso effizienter, unser Erleben. Solange jedenfalls, bis wir bereit sind dieses vorgeprägte Verhalten durch Selbstreflexion unseres selbstbewussten Geistes zu erkennen, zu beobachten und so wir wollen zu unterbinden. Etwas, was „das Leben“ uns verhalf, zur Fähigkeit zu entwickeln. Ein Prozess, den – so er stattfindet – wir als „freien Willen“ bezeichnen dürfen. Oft genügt es schon, selbst-beobachtend präsent zu sein und zu fühlen [18], anstatt sich vom Denken ängstlich in die Zukunft entführen zu lassen oder rechthaberisch und Erinnerungen-verwaltend in die Vergangenheit. Erst einmal ganz bewusst: *„STOP!“* sagen. Um dann, gemäß dem Motto diverser systemischer Verhaltenstrainings: *„Wenn Sie etwas ändern wollen, müssen Sie etwas ändern.“* [19], das Stattfindende bewusst NEU zu erleben. Es wird diesbezüglich von der Wichtigkeit *positiver Konnotation* gesprochen; was *gefühlt positive* Um-Interpretation, einer durch unbewusste Programmierung negativ interpretierten Wahrnehmung, bedeutet. Insofern steuert *alles Gefühlte* unsere Biologie. Wie? – Das bestimmen entweder *bewusst* erneuerte oder aber *unbewusst* kursierende, machtvolle Überzeugungen. Kürzlich musste ich schmunzeln; ich las in einem entsprechenden Zusammenhang den m. E. sehr treffend gesetzten Begriff: *„Zeugs“*: *Ansonsten also bestimmt „unser Zeugs“ unsere Welterfahrung!* [20])

---

[17] Ebenda, S. 165.

[18] Siehe *„Jn-forma-tion / Bd. 2“*, Kap. 8: Vertrauen, Anm. 12.

[19] A. Molnar, B. Lindquist: *„Verhaltensprobleme in der Schule – Lösungsstrategien für die Praxis.“*, 5. Auflage, Dortmund 1997, S. 28; Siehe Kap. 8, Anm. 31.

[20] R. Smothermon: *„Drehbuch für Meisterschaft im Leben.“*, Bielefeld 1986, S. 12f.

Liptons These – mittlerweile gestützt durch das enorme Forschungs-potenzial der im Rampenlicht stehenden Wissenschaftsgebiete wie „Signaltransduktion" (Erforschung der Informationspfade von der Außenseite der Zellmembran zur Innenseite; KP.) sowie „Epigenetik" (Erforschung der Chromosomenproteine; KP.) – besagt letztlich das Folgende: *„Biologisches Verhalten kann durch unsichtbare Kräfte – unter anderem z.B. auch durch Gedanken – gesteuert werden."* [21] Und: In-*forma*-tion und ihre Kommunikation (nicht nur zwischen den Zellen, aber auch da) sind die tragenden Säulen für die gesamte Evolution. Bruce Lipton: *„Der Informationsfluss wirkt ganzheitlich. Die Bestandteile der Zelle sind in ein komplexes Gewebe von Austausch, Feedback und Feedforward eingebunden."* [22] Seine Forschungen erhärten auch in eindrücklicher Weise die frühen Thesen des Biologen Jean-Baptiste de Lamarck (1809) [23]

Liptons kurz gefasste Erkenntnis seiner zellbiologischen Forschung, gleich zu Beginn seines Buches: *„Nicht die gen-gesteuerten Hormone und Neurotransmitter kontrollieren unseren Körper und unseren Verstand. Unser Glaube und unsere Überzeugungen kontrollieren unseren Körper, unser Denken und damit unser Leben."* [24] *„Wir sind für alles in unserem Leben verantwortlich, sobald wir erkannt haben, dass wir für alles verantwortlich sind."* [25]

Abschließend noch sein Aufruf – vor allem auch an die zukünftigen Eltern in seiner Leserschaft: *„Die Natur hilft dem Kind einfach, in dieser Umgebung so gut wie möglich zu überleben. Doch auf Grund der neuen Erkenntnisse haben Eltern jetzt die Wahl: Sie können aktiv ihre limitierenden Kernüberzeugungen (‚limiting beliefs') sorgfältig umprogrammieren, bevor sie ein Kind in die Welt setzen. ... Die Gene sind wichtig, aber ihr Potenzial kann nur durch bewusste Elternschaft und reichhaltige Chancen im Umfeld verwirklicht werden."* [26]

---

[21] B.H. Lipton: *„Intelligente Zellen – Wie Erfahrungen unsere Gene steuern."*, S. 82.

[22] Ebenda, S. 101.

[23] J.B. Lamarck: *„Philosophie Zoologique."*, Paris 1809; Siehe Kap. 7, Anm. 8.

[24] B.H. Lipton: *„Intelligente Zellen – Wie Erfahrungen unsere Gene steuern."*, S. 28.

[25] Ebenda, S. 178.

[26] Ebenda, S. 176f.

Selbstbewusster Geist. – Der Pianist und sein Klavier

Durchaus ähnlich betrachten es der Neurowissenschaftler und Nobelpreisträger Sir John Eccles [27] und der österreichische Philosoph Sir Karl Popper, wenn sie darauf hinweisen, *„dass etwas vollkommen Andersartiges als das physische System irgendwie auf das physische System einwirkt. ... Die neuronale Maschinerie fungiert dort als das Medium, das unentwegt wandelt und multikomplex in Zeit und Raum ist. Es ist für alle Operationen des selbstbewussten Geistes zuständig.“* [28]

Eccles und Popper diskutierten im September 1974 gemeinsam ihre These eines *selbstbewussten Geistes* und legten sie als ihr naturwissenschaftlich philosophisches Vermächtnis, in Buchform nieder. Der Titel: *„The Self and Its Brain – An Argument for Interactionism.“* Der Außergewöhnlichkeit ihrer These waren sich dazumal beide bewusst. Zu *„seltsam“* muteten die Konsequenzen der Forschungen Eccles selbst an. Doch für jede wirklich erneuernde Entdeckung muss man als Forscher nicht nur zur rechten Zeit vorbereitet am rechten Ort sein. Man muss den Mut haben, sich von bestehenden Denkmustern lösen zu können.

Vor dem Hintergrund reduktionistischer Wissenschafts-Philosophie wäre es nur verständlich gewesen, wenn Eccles mit jener irritierenden Interpretation seiner neurowissenschaftlichen Ergebnisse, besser hinter-dem-Berg gehalten hätte. Andererseits: Die Wissenschafts-Geschichte – vornehmlich der Physik und Chemie – ist gezeichnet von der Tragik jener Forscher, die geniale Forschung betrieben, doch nicht „Freigeist“ genug waren, sich über die Lehrmeinung des herrschenden Zeitgeistes zu erheben, um *das Unerwartete* wahrzunehmen. Zu linear denkend, griffen sie mit ihren jeweiligen Gedanken zu kurz.

Eccles selbst zur revolutionären Interpretation der Ergebnisse, für die er den Nobelpreis erhielt: *„Der selbstbewusste Geist dringt in diese Mannigfaltigkeit ein und synthetisiert sie und bringt sie zu einer Einheit*

---

[27] John Eccles erhielt 1963 den Nobelpreis für Medizin (gemeinsam mit 2 weiteren Forschern) für die Entdeckung des Ionen-Mechanismus, der bei Erregung / Hemmung in den peripheren und zentralen Bereichen der Nervenzellenmembran auftritt.

[28] K. Popper / J. Eccles: *„The Self and Its Brain – An Argument for Interactionism.“*, New York 1977 („*Das Ich und sein Gehirn.*“, München 2002 (1989) S. 559).

von Augenblick zu Augenblick. [29] *Im Gegensatz dazu verleihen wir nun dem selbstbewussten Geist eine Meisterrolle in seiner Beziehung zum Gehirn. ... Der selbstbewusste Geist ist nicht an die unmittelbaren Ereignisse, wie sie im Gehirn vor sich gehen, gefesselt, aber er beurteilt sie fortwährend und betrachtet sie in Beziehung zu vergangenen Ereignissen und zu antizipierten zukünftigen Ereignissen."*

Ganz ähnlich einer der wohl renommiertesten Neurowissenschaftler, der Professor für Neurologie und Psychologie, Dr. António R. Damásio – seit 2005 mit der Leitung des *Brain and Creativity Institute* an der University of Southern California betraut: *„Sobald das Selbst dem Geist zur Kenntnis gelangt ist, verbringen wir zwei Drittel unseres Lebens ohne Pause im Licht des Geistes und gelangen uns selbst zur Kenntnis. Und nun, da die Erinnerung an so viele Kenntnisnahmen unseres Selbst die Person geschaffen hat, die wir sind, sind wir sogar in der Lage uns selbst vorzustellen, wie wir im Licht über die Bühne gehen. Das alles beginnt höchst bescheiden mit dem schlichten Empfinden, dass sich unser lebendes Sein in einer Beziehung zu einem einfachen Ding innerhalb oder außerhalb unserer Körpergrenzen befindet.* [30] Fazit seiner Forschung: *„Kreativität – die Fähigkeit, neue Ideen und Artefakte hervorzubringen – setzt mehr voraus, als das Bewusstsein je zu leisten vermag."* [31]

Ist der Leib selbst nur Sender oder eben AUCH Empfänger? Warum eigentlich Rückkoppelungen in der Physik freimütig anerkennen und bislang solche Scheu an den Tag legen, Rückkoppelungen zwischen *Form* (Physis) und In-*forma*-tion (Geist) anzuerkennen?!

Die zentrale Frage, auf die sich wissenschaftliche Klärung zuspitzen wird, ist: Ob die an dieser Stelle exemplarisch geäußerte, mutige Offenheit moderner ganzheitlicher Forschungsansätze ausreicht, um die Idee eines derartigen „Klavierspielers" in den sich entwickelnden Wissenschaften „hoffähig" zu machen. Momentan denkt ein Gutteil der etablierten

---

[29] Zitat: „... *eine gewissermaßen ‚transzendente Welt' des Bewusstseins"* K. Popper / J. Eccles: *„Das Ich und sein Gehirn.",* München 2002 (1989), S. 611, S. 561, S. 585, S. 563; (gilt auch für weitere Zitate in Folge); Siehe Kap. 5, Anm. 14-16.

[30] A.R. Damásio: *„Ich fühle, also bin ich – Die Entschlüsselung des Bewusstseins."* TB, Berlin 2009, S.377; Siehe *„In-forma-tion / Bd.2"* Kap. 9: Intuition, Anm. 29-35.

[31] Ebenda, S. 378.

Forschergemeinschaft, aus Gründen einer vermeintlich notwendigen „geistigen Selbstbeschränkung", noch nicht über das kosmologische Begriffssystem eines „*selbstorganisierenden Chaos*" [32] hinaus. (An und für sich auch bereits ein durchaus revolutionär anmutender Gedanke.)

Was wissenschaftlich zu konstatieren ist, drückt der Forscher und Wissenschaftsphilosoph Univ.-Prof. Ervin Laszlo wie folgt aus: „*Die Tatsache, dass zwischen komplexen neuronalen Strukturen und einer Bewusstseinstufe mit klar gegliederten Bildern, Gedanken, Gefühlen und einer Fülle unterbewusster Elemente eine Verbindung besteht, bedeutet noch nicht, dass Bewusstsein selbst auf diese Strukturen zurückzuführen wäre. ... Die Annahme, das Gehirn erzeuge das Bewusstsein, ist nur einer von vielen Wegen, auf denen wir uns die Beziehung von Gehirn und Geist vorstellen können. Es ist der materialistische Weg.*"[33]

Gemäß heutiger Naturwissenschaft scheinen biologische Prozesse auf materieller Ebene durch chemische Prozesse gesteuert; diese durch elektrische Impulse und wiederum weiter durch die zugrunde gelegte genetische Ebene. Entsprechend reduktionistischer Forschung liegen die Wurzeln jener *eigengesetzlichen Grundlagen* solchen Wirkens in der Erbsubstanz und ihren Strukturen begründet. Die Suche nach den Wirkungszusammenhängen endet für sie somit auf der strukturellen Ebene. Selbst dieses Forschungsergebnis schuldet eine Auseinandersetzung, denn auf allen wissenschaftlichen Gebieten, ob Biologie, Soziologie, Politik, aber auch Physik, beweist sich: *Steuerungsprozesse in der Natur sind NIE von derselben Qualität wie jene Vorgänge oder jene Prozesse, die sie steuern.* Es wäre jedenfalls nicht stringent, sondern ein Widerspruch in sich, die *Voraussetzungen* des Materiellen in dieser Welt ebenfalls materiell zu denken. Struktur schafft Form. Und: „*form follows function.*" [34] Die Form folgt also der Funktion. Auch hier haben wir somit einen nichtmateriellen Schlüssel

---

[32] Unter „*selbst-organisierendem Chaos*" verstehen Chaosforscher eine sich aus den materiellen Strukturen entwickelnde Ordnung. Eine darüber hinausweisende Sicht vertritt Friedrich Cramer, emeritierter Professor für Organische Chemie in Darmstadt und Direktor am Max-Planck-Institut für Experimentelle Medizin in Göttingen.

[33] Laszlo: „*HOLOS – Die Welt der neuen Wissenschaften.*", Petersberg 2002, S. 140.

[34] „*Form follows function*" galt als Paradigma der Architektur der „*Moderne*". Das Funktionsprinzip hatte zu sprechen begonnen. Siehe Kap. 3, Anm. 10.

(Funktion) als In-*forma*-tion. – Damit ist wieder ein *geistiges* Prinzip vorherrschend und die rein physisch definierte Ebene der Wirksamkeit somit überschritten.

Struktursequenzen höchster Ordnung liegen dem Physischen zugrunde. Oder, um es mit den Worten des Wissenschafts-Philosophen Ludwig Wittgenstein zu sagen: „*Die Lösung des Rätsels des Lebens in Raum und Zeit liegt außerhalb von Raum und Zeit.*" [35]

Doch kommen wir zurück zu Sir Eccles und Sir Popper: Welcher Weitblick, welche Radikalität im Diskurs vor bereits fast 50 Jahren! Solche Radikalität setzt wahrlich ein hohes Maß an geadeltem Geist voraus. Aber: Wer wenn nicht ein Nobelpreisträger mit dem nötigen Stehvermögen und ein gereifter Philosoph im Rang eines Karl Popper sind zu solchen Aussagen befähigt?! Abgeklärt und mutig genug, die fachliche Reputation zu riskieren und die „*Forscher-Gemein-Schaft*" ungeschminkt mit derart radikal anmutenden Interpretationen von Forschungsergebnissen zu konfrontieren. Denn: Jeder Forscher weiß, dass darin auch eine nicht zu unterschätzende Gefahr liegt!

Nun, die strittigsten Kriterien ihrer Sicht scheinen heute – durch mittlerweile erweitertes Faktenmaterial mehr und mehr gefestigt und die beiden Forscher im Wesentlichen bestätigt. Es gilt eben nach wie vor der Grundsatz, beziehungsweise die etwas bitter anmutende Einsicht, die der Nobelpreisträger und Begründer der Quantenphysik, Max Planck, so formulierte: „*Eine neue wissenschaftliche Wahrheit pflegt sich nicht in der Weise durchzusetzen, dass ihre Gegner überzeugt werden und sich als bekehrt erklären, sondern vielmehr dadurch, dass die Gegner allmählich aussterben und die heranwachsende Generation von vornherein mit der Wahrheit vertraut gemacht ist.*" [36]

Vermutlich hätte man vieles von dem, was heute in der Physik state-of-art ist, *früher* als „metaphysisch" bezeichnet. Und vieles von dem, was *heute* gern als „Metaphysik" hingestellt wird, könnte sich für ein aufgeschlossenes Bewusstsein bald schon als Selbstverständlichkeit unserer physischen Realität entpuppen ...

---

[35] L. Wittgenstein, zitiert in: *Spektrum der Wissenschaft 10/2008*, S. 8.

[36] M. Planck: „*Vorträge und Erinnerungen.*" Stuttgart 1949; zitiert in: H. Pietschmann: „*Das Ende des naturwissenschaftlichen Zeitalters.*", Frankfurt / Berlin 1983, S. 85.

„Moleküle der Gefühle". – Bewusstsein und Gesundheit

„Für mich ist der entscheidende Gesichtspunkt, dass Gefühle im Körper als chemische Informationsstoffe existieren, als Neuropeptide und Rezeptoren. Und dass sie noch in einer anderen Dimension vorkommen, die wir als Fühlen, Inspiration, Liebe erleben und die jenseits der körperlichen Welt liegt. Die Gefühle bewegen sich hin und her, fließen ungehindert zwischen den beiden Dimensionen. Insofern verbinden sie die materielle und immaterielle Welt. Vielleicht ist es dieses Phänomen, das östliche Heiler als feinstoffliche Energie, als ‚Prana', bezeichnen: die Zirkulation emotionaler und spiritueller Information durch den Körpergeist. Wir wissen, dass die Gesundheit des physischen Körpers mit dem Fluss der biochemischen Gefühlsstoffe zu tun hat. Meine Arbeit hat mich gelehrt, dass Gefühle eine physische Realität besitzen." [37]

Zeitlich koinzident mit Liptons Forschungsweg, der vom Gehirn der Zelle (der Zellmembran) mit ihren Proteinkomplexen, zur Informations-Instanz des Gehirns bei Mehrzellern führte, schlug die Neurowissenschaftlerin Candace Pert die gerade entgegengesetzte Stoßrichtung ein. Mit denselben Resultaten. Sie untersuchte das Gehirn 25 Jahre lang und erkannte dabei die Parallelen zur Funktionsweise der Zellmembran, dieses zellulären Gehirns. Forschungen der informationsverarbeitenden Rezeptoren in den Nervenzellmembranen führten sie zur Entdeckung, dass die gleichen neuronalen Rezeptoren auch in den Körperzellen auftreten. Die These, welche sie in ihrem Standardwerk *„Moleküle der Gefühle – Körper, Geist und Emotionen."* vertritt: Der menschliche Geist sitzt nicht nur im Kopf, sondern ist durch Signalmoleküle im ganzen Körper verteilt. Und: Emotionen entstehen nicht nur durch ein Feedback des Körpers auf Umweltinformationen, sondern der *„seiner-selbst-bewusste-Geist"* kann auch durch sein Denken, „Gefühlsmoleküle" erzeugen und das System damit überlagern. So kann der angemessene Einsatz des Bewusstseins einen kranken Körper gesunden lassen, während eine unangemessene Kontrolle der Gefühle einen gesunden Körper krank machen kann. Sie selbst formuliert es folgendermaßen: *„Die Verbindung zwischen Körper und Geist wird*

---

[37] C. Pert: *„Moleküle der Gefühle – Körper, Geist und Emotionen"*, Reinbeck 1997, S. 472.

durch die Gefühle hergestellt. Dieser eher ganzheitliche Ansatz ergänzt die reduktionistische Auffassung, erweitert sie eher als sie zu ersetzen und ermöglicht ein neues Verständnis von Gesundheit und Krankheit. [38]

Derartiges bestätigt auch der heute am Krankenhaus Bozen tätige Arzt und Universitätsprofessor Christian Wiedermann, der dies in den 1980er Jahren während seines damaligen Forschungsaufenthalts in den USA erleben konnte. Nämlich, dass es so wie in lymphatischen Organen (etwa der Milz), auch im Gehirn Rezeptoren gibt – nicht nur für das bekannte Stresshormon Adrenalin, sondern für bis dahin kaum bekannte Neuropeptide. Mit Hilfe der von Pert neu entwickelten Methode gelang es, die Rezeptoren-Verteilung auch im Gehirn darzustellen. Und „*... da habe man gesehen*", so Wiedermann, „*dass die Verteilung der Neuropeptid-Rezeptoren im Gehirn differenziert ist, und* **man postulierte, dass dort, wo im Gehirn zum Beispiel ‚Emotion stattfindet', besonders hohe Konzentrationen von solchen Neuropeptid-Rezeptoren sind. Und was wir in der Milz gesehen haben ist, dass wir auch dort für die verschiedenen Neuropeptide ganz unterschiedliche Muster der Rezeptor-Expression sehen. Und eines der Postulate ist dann natürlich gewesen, dass Neuropeptide eine offensichtliche Rolle auch für Immunregulation spielen müssen.**" [39]

Das Leben achten – und seine In-*forma*-tion beobachten: Wie es kommunikativ tätig ist, Peptide als seine „Boten-Stoffe" benutzt und biologische Verständigung gewährleistet: Wow, welch spannendes und kreatives Forschungsfeld! Es war der Sog der Faszination, welcher Pert unterstützte, so lange an vorderster Front der Hirnforschung mitzuarbeiten, bis sie, gestützt auf eigene neuropharmakologische Forschungsergebnisse zum wissenschaftlich verwandelten Verständnis von Gesundheit und Krankheit fand. Was aber auch Pert, sowohl bezüglich ihrer oft Nobelpreis-gekrönten Kollegen, als auch eigenen Forschungen erleben musste, steigerte ihre Herausforderung noch: „*Wirklich neue, bahnbrechende Ideen werden nur selten von Anfang*

---

[38] Ebenda, S. 23.

[39] C. Wiedermann, in: „*Psychoneuroimmunologie – Neue Erklärungsmodelle für Krankheit und Gesundheit*", Transkription, in: *ORF Dimensionen – Die Welt der Wissenschaft, 2008*, von: E. Schütz.

an akzeptiert, egal von wem sie stammen." [40] Heute jedoch erobert das neue Paradigma, wissenschaftlich fundiert, die Köpfe der dekoriertesten Wissenschaftler. Und auch derart *„wesentliche Repräsentanten der Schulmedizin scheinen zu wissen, dass die Wissenschaft unaufhörlich voranschreitet und dass vieles von dem, was man ihnen vor zwanzig Jahren, ja selbst vor zehn Jahren, während des Medizinstudiums beigebracht hat, heute veraltet und nicht einmal mehr anwendbar ist.*" [41]

Eine wachsende Zahl an Wissenschaftlern hat erkannt, dass die Menschheit sich in einer wissenschaftlichen Revolution befindet und ist auf diesen Zug aufgesprungen: *„Das Establishment begegnet dem Neuen Paradigma.*" [42] Wie immer in Übergangsphasen, wirft ein neues Paradigma zu Beginn mehr herausfordernde Fragen auf, als es an handfesten Antworten zu geben imstande ist. Mag sein, der von Candace Pert geprägte und plakativ bis flapsig anmutende Satz: *„Gott ist ein Neuropeptid.*" [43], wirkt auf den ersten Blick ebenfalls stark vom Zeitgeist des wissenschaftlichen Materialismus angehaucht. Liest man jedoch ihr gesamtes Buch, so spürt man (fast) auf jeder Seite die Begeisterung an diesen revolutionären Entdeckungen mitschwingen. So kann man den Überschwang verstehen, der Perts Geist zu solchen Formulierungen beflügelt hat. Wissenschaftliches Neuland zu betreten, stößt im Wissenschaftler-Herz eben Emotionen an. Pert erkannte in den von ihr erstmals synthetisierten Peptiden die biochemische Grundlage von Bewusstsein, die *physiologischen Korrelate des Gefühls.* [44] Und: Wie Bewusstsein die Physiologie verwandeln und einen vollkommen gesunden, oder auch kranken Körper zu erschaffen vermag. Für Pert gilt der menschliche Organismus als *Kommunikationsnetzwerk*, als biochemische Verbindung zwischen Geist und Körper. Auch hier – wie in Bereichen der Physik: ein neues Paradigma und unabsehbare *konzeptive Folgen* auf allen menschlichen Ebenen [45]. Faszinierend,

---

[40] C. Pert: *„Moleküle der Gefühle – Körper, Geist und Emotionen.*", Reinbeck 1997, S. 25.
[41] Ebenda, S. 16.
[42] Ebenda, S. 25.
[43] Ebenda, S. 17.
[44] Ebenda, S. 17.
[45] Siehe A. Zeilinger, in: Kap. 3, Anm. 24, 28f.

zu erkennen, dass „*die chemischen Stoffe in unserem Körper ... die biologischen Substrate unseres Bewusstseins sind und sich als unsere Gefühle, Meinungen und Erwartungen manifestieren. Auf diese Weise beeinflussen sie nachhaltig, wie wir auf unsere Welt reagieren, sie erleben. ... Diese Informationsübertragung findet in einem Netzwerk statt, das alle unsere Systeme und Organe miteinander verbindet und alle unsere Gefühlsmoleküle als Kommunikationsmittel in Anspruch nimmt. So entsteht vor unseren Augen das Bild eines ‚mobilen Gehirns‘. Eines Organs, das sich durch unseren Körper bewegt und seinen Sitz überall zugleich hat, beileibe nicht nur im Kopf ... und das so für die intelligente Organisation dessen sorgt, was wir Leben nennen.*" [46]

Zentrales Anliegen von Perts Buch: zu vermitteln, dass in uns allen Möglichkeiten schlummern, den eigenen Lebenszustand zu ändern. Außerdem ist es der Erlebnisbericht einer Spitzenwissenschaftlerin, die begreift, dass Wissenschaft in der Bevölkerung erst dann gewürdigt werden kann, wenn sie als zutiefst menschliches Unterfangen erlebt wird. Auch hier gilt ihr Anspruch: Gefühle wirken sich auf die Wissenschaft ebenso aus wie auf Gesundheit und Krankheit ...

Lassen wir Candace Pert nun zu genau dem Inhalt zu Wort kommen, der vorzugsweise ihre Faszination geweckt hat: „Rezeptoren", Perts zentraler Forschungsgegenstand. Was Pert hierzu schreibt, rechtfertigt ein etwas längeres Zitat ... „*Heute wissen wir, dass der Rezeptor, ein einziges Molekül ist, vielleicht das eleganteste, außergewöhnlichste und komplizierteste Molekül, das es gibt. ... Im Gegensatz zu den kleinen unbiegsamen Wassermolekülen, deren Gewicht nur 18 Einheiten des Molekulargewichts umfasst, wiegt das größte Rezeptormolekül mehr als 50.000 Einheiten. Im Unterschied zu den gefrorenen Wassermolekülen, die schmelzen oder sich in Gas verwandeln, wenn Energie zugeführt wird, reagieren die flexibleren Rezeptormoleküle auf Energie und chemische Reize mit Schwingungen. Sie winden sich, flattern und summen sogar, während sie die Form wechseln, wobei sie häufig zwischen zwei oder drei bevorzugten Konformationen hin- und herspringen. Im Organismus sind sie stets an einer Zelle befestigt, wo sie auf der öligen Außengrenze der Zelloberfläche, der Membran, schwimmen. Denken*

---

[46] C. Pert: „*Moleküle der Gefühle – Körper, Geist und Emotionen*", Reinbeck 1997, S. 9f.

Sie an Seerosen auf einer Teichoberfläche; wie die Seerosen haben auch die Rezeptoren Wurzeln, die sich mehrfach durch die flüssige Membran schlängeln und tief ins Zellinnere reichen. Die Rezeptoren sind, wie gesagt, Moleküle und bestehen aus Proteinen, winzigen Aminosäuren, die zu faltigen Ketten verflochten sind. Sie sehen aus wie eine mehrfach ineinander verschlungene Perlenkette. Würde man jeder Rezeptorart, die man bisher identifiziert hat, eine eigene Farbe zuweisen, würde sich die Zelloberfläche in ein buntes Mosaik aus mindestens siebzig verschiedenen Farben verwandeln – 50.000 Exemplare einer Rezeptorart, 10.000 einer anderen, 100.000 einer dritten und so fort. Ein durchschnittliches Neuron (eine Nervenzelle) dürfte mehrere Millionen Rezeptoren auf seiner Oberfläche tragen. ... Genauso wie Augen, Ohren, Nase, Zunge, Finger und Haut des Menschen, sind auch die Rezeptoren Sinnesorgane – nur auf zellulärer Ebene. Sie treiben in den Membranen ihrer Zellen, tänzeln, vibrieren und warten darauf, dass sie Nachrichten von anderen kleinen vibrierenden Geschöpfen aufnehmen können. Auch diese bestehen aus Aminosäuren und treiben – ‚diffundieren‘ lautet das wissenschaftliche Wort – in den Flüssigkeiten der Zellumgebung heran. Häufig beschreiben wir diese Rezeptoren als ‚Schlüssellöcher‘, obwohl das sicherlich keine ganz treffende Bezeichnung für Gebilde ist, die sich in ständiger Bewegung und rhythmischen Schwingungen befinden. Sie ballen sich in der Zellmembran zusammen, während sie auf die richtigen chemischen Schlüssel warten. Diese nähern sich in der extrazellulären Flüssigkeit und suchen sich das passende Schlüsselloch aus, das heißt, den richtigen Rezeptor – ein Prozess, der ‚Bindung‘ heißt. Bindung, das ist Sex auf molekularer Ebene! Und was hat es mit diesem chemischen Schlüssel auf sich, der am Rezeptor andockt und ihn veranlasst zu tanzen und sich zu wiegen? Das verantwortliche Element bezeichnet man als ‚Ligand‘. Das ist der chemische Schlüssel, der am Rezeptor bindet, das heißt, in ihn eindringt wie der Schlüssel ins Schlüsselloch. Dadurch verursacht er eine Störung, die das Molekül veranlasst, sich neu zu organisieren, seine Form zu verändern, bis – klick! – eine bestimmte Information Eingang in die Zelle findet. Wenn auch der Schlüssel, der ins Schlüsselloch passt, die Standardmetapher ist, so verlangt der Vorgang doch nach einer dynamischeren Beschreibung:

vielleicht zwei Stimmen – Ligand und Rezeptor – die den gleichen Ton treffen und durch die erzeugte Schwingung ein Tor zur Zelle öffnen. Was dann geschieht, ist einigermaßen verblüffend. Nachdem der Rezeptor eine Nachricht erhalten hat, überträgt er sie von der Zelloberfläche tief ins Innere, wo sie eine weitreichende Veränderung des Zellzustandes bewirken kann (mittels sogenannter „Effektoren" [47]). *... Kurzum, das Leben der Zelle, das, was sie in einem gegebenen Augenblick vor hat, hängt davon ab, welche Rezeptoren sich an ihrer Oberfläche befinden und ob sie von Liganden besetzt sind oder nicht. Global können sich diese winzigen physiologischen Phänomene auf der Zellebene als tiefgreifende Veränderung des Verhaltens, der körperlichen Aktivität und sogar der Stimmung manifestieren."* [48]

Kein Wunder, dass das US-amerikanische Wirtschaftsmagazin „*Forbes*", vor wenigen Jahren, die Neurowissenschaft als „*heißestes Forschungsgebiet der akademischen Welt*" bezeichnete. Interessant, wie sich laut einer der erfolgreichsten Vertreter/innen dieses *heißesten Forschungsgebietes* – Candace Pert – die „Philosophie hochbegabter Köpfe" zusammenfassen lässt: „*Gib Dich nicht mit der herrschenden Meinung zufrieden. Finde Dich nicht mit dem Gedanken ab, dass sich etwas nicht machen lässt, weil die wissenschaftliche Literatur sagt, es lasse sich nicht machen. Vertrau auf Deine Instinkte und Deine Intuition. Leg Deiner Phantasie keine Fesseln an. ... Glaube nicht, dass etwas kompliziert sein muss, um von Nutzen zu sein, denn oft bringen die einfachsten Experimente die eindeutigsten Resultate. Führ das Experiment durch! ... Stelle die Autoritäten in Frage.*" [49]

Wahrhaft moderne, zukünftige Wissenschaft und Forschung will mehr, als bloß bisherige Einsichten und Erkenntnisse verwalten. Sie wird daran zu erkennen und zu messen sein sowie Erfolg haben, insofern es ihr gelingt, jegliche Art vorauseilenden Gehorsams

---

[47] Ein Signalstoff *außerhalb* der Zelle, der als Informations-Träger, als Botenstoff zum Rezeptor der Zelle wirkt, wird als „Ligand" bezeichnet. Jene Botenstoffe im Zellplasma der Zelle, als „Effektor". Siehe selbes Kapitel, Anm. 11, 12.

[48] C. Pert: „*Moleküle der Gefühle – Körper, Geist und Emotionen*", Reinbeck 1997, S. 28ff.

[49] Ebenda, S. 28ff; Siehe „*In-forma-tion / Bd. 2*" Kap. 11: Bildung der Zukunft – ein Ausblick, Anm. 4, 5.

der herrschender Denkgewohnheit der eigenen Zunft, abzulegen. All das muss hinter sich gelassen werden. Unbequeme Schnitte am allzu Gewohnten und unabsehbare Schritte sind aktiv und bewusst zu wagen.

Zusammenfassend will von meiner Seite dazu das Folgende gesagt sein: Vom Anliegen motiviert, zu einem wirklichkeitsgemäßen Verständnis von „Leben" sowie seinem „Bewusstsein" vorzustoßen, scheint mir entscheidend, sich in dieser Ausführlichkeit mit molekularbiologischer Forschung zu beschäftigen. Denn gerade vonseiten dieser Forschungsrichtung zeigen sich vielversprechende Wandlungen in den Grundlagen moderner Naturwissenschaften. Sie setzt mit die maßgeblichen Impulse für eine wissenschaftliche Klärung der entscheidenden Frage: *„Was ist Leben? Was ist Geist?"*. [50] Ein bedeutender Paradigmenwechsel wird sichtbar. Und Wissenschaftshistoriker der Zukunft werden, so vermute ich, schmunzelnd und augenzwinkernd vom *„Ideal des Materialismus"* sprechen, wenn es zu erläutern gilt, wie es bis ins 21. Jahrhundert möglich war, eine derart pseudo-paradigmatische Konsequenz aufrecht zu erhalten, nämlich: die Welt und ihre Evolution ohne etwas wie „Geist" zu denken. Die Wissenschaft mag heute nicht wissen, WAS „Geist", auch „Geist-im-Kosmos" ontologisch betrachtet ist, aber mittlerweile beginnt es zu dämmern, dass ganz unabhängig davon, etwas wie „Geist" IST! Die Lösung liegt darin, Geist radikal neu zu denken: Geist im Sinn von etwas wie der „In-*forma*-tion des Lebens". Oder im Bereich des Menschen: von – „*Bewusstsein*".

Auch die Physik des beginnenden 21. Jhdts. bietet dafür bereits wesentliche Ansätze. [51] Dennoch: Wir alle werden diese „Konfession", dieses Bekenntnis zum Dogma der „Geistlosigkeit" wohl noch eine Weile walten sehen, bis sich die Fruchtlosigkeit dieses Standpunktes aus sich selbst erwiesen haben wird. Die Wissenschaft ist einstmals

---

[50] *„Der Aufbau des Organismus wird nach einem Programm organisiert. Wer aber organisiert das Programm? ... Ohne die Einsteinsche Frage nach dem ‚Wozu?' ausführlich zu diskutieren, müssen wir doch fragen: Inwiefern gibt es das Phänomen der Selbstorganisation? Wann und auf welches Substrat wirkt sie? ... Jedenfalls kann der Geist nicht aus Materie als Überbau entstanden sein. Eher ist es umgekehrt."* F. Cramer: *„Chaos und Ordnung – Die komplexe Struktur des Lebendigen."*, Stuttgart 1989, S. 227, S. 228, S. 229.

[51] Siehe Kap. 2, Anm. 5-8.

angetreten, um ein „Weltbild ohne Widersprüche" zu schaffen und um den „Geist" auszutreiben. Das „widerspruchsfrei-Paradigma" musste im Welle-Teilchen-Dualismus fallengelassen werden. Das „geistlos-Paradigma" als nächste Bastion ist nun ebenfalls im Begriff fallengelassen werden zu müssen. Kampflos aber wird das Feld nie geräumt. So ist das aber auch nicht zum ersten Mal! Wir erinnern uns: *In Analogie zu unserer zeitgenössischen Herausforderung, bedurfte es der genialen Versuche von Louis Pasteur, bis geklärt war, dass sich aus Anorganischem nicht einfach so – Organisches bilden kann.* [52] Es werden ähnlich geniale Streiche nötig sein, um nun DIESE Sichtweise zu überwinden. Viele Wissenschaftler scheinen sich der Beschränkung ihrer Wirklichkeitserfassung nicht bewusst, oder halten für irrelevant, was mit der von ihnen angewandten Methode nicht erfasst werden kann. *„Naturwissenschaft mit ihrer analytischen Methodik, ihrer auf Exaktheit zielenden, fragmentierenden Denkweise scheitert an der Erfassung der eigentlichen Bedeutung der Wirklichkeit, die sich nur aus der Wechselbeziehung von allem mit allem, der Einbettung des Einzelnen im Ganzen erschließt."* [53], bekennt der hochdekorierte Physiker Hans-Peter Dürr. Und der renommierte Carl Friedrich von Weizsäcker ergänzt: *„Das physikalische Weltbild hat nicht Unrecht mit dem, was es behauptet, sondern mit dem, was es verschweigt."* [54]

Ganzheitliches Denken, so will man betonen, hat ja nichts zu tun mit der Abschaffung eines rationalen, analytischen Denkens in den Wissenschaften, sondern mit seiner Erweiterung und Bereicherung zugunsten eines tiefergehenden Begreifens. [55] Diesbezüglich will das vorliegende Buch seinen erneuernden Teil beisteuern.

---

[52] Hier eine ebenso *„fabulöse Geschichte und wahre Mär"*: Vor etwa 250 Jahren begründete die wissenschaftliche Forschung noch engagiert, wie sich der Flusskrebs aus dem Flusssand bildet. Erst der berühmte Louis Pasteur konnte durch seine denkwürdigen Versuche zeigen, dass es ausschließlich und immer eines organischen Keimes bedarf, damit sich ein lebendiger Organismus entwickeln kann. Siehe *„In-forma-tion / Bd.2"*, Kap. 9: Intuition, Anm. 7, 14, 15ff, 29.

[53] H.P. Dürr: *„Das Netz des Physikers"*, München 1990, S. 21.

[54] C.F. v. Weizsäcker: *„Zum Weltbild der Physik."*, Stuttgart 1954, S. 25.

[55] Siehe *„In-forma-tion / Bd.2"*, Kap. 3: Ich-Bewusstsein versus Wille, Anm. 8-10 und Kap. 5: Leben – ein Diskurs, Anm. 22 sowie Kap. 11: Bildung der Zukunft – ein Ausblick, Anm. 6.

Bewusstseins-Übung: „Trojanischer Gaul" (ungebetenes Geschenk)

Diese Übung wird Dir verdeutlichen, wie es bei uns Menschen zu selbstsabotierenden Meinungen und Projektionen kommt. So wird es Dir in Zukunft leichter fallen, damit kreativer und bewusster umzugehen.

Übungs-Anleitung:

1.) Überlege Dir ein Dir wichtiges Projekt oder Lebensanliegen, das Du bisher nicht angegangen bist, oder das Dir noch nicht gelungen ist.

2.) Was steht / stand Dir im Weg? Was fällt Dir spontan ein, warum dieser innovativen Absicht (Vision) kaum Chancen auf Erfolg beschert sind. Schreib es auf. Was sagt Dir Deine „innere Kassandra"? [56] (Spalte 1)

3.) Nun frag' Dich bzgl. jeder dieser Ansichten: Wer außer Dir würde auch diese „Meinung" haben? Wo hast Du sie gehört / gelesen. (Spalte 2)

4.) Wer von denen, die diese Ansicht teilen, hatte sie zuerst? (Spalte 3)

5.) Hast Du die Meinung von jemand anderem übernommen? (Spalte 4)

Tabelle:

Was Dir spontan in den Sinn kam?	Wer außer Dir hat die Ansicht?	Wer hatte die Ansicht zuerst?	eigene Ansicht / übernommen?
Demo-Beispiele:			
Alleine geht nichts.	*Eltern, Großeltern*	*Eltern, Großeltern*	*übernommen*
Viele sind berufen, wenige auserwählt.	*Bibel, Sprichwort*	*Jesus, Priester*	*übernommen*

Nun Deine eigenen Beispiele:

6.) Was hast Du anhand dieser Übung für Dich erkannt?

7.) Finde nun Überzeugungen, die Dich & Dein Projekt besser unterstützen. Hole Dir einen Coach, der Dich entsprechend der Bewusstseins-Übung „Königs-Liste" [57] coacht – oder kontaktiere mich über meine Website.

---

[56] *Kassandra* (altgriech.: Κασσάνδρα „*Die, die Menschen umwickelt.*"), ist in der Mythologie die Tochter des Königs Priamos und der Hekabe. Sie gilt als tragische Figur, die das Unheil immer voraussah, aber bei ihrer Umgebung kein Gehör fand. So warnte Kassandra die Trojaner vergebens vor dem „Trojanischen Pferd" und der Hinterlist der Griechen, sodass (ihr) Troja letztlich auch wirklich unterging. (aus: http://de.wikipedia.org/wiki/Kassandra_(Mythologie); März 2012).

[57] Siehe Bewusstseins-Übung, Ende Kap. 9 sowie: www.twogetherwien.com/coaching).

Kapitel 11: Kreative Feldaspekte des Bewusstseins

Paradigmenwechsel

Univ.-Prof. Bruce Lipton schreibt im Buch *„Intelligente Zellen"*: *„Ich war als Nukleus-zentrierter Biologe* (lat.: nukleus = Kern (der Zelle); KP.) *ausgebildet worden, ebenso wie Kopernikus als Erd-zentrierter Astronom ausgebildet worden war. Daher war es ein Schock, als ich erkannte, dass der Nukleus mit seinen Genen nicht die Zelle programmiert. Die Daten werden durch die Rezeptoren in die Zelle, beziehungsweise in den Computer, eingegeben. Rezeptoren entsprechen also der Tastatur der Zelle. Sie lösen einen Reiz auf Effektorproteine der Zellmembran aus: den Prozessor. Die Prozessor-Proteine setzen die Umweltinformation dann in das Verhalten des Organismus um. In den frühen Morgenstunden erkannte ich, dass die neueste Zellforschung, in der sich das Geheimnis der magischen Membran offenbart, eine ganz andere Geschichte erzählt als die konservative Biologie mit ihrem genetischen Determinismus."* [1]

Etwas Großes spielt(e) immer für uns [2]

Auch ich wurde, wir alle wurden im Sinne jener „Wahrheit" erzogen, dass es ein Programm von „Gut & Böse" in dieser Welt gäbe. Ein Programm, das als selbstverständliche Immanenz den Nimbus des Absoluten an sich trägt. Etwas, das für die Menschheit bestimmend und ewig wäre. Was liegt da real wirklich vor? – Das Programm wurde mir und uns allen von unseren Eltern und der herrschenden Kultur weitergegeben – „ein-gebildet". So bestimmte es konsequent unser aller Leben, Tag für Tag. Wir alle sind somit analog zum Inhalt des Zitats von Bruce Lipton, als *„Bewertungs-zentrierte Sozialbausteine"* (aus) gebildet worden. Ich jedenfalls erkannte lange Zeit meines Lebens nicht, was für eine – das Leben förderliche – Wahrnehmung es braucht. Nämlich: *meine Wahrnehmungskanäle bezüglich „Leben" primär auf „fühlende, nicht-wertende Offenheit" einzustellen.* Erst danach konnten mich diese „Signale des Lebens" erreichen. Erst so wurde es

---

[1] B.H. Lipton: *„Intelligente Zellen. – Wie Erfahrungen unsere Gene steuern."*, S. 90.

[2] Siehe Kap. 12, Anm. 2-3f; Siehe *„In-forma-tion / Bd.2"*, Kap. 10: Wissenschaft und Spiritualität im Konsens, Anm. 11-14ff.

möglich, dass ich dem „Wunder-des-Lebens" freier und intuitiv begegnen konnte sowie mit dem Vertrauen, dass das Leben immer zugleich *für mich*, wie auch *für alles andere* spielt. – Die bekannte Idee „*Alles ist gut, so wie es ist*" bedeutet allerdings auch nicht, alles *mitmachen* zu müssen, was einem im Leben begegnet!

Wenn man sich einige der zunächst lediglich *physiologischen* Fakten des Lebens bewusst macht wie etwa die 400.000 Seh-Sinneszellen pro Quadratmillimeter menschlicher Netzhaut – ganz zu schweigen von der Entwicklung des menschlichen Gehirns –, dann denke ich weiß jeder, was ich hier mit „Wunder" meine. [3] Dankbarkeit für dieses Leben von „*Etwas Großem*" [4], wie Kazuo Murakami es für sich benennt, wurde eine immense Unterstützung. Dankbarkeit, dieses Lebens anteilig sein zu dürfen. [5] Der Genetiker Murakami: „*Jeder Mensch wird allein dadurch, dass er geboren wird, zum Teilnehmer am Leben. Es liegt einfach schon ein Wert darin, hier zu sein. ... In Dankbarkeit zu leben heißt dankbar dafür zu sein, dass man existiert. Mit dieser Einstellung können wir jeden Tag begrüßen und genießen, ungeachtet dessen, ob an diesem Tag irgendetwas Besonderes geschieht oder nicht.* **Es gibt immer Raum für Entscheidungen.** *Das bedeutet nicht, dass wir deshalb vor Tragödien gefeit sind, sondern vielmehr, dass wir nach der Lektion oder nach der Güte Ausschau halten sollten, die sich in einem unglücklichen Ereignis verbirgt. Wenn Sie meinen, das ginge nicht, denken Sie einfach daran, dass ,Etwas Großes' uns niemals Leid zufügen würde. Diese Einstellung kann uns helfen, alles zu akzeptieren, was uns begegnet, und Krisen als Chancen zu sehen. Eine positive Einstellung ist der wichtigste Faktor zur Beeinflussung unserer Gene, egal wie negativ die Situation ist.*" [6]

Das Zulassen intuitiver Wahrnehmungsimpulse auf dem neuen Lebensweg fiel leicht, lag es doch an meiner Bereitschaft, mir genau jene Einsicht eröffnen zu lassen. So war es einfach, zu erkennen, DASS

---

[3] Siehe Kap. 2, Anm. 26, 27, 39, 41; Siehe auch „*Jn-forma-tion / Bd.2*", Kap. 10: Wissenschaft und Spiritualität im Konsens, Anm. 2, 8.

[4] Ich fühle Murakamis offenlassend würdevolle Formulierung solch gestaltenden „Geistes" als eine sehr schlichte und treffende.

[5] Siehe „*Jn-forma-tion / Bd.2*", Kap. 5: Leben – ein Diskurs, Anm. 23.

[6] K. Murakami: „*Der göttliche Code des Lebens – Ein neues Verständnis der Genetik.*", Güllesheim 2008, S. 136ff.

und vor allem WIE das Leben, gerade jetzt für mich zu spielen bereit war. Nicht mehr primär einem diktiven Programm fiel die Rolle zu, „meine-Welt-zu-erleben", sondern meiner aktiven Fühl-Wahrnehmung: Wenn es mir gelang, das Geschehen positiv zu konnotieren, entband es mich von seinen zunächst „böse" scheinenden Aspekten und sprach ihm eine „zum-Guten" führen dürfende, wenn auch herausfordernde Bedeutung zu. Immer wenn kein förderlicher Umgang stattfand, sondern Kampf & Krampf, wurde klar, dass ich wieder einmal nicht zu intuitiver Präsenz bereit war, sondern ein altes Ideen-Programm ablief. Wenn auch nicht mehr ganz so unbewusst und zwingend. – Und: „heilig" braucht ja keiner zu werden. *„Das Leben ist das Leben ist das Leben ..."* [7].

Einschub: Dankbarkeit und Freude. – Oder: *Doppelmühle mit Herz*

Mühle-auf – *Mühle-zu* ... Erinnern Sie sich noch, als ein Kundiger Sie als Kind einst ins quasi „höhere-Einmaleins-des-Mühlespiels"! einweihte, oder Sie es zufällig selbst entdeckten? An jenes Aha-Erlebnis und spätere Vergnügen einer „Doppel-Mühle" im dann eigenen Spiel, welches so freudig beflügelte? Im Öffnen einer Mühle – eine andere schließen! Genial einfach und doch: für jedes Kind unglaublich begeisternd. Die Spielregeln kennen – ist eines, sie kreativ und das eigene Spiel förderlich zu nutzen, dann doch noch mal etwas sehr anderes.

Nun, auf der Ebene unseres gegenwärtigen „*Spiel-des-Lebens*" spielt Bewusstsein mit sich selbst, beziehungsweise bei den meisten Menschen leider gegen sich selbst. Eine Mühle zu schließen, damit dies wirklich beflügelt – von Mühle zu Mühle zu spielen – bedeutet auf der Ebene nicht nur die Spielregeln-des-Bewusstseins zu kennen, sondern auch, wie Hand in Hand durch das Öffnen eines Feldes sich ein neues (er)schließen lässt. Dankbarkeit zum Beispiel erschließt Freude. Freude Dankbarkeit. Und ein Mühlstein-des-Lebens darf vom Brett, von der Bühne-des-Lebens, entfernt werden. *Dankbarkeit – Freude, Freude – Dankbarkeit, Dankbarkeit – Freude,* ... Und irgendwann landen wir dann wohl auch dabei, unsere Haltung „*dem Spiel gegenüber*" zu wandeln: Wir spielen das Spiel nicht nur „ernsthaft", sondern: Wir beginnen allen Ernstes mit dem Spiel zu spielen. Welche Wandlung! [8]

---

[7]   Frei nach Gertrude Steins: *„Rose is a rose is a rose."*. Gedicht *„Sacred Emily"*, 1922.
[8]   Siehe Kap. 12: Visionen und Ziele, Anm. 8-11.

Wer Mühle kennt, weiß allerdings: Die letzte große Herausforderung fürs eigene Bewusstseins kommt dann doch irgendwann: Wenn's drum geht, die letzten 3 Steine des eigenen Gegners im Spiel aus-dem-Weg-zu-räumen. Wer dafür vorbereitet sein will, wird stets offen sein müssen, sich beizeiten weiterer Bewusstseins-Elemente (Mühle-Steine) zu bedienen, um diese einzusetzen; sowie waches Interesse und Mut aufzubringen, an entscheidender Stelle, selbst auf das bekannte Zusammenspiel dieser „ach-so-erfolgreichen-Mühlen", zu verzichten. Der Bereitschaft sich allem zu öffnen, was immer da auch kommen könnte. Und: Der Verzicht auf ein gewusstes Kalkül; sondern Präsenz, wenn's drum gehen soll, eine vielleicht letzte Mühle zu schließen ... Spätestens bis dann hat sich Entscheidendes geändert: Was dem eigenen Verstand einst schnell als demütigend erschien, mag zu innerer Ruhe und Demut geführt haben.

Freier Geist. – Vom Umgang mit sich selbst und der Welt ...

Wir hören uns doch alle gerne sagen, dass wir in einer pluralistischen Gesellschaft leben. Wie lebt es sich als passionierter Rechthaber in einer sogenannt: pluralistischen Gesellschaft?! Denn: Rechthaberei ist, wie wohl jeder weiß, (fast) allgegenwärtig. Ich jedenfalls kann davon ein Lied singen und lernte es mit allen Konsequenzen an eigenem Leib und eigener Seele kennen: sehr anstrengend, sehr wenig authentisch! Eine heillose Gratwanderung des Bemühens! Brüchiges Eis, auf welchem, stets „um-Toleranz-bemüht" wie es sich für gute Menschen gehört, gegen die eigene Intoleranz anzuleben versucht wurde. Der Besserwisser und Rechthaber: sehr erfolgreich getarnt. Ich beteuerte und verordnete mir Akzeptanz!!! Schonungslos vorgelebten Pluralismus und: Gelassenheit! Klarheit in meiner Äußerung, und doch... ein halbes Menschenleben festgelegt bemüht, um diese vordergründig verbriefte Kulturhaltung: „Toleranz".

Der innere Spagat zwischen Geltungsbedürfnis und dem, was sich selbst noch damit meint schmücken zu können, Andersdenkende und Andershandelnde „*trotzdem!!!*" selbstbeherrscht geltenlassen zu können. – Wer das nicht kennt, werfe den ersten Stein! Und dennoch: ein vielleicht auch Not-wendiger, erster Schritt ... Es wurde mehr und mehr zu einer wahren inneren Wohltat, zunächst für mich selbst: erwachen zu können DAFÜR, dass dieses Leben immer für uns spielt. [9] Da wurde etwas real anders in meinem Leben. Eine große Dankbarkeit brach in mir auf. Dankbarkeit für diesen Menschen, der ich bin. Der da so vielfältig im Hier-und-Jetzt lebt und mehr und mehr mutig Seines selbst in die Hand nimmt. Der zu verantworten bereit ist, was ihm alles scheinbar zustößt und auch jenes, was er so alles will. Hand in Hand damit fühle ich heute aber auch die Dankbarkeit für all die wunderbare Vielfalt rund um mich, für diese höchst bemerkenswerten, andersartigen Menschenwesen und ihr Da-Sein. Ja: Rückschläge gibt's in jedem Prozess, klar. Mein Neuland aber bedeutete: Pluralismus zulassen. Es IST ein Unterschied! Ich staunte selbst über den Wandel zur Mühelosigkeit, über dies innerliche zur-Verfügung-Stehen. Da ist etwas Verwandeltes seither, jenseits jeglichen Anspruchs an „Perfektion". [10]

Spiritualität. – Von der Vollkommenheit der Unvollkommenheit

Die meisten Menschen tendieren dazu, eher Opfer als Täter sein zu wollen. Wohl weil sie meinen, das mache sie moralisch weniger angreifbar. Man darf natürlich auf diesen zweifelhaften „Vorteil" setzen, keine Verantwortung für das Geschehen nehmen zu können. ... [11]

Uns allen wurde lange von den Autoritäten der Kirche vorgebetet, dass es eine Selbstüberhebung sei, sich selbst als „Gott", als Schöpfer zu begreifen, auch wenn die christliche Bibel nachweislich zeigt, dass es Teil der Lehre Jesu war, uns in diesem „Gott-Sein" zu erkennen und somit als schöpferische Wesen: *Jesus antwortete ihnen: Steht nicht geschrieben in eurem Gesetz: ,Ich habe gesagt: Ihr seid Götter.'?"* [12].

„Unsere Wirklichkeit und unsere Möglichkeiten reichen nur so weit wie unser Glaube." Die tiefe Einfachheit dieses Statements hatte für mich bereits in den frühen 30er Jahren meiner Biographie etwas höchst Anziehendes und hat mich seither begleitet; lange Jahre hing dieser Spruch von Gerhard Kunze neben meinem Schreibtisch, später neben meinem Bett, heute in meinem Coaching-Raum. Ich spüre, dass diese

---

[9] Siehe „*In-forma-tion / Bd.2*", Kap. 10: Wissenschaft und Spiritualität im Konsens, Anm. 8f, 14.

[10] Siehe auch die Bewusstseins-Übung „*Wohlwollen*" am Ende dieses Kapitels.

[11] Siehe „*In-forma-tion / Bd.2*", Prolog – Einleitung.

[12] Jesus, zitiert in: „*Die Bibel / Neues Testament.*", Johannes 10/34.

Wahrheit-des-Glaubens mein Leben geprägt hat und prägt. Genau genommen: Solange ich zurückdenken kann. Glaube im weitesten Sinn: der Glaube an die schöpferische Einzigartigkeit jedes Menschen zum Beispiel; und seit Ende meiner 40er Jahre auch die Einsicht, dass all das, was wir über uns selbst, andere, die Welt und unser Wollen glauben, wovon wir also überzeugt sind, im Positiven wie auch im Negativen, unsere persönlichen Anweisungen ans eigene Leben darstellen, dessen Regisseur jeder von uns sein darf, ja: IST!

Verantwortung in diesem neu erkannten Sinn begann sowie eine unbefangene Art von Kreativität, Großzügigkeit und Frieden: individuell-spirituelle Wahrheit. Der Weg, der dann beginnt, erweist sich als ein Scheiden-der-Geister im eigenen Inneren; Intuition als unvoreingenommenes Wandeln und Handeln aus einem großen, inneren „Ja". Wir sind in jedem Fall Schöpfer der eigenen Realität, ob wir das im Einzelnen so wollen oder nicht. Spannend ist, dass immer mehr Menschen intuitive Einsichten in diese Ebene haben und sich etwas Wesentliches in ihnen zu wandeln beginnt. Neue / alte Fragen werden gestellt – und: Fragen lösen sich auch wieder wie von selbst auf: *Wie wirkt Bewusstsein? Wie wirkt Wille?*

Der Quantenphysiker Suarez: *„Warum zeigen Physiker zunehmend Interesse für solche Fragen? Der Grund ist m. E., dass in den letzten Jahren gewisse Dinge in der Physik geschehen sind, die auf Wirklichkeitsbereiche hinweisen, die den Bedingungen von Raum und Zeit nicht unterworfen sind, auf Wirklichkeitsbereiche also, die ‚jenseits-der-Physik' liegen."* [13] Noch persönlicher, der Zellbiologe Lipton: *„Der Wandel von einer nukleus-zentrierten zu einer membran-zentrierten Biologie war aufregend, aber nur deswegen wäre ich nicht so aufgeregt in die Bibliothek gerannt. In jener Nacht in der Karibik verwandelte ich mich nicht nur in einen membran-zentrierten Biologen, sondern auch von einem agnostischen Wissenschaftler in jemand, der fest daran glaubt, dass das ewige Leben unseren Körper transzendiert."* [14]

---

[13] A. Suarez: *„Nicht-lokale Kausalität – Weist die heutige Physik über die Physik hinaus?"*, in: H. Thomas: *„Naturherrschaft – Wie Mensch und Welt sich in der Wissenschaft begegnen."*, Köln 1990, S. 132.

[14] B.H. Lipton: *„Intelligente Zellen.. – Wie Erfahrungen unsere Gene steuern."*, S. 91.

Welch sind die mentalen und gestaltenden Implikationen all dessen? Nicht unsere Indoktrinationen, unsere Programmierungen haben im Leben „das-Sagen-zu-haben", sondern unsere lebendige *Intuition*. Intuition, die an der *Fühl*-Wahrnehmung ansetzt und – dem Leben dienend – initiativ tätiger Wille wird! *„Wille"* im Sinne eines *Agens-des-Lebens-in-uns*, eines *Ich-Bin* oder: *des-Gottes-in-uns*. [15]

Es ist der Wandel vom „Vorstellungsdenken-geprägten-Leben", zu einem „Fühlen-geprägten"; vom Agnostiker, der an absolute Wahrheit und Festlegung glaubt, hin zur Offenheit, die Zugang zur Einsicht und Kraft in sich findet, dass etwas Freies, Ewiges den Körper führt und uns so auch als Menschheit *„transzendiert"*, über diese Enge hinausführt.

Abschließend, nochmals der bekannte Zellbiologe Lipton: *„Die Kontrolle über unser Leben wird im Augenblick unserer Empfängnis nicht einem genetischen Würfelspiel überlassen, sondern in unsere eigenen Hände gelegt. Wir können unsere eigene Biologie steuern. Wir haben die Macht, die Daten zu bestimmen, die wir in unseren Bio-Computer eingeben, so wie wir wählen können, welche Worte wir tippen. Wenn wir begreifen, wie die IMPs (die Integralen Membran-Proteine) Biologie steuern, werden wir Meister unseres Schicksals."* [16]

Was da im letzten Satz dieses Zitats etwas sperrig klingt, hat für Antoine Suarez, Professor am Zentrum für Quantenphilosophie der Uni Genf sowie an der ETH Zürich, bedeutende, menschheitliche Konsequenzen. Der Quantenphysiker Suarez: *„In einer statistischen Auffassung von den Naturgesetzen, wie sie die Quantentheorie nahelegt, gibt es breiten Spielraum für freie Handlungen. Sicher müssen für große Zahlen sich die Gesetze erfüllen, aber ab welcher Zahl beginnen die Zahlen groß zu sein? Damit scheint der normale Rahmen gegeben, in dem sich menschliche Freiheit abspielt. Die ‚Existenz Gottes' bedarf nicht der Quantentheorie. Die Quantentheorie ist wichtig, damit freie Menschen existieren können."* [17]

---

[15] Siehe „*Jn-forma-tion / Bd.2*", Kap. 3: Ich-Bewusstsein versus Wille.

[16] B.H. Lipton: *„Jntelligente Zellen. – Wie Erfahrungen unsere Gene steuern."*, Burgrain 2006, S. 92; Siehe Kap. 4, Anm. 27.

[17] A. Suarez; *„Nicht-lokale Kausalität – Weist die heutige Physik über die Physik hinaus?"*, in: H. Thomas: *„Naturherrschaft – Wie Mensch und Welt sich in der Wissenschaft begegnen."*, Köln 1990, S. 135f.

Idee der Freiheit

Der Geisteswissenschaftler und Philosoph Rudolf Steiner – Begründer der Anthroposophie und Waldorfpädagogik sowie Initiator der biologisch-dynamischen Anbaumethode und vieles mehr, spricht in seiner Dissertation (1891) aus, was wahre Moralität, Würde und Freiheit für den mündigen Menschen bedeuten können: *„Während ich handle, bewegt mich die Sittlichkeitsmaxime – insofern sie intuitiv in mir leben kann; sie ist verbunden mit der Liebe zu dem Objekt, beziehungsweise zu dem, was ich durch meine Handlung verwirklichen will. ... Ich frage mich auch nicht: ‚Wie würde ein anderer Mensch in meinem Falle handeln?' – sondern ich handle, wie ich, diese besondere Individualität, zu wollen mich veranlasst sehe. Nicht das allgemein Übliche, oder eine sittliche Norm leitet mich in unmittelbarer Art, sondern meine Liebe zur Tat. ... Der bloße Pflichtbegriff schließt die Freiheit aus, weil er das Individuelle nicht anerkennen will, sondern Unterwerfung des letzteren unter eine allgemeine Norm fordert. Die Freiheit des Handelns ist nur denkbar, vom Standpunkt des ethischen Individualismus aus. Wie aber ist ein Zusammenleben der Menschen möglich ...? ... Der Unterschied zwischen mir und meinem Mitmenschen liegt durchaus nicht darin, dass wir in zwei ganz verschiedenen Geisteswelten leben, sondern dass er aus der uns gemeinsamen Ideenwelt andere Intuitionen empfängt als ich. ... Wenn wir beide wirklich aus der Idee schöpfen ... so können wir uns nur in denselben Intentionen begegnen. Ein Aufeinanderprallen, ist bei sittlich freien Menschen ausgeschlossen. Nur der sittlich Unfreie, der dem Naturtrieb oder einem angenommenen Pflichtgebot folgt, stößt den Mitmenschen zurück, wenn er nicht dem gleichen Instinkt und dem gleichen Gebot folgt. **Leben in der Liebe zum Handeln und Lebenlassen im Verständnis des fremden Wollens, ist die Grundmaxime des freien Menschen.** ... Damit ist nicht auf die Notwendigkeit gedeutet, die für diese oder jene äußeren Einrichtungen besteht, sondern auf die Gesinnung, durch die der Mensch in seinem Sich-Erleben unter von ihm geschätzten Mitmenschen der menschlichen Würde am meisten gerecht wird."* [18]

---

[18] R. Steiner: *„Philosophie der Freiheit." GA 4 (1894)*, Dornach 1962, Kap. IX: *„Die Idee der Freiheit.",* S. 128ff.

Bewusstseins-Übung: „Wohlwollen" (Best of all possible worlds)

Im Zusammenleben mit den uns nahestehenden Menschen ist es für alle Beteiligten – auch und *vor allem* bezüglich einem selbst! – immer wieder äußerst heilsam, sich bewusst zu machen, mit WEM als Visavis man es da zu tun hat. Sei einfach wohlwollend und einsichtig: Genau wie auch ich in meinem Leben es mit dem „*besten und entwickeltsten Klaus Podirsky ever*" zu tun habe – so hast es auch DU in Deinem Leben mit dem / der „*besten und entwickeltsten* (setze hier Deinen Namen ein) *ever*" zu tun! Aber auch alle anderen um Dich tun ja stets „ihr Bestes". Freue Dich in Dankbarkeit, dass gerade Du es sein darfst, der Du jetzt mit so einer / so einem, das Leben teilst oder gar in Beziehung bist.

Hier meine Frage: Hältst DU das eigentlich für möglich, dass jeder von uns Menschen stets sein / ihr Bestes tut? Ich gestehe: Manchmal sieht es auf den ersten Blick nicht wirklich danach aus. Und dennoch: Könnte es nicht im Grunde DOCH so sein – rein hypothetisch. ☺? Was meinst Du wäre die Folge davon, wenn Du damit beginnen würdest, den Menschen um Dich, GENAU DAS wohlwollend zu unterstellen: „*Ich weiß, Du tust Dein Bestes!*" – ohne jegliche Hintergedanken, einfach weil Du weißt, dass es so IST? – Das tun wir selbst doch schließlich auch, was immer daran auch noch unvollkommen erscheinen mag ... ☺ In der systemisch-therapeutischen Praxis wird solches Vorgehen meist als „Positive Konnotation" bezeichnet. Für mich ist es zunächst einfach eine Herzens-Wirklichkeit, oder schlicht: menschliches Wohlwollen.

Und, wie ist das mit Dir? Erkennst und an-erkennst Du Dich selbst, ehrlichen Herzens, als den / die „*entwickeltste(n) und beste(n)* (nimm Deinen Namen) *ever*"? Wenn Deine Einsicht „ja" heißt, danke Dir für die Einsicht und Dein uneingeschränktes Wohlwollen. (In jedem Fall ist das ein äußerst geeigneter Ausgangspunkt für Entwicklung!) Wenn „nein", finde heraus, welcher nächste Schritt ansteht und verändere das „Nicht-mehr-Gute" und ersetze es durch das „Noch-nicht-Gute" [19], einfach um den Willen zu aktivieren, in dieses Neue hineinzuwachsen. Das braucht Mut & Beharrlichkeit. So aber kann Veränderung letztlich stattfinden: Anerkenne Dein So-Sein und wachse darüber hinaus.

---

[19] Z.B.: Als der „*Fosbury-Flop*" im Hochsprung aufkam, hatte der „*Wälzer*" ausgedient. Die Sportler änderten das als „*nicht-mehr-gut-Erkannte*" zum „*noch-nicht-gut-Gekonnten*".

Übungs-Anleitung:

Verbinde Dich absichtsvoll und bewusst mit einem Menschen, der / die Dir nahe steht, wo es Dir aber innerlich oft schwer fällt, Wertschätzung und Mitgefühl aufbringen zu können. Spüre Dein ehrliches Wohlwollen ihm / ihr gegenüber. Fühle Deine Verbindung zu der Person, während Du die folgenden Sätze innerlich mit- oder nachsprichst:

1.) *„Genau wie ich selbst, stehst auch Du an genau dem Punkt Deiner Entwicklung, der Dir bislang möglich geworden ist."* (Fühle diese Wahrheit und spüre den Menschen bewusst im Licht dieser Einsicht.)

2.) Bleib verbunden mit dem Menschen und erkenne: *„Genau wie ich selbst, bist auch Du bereit Dein Bestes zu wagen und zu geben."* (Fühle diese Wahrheit und spüre den Menschen im Licht dieser Einsicht.)

3.) Bleib verbunden mit dem Menschen und erkenne: *„Genau wie ich selbst, wirst auch Du jeden Deiner Entwicklungs-Schritte genau dann tun, wenn er Dir möglich ist und nicht früher."* (Fühle diese Einsicht.)

4.) Bleib verbunden mit diesem Menschen und erkenne: *„Genau wie ich selbst, bist auch DU der / die beste . . . . . . (setz den Namen dieses Menschen ein), der / die auf dieser Welt lebt oder auch gelebt hat."*

5.) Bleib verbunden mit dem Menschen und erkenne: *„Genau wie mich selbst, würdige ich Dich bezüglich der Vollkommenheit Deines Mensch-Seins und Schöpfer-Seins."* (Fühle ihn wertschätzend und dankbar.)

6.) Bleib verbunden mit dem Menschen und erkenne: *„Meine Liebe ist Ausdruck der Bereitschaft einen Raum zu schaffen, in dem Veränderung möglich wird."* (Fühle ihn im Licht dieser Einsicht.)

Wie fühlst Du Dich? Zu welcher Einsicht bist Du gekommen?

Auch für uns selbst gilt:

Immer dann, wenn wir unserem geliebten Selbst-Bild eher bereit sind zu dienen, als unserem Wesen, WEIL ... sind wir nicht eins mit uns selbst. Irgendwann gilt es, die rechte Entscheidung zwischen der Blutleere eines künstlichen Selbstbildes und uns als lebendiger Mensch zu treffen. Die Beziehung mit uns selbst ist die jeweils zentrale Beziehung im Leben. Diese Qualität im Zentrum des eigenen Beziehungsfeldes bestimmt das gesamte Beziehungsfeld, was enorme Rückkoppelungen aufs Leben bewirkt: *wohlwollend liebende*, oder auch *lieblos schwere.*

Kapitel 12: Visionen und Ziele

Beharrlichkeit

Im Wort Begeisterung steckt natürlich nicht von ungefähr das Wort Geist. Inspiration – in spirito – da ist etwas beteiligt, was eine Botschaft von „*Etwas Großem*", um es mit Murakamis Worten auszudrücken, mit sich führt. Wahre Ziele und Visionen kommen fühlbar aus einer nicht-intellektuellen Ebene. Solch' innerlich gefühlte Antriebe beflügeln und führen jene Kräfte zu, welche uns Krisen überstehen lassen und Mut zur Beharrlichkeit schenken. Der Genetiker Murakami weiß aus seinem Forscherleben: „*Es gibt immer Misserfolge im Leben, aber jeder einzelne beginnt erst in dem Augenblick, in dem wir denken, wir seien gescheitert. ... Der Schlüssel ist, einfach weiterzumachen. Beharrlichkeit führt zur Stärke. ... Immer wieder, so meine Beobachtung, beginnen in dem Augenblick Wunder zu geschehen, in dem die Niederlage unvermeidlich erscheint. ... Während ich einerseits etwas erreichen möchte, pflege ich andererseits auch ein Bewusstsein, das über das unmittelbare Resultat hinausgeht: Das Wissen, dass Sinn in meiner Arbeit liegt, auch wenn ich das Rennen verliere. ... Das sind die Zeiten, in denen ich fühle, dass meine positiven Gene wirklich aktiviert sind. ... Die Japaner sagen oft: ‚Inbrünstige Wünsche erreichen den Himmel.', aber die Erfahrung lehrt mich, dass solche Gedanken wohl eher an die Gene in unseren Zellen gesandt werden als zum Himmel.*" [1]

Wenige Menschen leben solche Beharrlichkeit. Dennoch gibt es sie: Sie haben Träume und Visionen, gepaart mit starkem Eigenwillen, was ihren Geist mutig macht.

Nochmals Murakami: „*Was immer unser Gehirn für möglich hält, ist auch möglich. ... Obwohl das menschliche Potenzial wissenschaftlich gesprochen begrenzt ist, müssen wir uns dieser Grenze nicht bewusst sein, weil die in unseren Genen verschlüsselten Informationen alles bei weitem übersteigen, was wir uns je vorstellen könnten. ... Wunder geschehen immer wieder. Bei den meisten Wundern ereignet sich etwas, was Menschen für unmöglich hielten. Genetisch gesprochen gehören*

---

[1]   K. Murakami: „*Der göttliche Code des Leben – Ein neues Verständnis der Genetik.*", Güllesheim 2008, S. 88, S. 90, S. 92, S. 94f.

Wunder durchaus zum Programm. Wir alle sind mit dem Potenzial geboren, zu einem lebendigen Wunder zu werden." [2] Haben Sie eigentlich schon mal jemand sagen hören, wer nicht an Wunder glaube, sei kein Realist ...?! So absurd das für unseren Verstand klingen möge, es könnte etwas dran sein. Betrachten Sie unter dem Aspekt einfach mal die Welt rund um uns, die Welt in der wir leben. ☺

Mut zur Ganzheit. – Komplementarität: 2 Seiten derselben Münze

„Mutige Schritte ähneln dem, was auf Zellebene geschieht, wenn Gene sich als Reaktion auf Umweltveränderungen radikal neu kombinieren. ... Was die Beharrlichkeit angeht, so meine ich damit nicht, an gängigen Methoden festzuhalten, änderungsresistent zu sein, sondern vielmehr, den eigenen Herzenswunsch wahrzumachen. Mit anderen Worten kann Beharrlichkeit tatsächlich zu Flexibilität führen und zu der Bereitschaft, Methoden zur Erreichung eines Zieles drastisch zu ändern. Menschen neigen zur Ansicht, sie müssten sich bei zwei Optionen entweder für die eine oder die andere entscheiden. Aber die Gene, der Entwurf des Lebens, sind so nicht beschaffen. Statt also eine Option zu wählen und die andere abzulehnen, entscheidet sich die Natur für symbiotische Koexistenz. In derselben Weise sind sowohl Mut als auch Beharrlichkeit notwendig. Von dieser Eigenschaft unserer Gene können wir einiges lernen, was für die Gesellschaft und auch unsere Lebensweise von Bedeutung ist." [3]

Wie bereits im Kapitel über „*Zeit*" dargelegt, scheint dieses irdische Leben, vom Standpunkt unseres menschlichen Bewusstseins betrachtet, „in-der-Zeit" zu verlaufen. Bis die schöpferische In-*forma*-tion sich in Ergebnissen und Veränderungen ins Physische hinein umgesetzt haben wird, benötigt es ein unterschiedliches Maß an Zeit. Und doch ist es im Irdischen offenbar nur eine Frage-der-Zeit, bis jegliche Art von In-*forma*-tion wirksam geworden sein wird und sich entsprechend in ihrer *Form* zeigt. Kazuo Murakami: „*Kein Ziel kann erreicht werden, ohne Zeit und manchmal scheinbar unbelohnte Bemühungen in die Vorbereitung zu stecken. Wenn wir dabei den Mut verlieren, dann deshalb, weil es uns an Überzeugung mangelt. Umgekehrt werden wir, wenn wir unerschütterlichen Glauben in das Ergebnis haben, niemals*

---

[2] Ebenda, S. 56f.
[3] Ebenda, S. 140f, S. 142f; (gilt auch für das nächste Zitat in Folge).

aufgeben. Durchzuhalten ist das größte Geheimnis des Erfolgs. Dazu müssen wir unseren Blick nicht auf die unmittelbare Zukunft, sondern auf die größere Perspektive richten und daran glauben, dass nichts unmöglich ist. Um unerschütterlich daran zu glauben, müssen wir stolz darauf sein, was wir bisher erreicht haben, ... vom Bewusstsein über ‚Etwas Großes' inspiriert sein. Von der Überzeugung, dass man, wenn man stets bestrebt ist, das Richtige zu tun, vom Glück verwöhnt wird. Einige mögen das bezweifeln, ich jedoch nicht, weil ich selbst erlebt habe, dass es sich genau so verhält. " Über sich selbst hinauszudenken – über die Betrachtungsenge des Ego-Standpunkts bezüglich der Welt – bedeutet, sich auszudehnen und das einzubeziehen, was jenseits unserer Beschränkungen an informeller Dimension, an Ganzheit und Größe lebt. Gelingen kann dies jedoch nur, wenn wir bereit sind „es" uns vorstellen zu wollen.

Was Murakami hier anspricht, wird oftmals mit dem Slogan *„Überzeugung schafft Erfahrung"* formuliert. Das klingt zeitgenössisch, meint aber auch nichts anderes, als: „In-*forma*-tion wird *Form*" und meint, dass Materie vom Geist bestimmt wird. Und nicht umgekehrt.

Moralität der Liebe. – Von Bedürfnissen, Mut und (Selbst-)Achtung

Als Menschen haben wir alle Bedürfnisse: körperliche, seelische und auch geistige. Eines der markantesten, wenn auch unbewusstesten Bedürfnisse ist, sich „normgerecht" zu verhalten. Bloß nicht sich selbst, beziehungsweise von jemand anderem „irgendetwas-vorwerfen-lassen-müssen". Vielleicht DAS Grundbedürfnis vieler heutiger Menschen. Diese Art „Bedürfnis" zu leben, wird oft gerne als „Moralität" bezeichnet. Dennoch darf man sich fragen: *Sind wir überall da, wo wir unsere realen menschlichen Bedürfnisse nicht zu leben bereit sind und anstelle dessen, dem Bedürfnis „Moralität", im Sinn von Anpassertum, Loyalität erweisen, wirklich bessere Menschen?* Oder bedeutet derartiges Verhalten letztlich nichts anderes, als: EIN sehr spezielles Bedürfnis, all den anderen Bedürfnissen vorzuziehen? Zum Beispiel dem Bedürfnis nach ungewohnten Erfahrungen oder auch jenem danach, mal halblang-zu-machen; oder auch nur dem Bedürfnis mal *„nein"* zu sagen, wenn man nein spürt. Oder zu einem Bedürfnis – jenseits der oben genannten Art von „Moral" – auch mal *„ja"* zu sagen.

Wenn wir uns diesbezüglich ehrlich, aufrichtig und ohne-wenn-und-aber Rechenschaft geben, bemerken wir natürlich, dass wir tatsächlich geneigt sind darauf zu zählen, dass diese Höhere Instanz – so sie für unsereins existiert – dieses schöpferisch-geistige-Leben und seine-In-*forma*-tion gleichermaßen durchdringt und entstehen hat lassen, Bewertungen vornehmen würde. Sozusagen bewerten würde, welches der menschlichen Ego-Bedürfnisse höherwertig sei, welches minderwertig. Doch: Hat nicht ein jedes unserer Bedürfnisse mit unserer Subjektivität und unserer Individualität zu tun?! Wir Menschen haben eben Wünsche und Vorlieben – und wir fühlen sie ja auch. Da treiben wohl die unterschiedlichsten Triebe eigentümliche „Blüten". Doch zu meinen „*Etwas Große*s" hätte irgendwelche derartigen Vorlieben, und dieses EINE menschliche Bedürfnis, nämlich sich landläufig moralisch zu verhalten, wäre für diese Instanz wertgeschätzter als andere menschliche Bedürfnisse, kann doch kein Mensch ernsthaft glauben. Warum saß Jesus, laut Überlieferung, wohl lieber mit den Wenig-Geschätzten der Gesellschaft, mit den Zöllnern und Huren an einem Tisch als mit den landläufig Moralischen der damaligen Zeit, die er des Öfteren als „*Heuchler und Natterngezücht*" [4] bezeichnete?!

Falls es für diese Instanz überhaupt einen Gesichtspunkt differenzierter Wertschätzung geben könnte, dann scheint es mir derjenige der Hingabe und Liebe zu sein. Dann wären all jene Bedürfnisse wesentlicher und wesenhafter, wohin unser innerstes und wahrstes Interesse und unsere Liebe uns führt. Und nicht unsere Angst und Missgunst die Fäden zieht.

Rudolf Steiner dazu: „*Leben in der Liebe zur Handlung und leben lassen im Verständnis des fremden Wollens, ist die Grundmaxime des freien Menschen.*" [5] Welch grundsätzlich andere Sicht von Moralität für schöpferische, mündig-freie Menschen liegt einer derartigen Äußerung zugrunde?! Von diesem Standpunkt besehen, lebt *wahre menschliche Moralität* in jenem Bereich der Menschen, wo Handlungen mit echter Hingabe, Achtung und Liebe getan sind. Alles andere – so sieht das auch der Philosoph und Anthroposoph Steiner – alles Halbherzige, alles freudlos und ungeliebt Getane, fiele von diesem Gesichtspunkt

---

[4]   Jesus, zitiert in: „*Die Bibel / Neues Testament.*", Matthäus 21/31; 23/15; 23/33.

[5]   R. Steiner: „*Die Philosophie der Freiheit.*" *GA 4 (1894)*, Dornach 1962, S. 131.

aus betrachtet in die Kategorie „unmoralisch". Diese Sicht, dieser Standpunkt wird sicherlich von vielen Zeitgenossen als *weltfremd* eingeschätzt oder auch abgetan werden. Eines ist sie vom Standpunkt heutiger Lebenskultur sicherlich: „*Kultur-fern*". Es könnte aus dieser Sichtweise und Haltung aber ein (zwischen)menschlich-sozialer Paradigmenwechsel erwachsen, der imstande wäre, uns in unsere eigene Stimmigkeit und Verantwortlichkeit zu führen und uns auf neue Weise mit unserer eigenen Göttlichkeit zu verbinden. Könnte diese Moralität der Liebe und Hingabe an das eigene „Blühen", an unsere eigene individuell-menschliche Art, den Keim zu neuer Moralität in sich tragen – und somit Frieden für uns selbst und unsere Nächsten? Für mich ist die Antwort eindeutig: „*Ja!*"

Dieses „*Liebet und tut, was immer ihr wollt!*" [6] als Leitstern des Mensch-Seins zu begreifen und zu leben, wird uns in dem Maße gelingen, wie wir willens sind, *Etwas Großem* zu vertrauen und dieser Instanz auch jene Großzügigkeit zuzutrauen. Die nötige Grundhaltung ist somit: *Vertrauen*. Vertrauen, dass alles in Ordnung ist, so wie es ist. Es braucht davor – erfahrungsgemäß – aber noch etwas anderes entsprechend Wichtiges: „*Selbst-Vertrauen*", „*Großzügigkeit*" und „*Wertschätzung*" UNS SELBST gegenüber – sowie die Bereitschaft zu selbst-verständlicher „*Selbstverantwortung*". Sich selbst die eigenen Bedürfnisse und Wünsche einzugestehen sowie auch sie einander zu gestehen und zuzugestehen, bedeutet Ehrlichkeit. Bedeutet den ersten Schritt zur Fähigkeit, ohne „verdeckte Vorhaben" oder „Geheimnisse" dem Leben zu trauen – dem Leben über den (eigenen) Weg zu trauen. Bemerke: „*Das Gesicht, das man verlieren kann – ist nie das eigene!*" Diesen Mut aufzubringen, unsere individuellen Bedürfnisse anzuerkennen und ihnen allen gleichermaßen ihre Eigenart und Berechtigung zuzugestehen, verhilft dem eigenen Bewusstsein auch, jenen Shift zu fühlen, der einer wertschätzenden Göttlichkeit („*Etwas Großem*") in uns entspricht. – Der Friede sei mit uns.

Dieser Friede kann wieder mit uns sein, wenn wir lernen, Schritt für Schritt die Wertschätzung für uns als *real Seiende* aufzubringen und zuzulassen – sowie Hand in Hand damit natürlich auch für alle anderen.

---

[6] Augustinus, 5. Jhdt, „*Predigt 4 über den 1. Brief des Johannes*", Osterwoche 407.

Ehrlichkeit & Integrität. – Klarheit im Fühlen, Denken und Tun

Die Psychoneuroimmunologin Candace Pert: *„Eine einfache, weniger formale Technik als die Meditation, aber für die Stresssituation genauso wirksam, ist Selbst-Ehrlichkeit. Mit Selbst-Ehrlichkeit meine ich, dass Sie ehrlich gegen sich selbst sind, dass Sie Ihr Wort anderen und sich selbst gegenüber halten und in einem Zustand persönlicher Integrität leben. ... Es gibt einen trifftigen, physiologischen Grund, warum Ehrlichkeit Stress reduziert. ... Es gibt im Hinblick auf diesen Prozess eine physiologische Integrität und Direktheit, die daher rührt, dass ich mir über meine Absichten vollkommen im Klaren bin. Doch wenn ich nicht weiß, was ich will, halbherzig auf ein Ziel hinarbeite, aber nicht wirklich daran glaube, eines sage, aber etwas ganz anderes tue, dann sind meine Gefühle verwirrt und das überträgt sich auch auf meine physiologische Integrität."* [7] Klarheit und Ausdauer, doch ohne Verbissenheit und Schwere, die in unserer „Leistung-um-jeden-Preis"-Kultur leider immer damit konform geht. Zu verstehen, dass „Leistung-aus-Freude-und-Begeisterung" nie gleichzusetzen ist mit „Leistung-aus-Verbissenheit", ermöglicht die nötige Leichte im visionären Prozess. Daher sagt Candace Pert, was Pädagogen und systemische Therapeuten bestätigen können: *„Spielen ist ein ideales Gegenmittel, weil es unsere Gefühle zum Fließen bringt, und unsere Gefühle sind der Aspekt unseres Selbst, der die Verbindung zu anderen herstellt, uns das Gefühl von Einheit vermittelt, den Eindruck, dass wir zu etwas Größerem gehören."* [8]

Auch Friedrich Schiller, der große Impulsgeber deutscher Klassik, formuliert es ähnlich: *„Der Mensch spielt nur, wo er in voller Bedeutung des Wortes Mensch ist, und er ist nur da ganz Mensch, wo er spielt."* [9] Interessante Aspekte bezüglich der Komplementarität von Spiel & Ernst sowie Aspekte einer für unser abendländisches Verständnis verlustig gegangenen „Ernsthaftigkeit-im-Spiel" weiß angewandte Philosophie beizusteuern. Der Philosoph und Redakteur für Geisteswissenschaften

---

[7] C. Pert: *„Moleküle der Gefühle – Körper, Geist und Emotionen.",* 1997, S. 451f.

[8] Ebenda, S. 453.

[9] F. Schiller: *„Briefe über die ästhetische Erziehung des Menschen." (1795),* Reclam, Stuttgart 2000, 15. Brief, S. 62; Siehe Kap. 11, Anm. 8; Siehe *„In-forma-tion / Bd. 2",* Kap. 1: Kunst als Vorläuferin eines neuen Bewusstseins, Anm. 3.

der Frankfurter Allgemeine Zeitung, Patrick Bahners auf einem hochklassig besetzten Wissenschafts-Kongress: *„Der Begriff des Spiels ist in unserer Sprache auf etwas reduziert worden, was ihn als Gegenbegriff zum Ernst verwendet. ... In Wirklichkeit hält jeder der beiden Begriffe sein Gegenteil schon in sich: Wer spielt, muss zumindest die Regeln ernst nehmen; und für wen etwas ernst ist, für den steht etwas auf dem Spiel. Für das was auf dem Spiel steht, setzt er vielleicht sogar etwas aufs Spiel. ... Gewöhnlich gilt der Ernst für das, worauf es ankommt, das Spiel für das, worauf es nicht ankommt. ... Demjenigen, dem alles Spiel ist, der kann auch mit dem spielen, der alles ernst nimmt. Wer aber alles ernst nimmt, kann den nicht ernst nehmen, dem alles Spiel ist. ... Eine Philosophie, der alles Spiel ist, ist einer Philosophie, die alles ernst nimmt, überlegen, weil sie mehr sieht; dem, was sie sieht gerechter werden kann und es insofern ernst nimmt."* [10]

Vieles wird offensichtlich erst dann möglich, wenn wir uns erlauben, diesen streng vorgegebenen Glaubensfundamentalismus des Verstandes loszulassen; zu erkennen, dass festgelegte und festlegende Wertungen das freie Spiel der Individuen behindern müssen. Es wird das „Spiel-des-Lebens" dann interessant sein, wenn wir Spielregeln zulassen, ohne zu meinen, dass lediglich jene Regeln die absolut richtigen wären, die man als „von-Gott-gegeben" interpretieren will. Bereits Kinder finden im Spiel ab einem gewissen Alter zur Einsicht, dass die „beste" – weil sozial schönste und interessanteste – Regel die ist, auf die sie sich gemeinsam zu einigen bereit sind. [11]

Wir Menschen scheinen am Weg zur Freiheit an einer wesentlichen Entwicklungsschwelle angelangt. Vermehrt treten in diesem 21. Jhdt. freie Geister mit Visionen jenseits von Dogmatik und Absolutheitsanspruch auf. Intuitive Einsichten könnten in Zukunft das freie Spiel höchst individueller Lebensansätze zutage fördern und so einen echten Entwicklungssprung im Sozialen ermöglichen. Deutlich wird: Es

---

[10] P. Bahners: *„Vom Schicksal der Wahrheit nach der Dekonstruktion.",* in: H. Thomas: *„Naturherrschaft – Wie Mensch und Welt sich in der Wissenschaft begegnen.",* Köln 1990, S. 219f.

[11] Dies erkannte Jean Piaget bereits vor etwa 100 Jahren auf Grund seiner Forschungen zur Kindersozialisation. Jean Piaget war zwischen 1929 und 1954 leitender Professor für Psychologie an der Uni Genf und Professor an der Sorbonne in Paris.

sind wir selbst, die wir durch unser Visionen, Wertungen, Vorgaben sowie Überzeugungen das „Spiel-Feld" der entstehenden Wirklichkeit bestellen und säen. Es werden pluralistische Spiele sein. Spiele, die ihr Dasein und Entstehen intuitiven Einfällen verdanken. Darüber Konsens zu erzielen, bedeutet erst einmal: Übereinkunft im eigenen Innern herzustellen, als „Saat-im-Innern-für-ein-Außen". Es liegt in allen Bereich des Lebens an uns, welchem Zweck unsere Arbeit dient. Und es mehren sich die Zeichen, dass wir als Menschheit jene Lebens- und Daseins-Stufe hinter uns lassen, welche nur jene Spiel-Realitäten anerkennt, die vermeintlich „endgültigen Wahrheiten" entsprächen.

Hier 3 Fragen an Sie, liebe Leser/innen: *Welche Vision repräsentiert IHR Zukunftsbild des Mensch-Seins am besten? Was will Ihrer Einsicht nach in IHREM Leben Wirklichkeit werden? In welchen Dienst an der Zukunft wollen Sie IHRE Gegenwart und Präsenz selbst stellen?"*

Halten Sie an der Stelle einfach mal kurz inne. Fühlen Sie, ob sich da etwas in Ihnen meldet. Vielleicht gibt es etwas, was dieses „*Es*" will.

Vielleicht spüren Sie zunächst nur ein vages Gefühl; vielleicht hören Sie sich etwas sagen. Vielleicht ist Ihre Vision etwas sehr Konkretes, vielleicht auch etwas, was Angst macht. Etwas, was sagt: *Ich kleiner Mensch kann das doch nicht erreichen!* Denken Sie daran, zu Beginn dieses Kosmos – Sie erinnern sich an Kapitel 1 „*Im Anfang war ...*", das Szenario betrachtend: Welches „Verstandes-Bewusstsein" hätte damals auch nur einen Cent darauf verwettet, dass ein solch wundersamer Kosmos sich entwickeln könnte?! Tja, wäre da nicht eine immanente Entwicklungskraft vorhanden, welche die Evolution im Großen wie im Kleinen vorantrieb und -treibt ... Eine Kraft, die alles schöpferisch begabt, verwandelt, impulsiert. „*Etwas Großes*" nennt es Murakami.

Mit „In-*forma*-tion" als Begriff würde sich ein eingefleischter Naturwissenschaftler wohl lieber arrangieren wollen. Eine in-*form*-ierende, evolvierende Kraft jedenfalls, die alles und jeden durchdringt. Auch uns, da auch wir Teil dieser Entwicklung sind. Es ist an der Zeit, alles was diese seit Äonen gewachsene Verbindung belastet und womit wir uns bewusstseinsmäßig abschotten, „auszumisten". Jeder von uns trägt seinen inneren Rucksack voll „*Schrott aus alten Zeiten*" mit sich. Kein Wunder, dass die Sorge, keine echte Veränderung zu bewirken, oft größer ist, als die Kraft und Freude es anzugehen. Dieser Rucksack, den wir bislang zumeist mit unerbittlicher Konsequenz mitschleppen, repräsentiert unreflektierte, kulturelle Dogmen sowie individuelle Überzeugungen, Traumata und Zweifel, die uns lange schon schwächen. In gut geführten Bewusstseins-Coachings gelingt dieses große Reinemachen innerhalb weniger Settings. Und es gelingt umso geradliniger, desto mehr Bereitschaft und Beharrlichkeit jeder mitbringt, Kraft, Freude und Mut für sein Herzens-Ziel aufzubringen und es auch real fühlen zu wollen. [12]

Sehen Sie, Barack Obama: Wie gut standen die Chancen, erster schwarzer Präsident der USA werden zu können? Ein Ex-Sozialarbeiter, ohne bedeutenden Familienklan und Großkapital. Es war sein *„Yes We Can!"* – das er verkörperte und immer wieder aussprach. *„Don't tell me we can't change. Yes, we can. ... Yes, we can heal. ... Yes, we can seize our future. ... **out of many, we are one.**"* [13] Auch wenn er vieles nicht umsetzen konnte, es wirkt noch heute in den Menschen.

Ebenso: Nelson Mandela, der während des Apartheid-Regimes 28 Jahre im Gefängnis zubrachte: Wie hoch war die Wahrscheinlichkeit, dass er, der knapp der Todesstrafe entging, erster schwarzer Präsident Südafrikas werden würde?! In der Antrittsrede 1994 sprach er aus, was ihn als Vision erfüllte und beflügelte: *„Jeder Mensch ist dazu bestimmt, zu leuchten! Unsere tiefste Angst ist nicht, dass wir unzulänglich sind, unsere tiefste Angst ist, dass wir unermesslich machtvoll sind. Es ist unser Licht, das wir fürchten, nicht unsere Dunkelheit. Wir fragen uns: ,Wer bin ich denn eigentlich, dass ich leuchtend, hinreißend, begnadet und phantastisch sein darf? Aber wer bist Du denn, es nicht zu sein?!' ... Es hat nichts mit Erleuchtung zu tun, sich so klein zu machen, dass andere um Dich herum sich nicht verunsichert fühlen. Wir sind alle bestimmt, zu leuchten, wie es die Kinder tun. Wir sind geboren, um die Herrlichkeit Gottes zu verwirklichen, die in uns ist. Sie ist nicht nur in einigen von uns, sie ist in jedem Menschen. Und wenn wir unser Licht erstrahlen lassen, geben wir anderen Menschen die Erlaubnis, dasselbe zu tun. Wenn wir uns von unserer eigenen Angst befreit haben,*

---

[12] Siehe Bewusstseins-Übung „*Übellaschung, Übellaschung*" am Ende dieses Kapitels.
[13] http://edition.cnn.com/2008/POLITICS/01/26/obama.transcript/index.html.

wird unsere Gegenwart ohne unser Zutun andere befreien." [14] Welche Wahrheit für diejenigen, die verantworten wollen, was in ihnen schlummert, um Leben und eigenes Lebendigsein zu repräsentieren! Es ist dieser intuitive Mut zur eigenen kraftvollen Wahrheit zu stehen: Zu beginnen, sein eigener Herr und König / seine eigene Königin zu sein.

Du hast Recht, ja: Es kann nachweislich immer nur EINER Präsident der USA sein und nur EINE/R als Präsident Südafrika regieren, selbst wenn es sich alle im jeweiligen Land wünschen würden! Das Argument unseres „cleveren Verstandes" ist unwiderlegbar. Aber wie die meisten Argumentationen des Verstandes ist es ziemlich lebensfern. Es geht hier doch um ganz etwas anderes, als in solcher Weise zu argumentieren! Wer möchte denn wirklich ein solches Staatsamt haben?! Mit all den Konsequenzen, wie eventuell davor-im-Gefängnis-zu-sein, oder ein Leben zu führen, wo hinter vorgehaltener Hand Wetten abgeschlossen wurden, wie lange es dauern würde, einem Attentat zum Opfer zu fallen?!

Es gibt aber eine für jeden von uns individuell-analoge Variante, selbst wenn sie weniger prestigeträchtig erscheinen mag. Ganz gemäß der afrikanischen Weisheit: *„Jeder Mensch ist (s)ein eigenes Land."* – hat jeder Mensch die reelle Chance, sich selbst zu führen. Mit jenen Eigenschaften, die er selbst gerne von (s)einem Präsidenten erleben will: *klar,* vielleicht *fair, mitfühlend, ohne Korruption, wertschätzend, liebevoll.* Hier besteht dann auch die lebensnahe Chance, endlich als sein-eigener-bester-Freund agieren und leben zu lernen. Nicht anderen

---

[14] Ursprünglich stammt diese Textpassage aus der „inspirierten Feder" von Dr. Helen Schucman, Professorin für klinische Psychologie an der medizinischen Fakultät der Columbia University in New York (bis 1977). Nelson Mandela hat den Text bei seiner Antrittsrede in die Rede eingebaut. Schucman brachte es im *„Course Of Miracles"* zu Papier. Sie selbst bezeichnete sich bis zu dem Zeitpunkt, als sie im Jahr 1965 *„Inspirationen"* hörte, und diese während sieben Jahren niederschrieb, als *rationale Atheistin.* An eine Veröffentlichung wagte sie sich zunächst, aus Sorge um ihre Reputation als Universitätsprofessorin, nicht heran. 1976 wurde das Manuskript doch veröffentlicht. *„Der Kurs in Wundern"* sei nicht Grundlage für einen weiteren Kult oder eine weitere Religionsgemeinschaft. Sein Zweck sei vielmehr, Menschen einen Weg und Anstoß zu eigenständigem, spirituellem Wachstum zur Verfügung zu stellen, auf dem sie ihren eigenen *inneren Lehrer* finden können. (aus: http://de.wikipedia.org/wiki/Helen_Schucman; 2010).

den Weg vorzugeben, sondern sich selbst: charismatisch oder schlicht, energisch oder ruhig und besonnen, die eigene Richtung vorgebend. *Yes We Can: Jeder kann „Präsident" werden. Präsident seiner selbst, im eigenen Land!* „*Ich Bin – der Weg, die Wahrheit das Leben*" [15] kann sich dergestalt auf völlig unprätentiöse Weise und ohne religiöse Dogmatik bewahrheiten. Der eigene Weg, die eigene Wahrheit, das eigene Leben – JEDE/R seines / ihres. Das kann man lernen als heilsame Wahrheit zuzulassen. Und dann, erinnern wir uns – „*out of many, we are one.*"

Stellen wir uns doch an dieser Stelle der herausfordernden Frage: „*Welche geistigen Kräfte, Ideen und Weltbilder mögen künftig für uns selbst, aber auch für die Menschheit als Ganzes, lebensbestimmend sein?*" [16] Und: Sind wir dazu bereit, das zu fördern und *selbst* zu leben?

Die eigene Vision finden – und leben!

Die eigene Wertschätzung Deines bisherigen Weges – das ist zunächst das Wesentlichste! Denn: Genau so sind wir zu DEM Punkt im Leben gelangt, von dem aus jetzt Neues möglich werden kann. Ohne dieser Wertschätzung können wir nicht fühlend wahrnehmen, wo wir stehen, weil unser Verstand uns zu täuschen neigt. So aber ist kein rechter Neustart möglich. Ebenso wenig wie es möglich ist, von WIEN nach Berlin zu fahren, solange ich nicht bereit bin anzuerkennen, dass ich mich immer noch in – sagen wir – Kleinkröissing herumtreibe. ☺

Ich glaube, dass jeder Mensch eine Mission – seine Vision – in sich trägt. Das Einzige, was uns immer wieder hindert, sie uns bewusst zu machen und auszusprechen, ist die Sorge, jemand anderer könnte uns dafür auslachen oder verurteilen. Auf die Weise aber werden wir selbst zu unseren essenziellsten Behinderern.

Sei also entschieden und mutig: Finde Deine Vision wieder! Finde Ziele, welche Dich mit Sinn und Freude beglücken. So kannst Du mit Beharrlichkeit Schritt für Schritt vorankommen. Das Erreichen eines Zieles hängt nie WIRKLICH davon ab, wie groß es Dir scheint, oder wie die Finanzlage ist, sondern ob Du genügend Ausdauer mobilisieren kannst. *Jede wahre Vision setzt Kräfte frei und beflügelt.*

---

[15] Jesus, zitiert in: „*Die Bibel / Neues Testament*", Johannes 14/6.
[16] Siehe Kap. 1, Anm. 18f.

Fühle daher immer wieder die Inspiration *Deines Weges, Deiner Wahrheit und Deines Lebens.* Mache Dir bewusst, inwiefern Deine Ziele auch anderen / dem Leben / der Erde dienen. Diese Kenntnis kann Dich beim Verwirklichen unterstützen. Habe keine Angst vor Fehlern. Sie werden leicht verziehen, wenn jeder spürt, dass Du auf dem Weg nicht primär nur für Dich da bist. *„Selbstwert entsteht durch wertvolle Taten"* [17], durch Taten, die wir als wertvoll erkennen. (Nur deshalb, weil es so im *„Ikea Family-Magazin"* steht, muss das nicht falsch sein ...!)

Über die Kunst sein Tun zu lieben. – Anfängergeist als Meisterschaft

„Wissen Sie noch, was der weiße Gürtel im Judo bedeutet? Richtig, der weiße Gürtel ist das Zeichen des Anfängers. Jeder möchte ihn schnellstmöglich ablegen und höhere Ränge erobern. Das Zeichen der Meisterschaft aber – gerade für Jugendliche mit der Aura des Unbesiegbaren umgeben – ist der schwarze Gürtel. Aber halt! Es gibt ja nicht nur die Meister, sondern auch noch die Großmeister. Von ihnen wissen die meisten nichts – sie tragen gemeinhin einen roten. Und dann existiert da noch ein weiterer Gürtel, der von eingeweihten Kampfkünstlern als Zeichen der Vollendung angesehen wird. Dieser Gürtel hat die Farbe – weiß." [18] Eine zunächst kurios anmutende Sachlage, von der Marco Wehr, studierter Physiker und Philosoph im Buch *„Welche Farbe hat die Zeit?"*, uns in Kenntnis setzt. Wehr, Wissenschaftler und Künstler promovierte über spezielle Aspekte der Chaostheorie und arbeitet seit über zwanzig Jahren als Berufstänzer, wo er als einer der Besten seines Fachs gilt. Die *„Zeit"* bezeichnete ihn seiner geistig-sportlichen Doppelbegabung wegen als *„Kopf mit Körper"*. Marco Wehr hat jedenfalls langjährige Erfahrung und ist somit befugt, in seinem Buch über „Qualitäten-des-Weges-zum-Ziel" zu philosophieren.

Und, so darf man wohl fragen: Ist es nicht gerade das *mit-großen-Mühen-erworbene* Wissen, auf welchem aller Fortschritt, auch in den Wissenschaften, fußt?! „Ja" – und doch auch „nein". Von einer anderen Warte betrachtet, mag einem verständlich werden, dass es letztlich nicht primär um das Erreichte geht, um Effizienz oder Know-how,

---

[17] F. Ward, zitiert in: *„Ikea Family Live."*, 2009/ 4.Quartal, S. 39.

[18] M. Wehr: *„Welche Farbe hat die Zeit?"*, Frankfurt 2007, S. 77, S. 87, S. 94, S. 112; (gilt auch für die nächsten beiden Zitate in Folge).

sondern um die Art, wie man sich dem Ziel nähert. Kinder bringen diese Kreativität und Bereitschaft-zum-Leben mit. Sie verfügen über die Magie solchen Beginnens, eines vollendeten Anfänger-Geistes – *noch*; und Erleuchtete: *wieder*. Natürlich unterscheiden sie sich. Kinder mögen noch nicht meisterlich sein, in dem was sie können, wohl aber in der Art ihres Offenseins gegenüber dem Geist des Lernens. Der *weiße Gürtel* im Judo repräsentiert die Kunst, dem Leben in unmittelbarer Weise neu und staunend zu begegnen. *„Geist bedeutet in diesem Zusammenhang vor allen Dingen ‚Aufmerksamkeit‘. Diese innere Aufmerksamkeit ist ein wichtiger Schlüssel zum Anfängergeist. Sie geht nämlich Hand in Hand mit der Neugier, der Lust Veränderung zu erleben."* So lernen Kinder gehen. So hören Kinder die immer-gleichen Geschichten stets neu! Ihr Interesse zielt auf die Tätigkeit als solche; ihre Neugier korrespondiert mit unstillbarer Lust an Selbstveränderung. So erlangen Menschen meisterliche Virtuosität: *„Der Marathon zur Meisterschaft (ist) zu bewältigen. ... **Für Menschen, die eine Sache um ihrer selbst willen machen, ist nicht so wesentlich, was beim Üben herauskommt. Wichtig ist, was beim Üben hereinkommt!** ... Es sind Momente vollkommener Entäußerung, in der sich das Innere ohne Scham nach außen wendet. ... Die lange Wegstrecke, die auf dieses Ziel hinführt, kann nur hinter sich bringen, wer beim Üben den Anfängergeist kultiviert."* – Wenn „Tätig-Sein" lediglich *Mittel-auf-einen-Zweck-hin* bedeutet, werden wir Leidende und Sklaven solcher zweckorientierter und (selbst)verordneter Ziele.

Was als Folge des Auseinanderklaffens von Anspruch und Wirklichkeit auftritt, ist Stress, der „das Leben" in einer solchen (eigenen) Haut ziemlich unwohl anfühlen lässt, und ein auf solche Weise erreichtes Ergebnis nie mehr *wirklich* von derartig erlebtem Leid loslösen kann. Schauen wir nur auf die Biographie eines der anerkanntesten Könner des Show-Bizz, Michael Jackson und die Art, wie er „trainiert" wurde.

Im Englischen klingt die Gegenüberstellung beider Entwicklungs-Wege etwas plakativ, jedenfalls aber einprägsam: *„Virtuous Circle"* versus *„Vicious Circle (Teufelskreis)"*. Es könnte etwas dran sein: Nicht der Sieger ist primär der „Winner", sondern wer von ganzem Herzen liebt, was er macht. *„Der als Aphoristiker bekannte Einstein wurde einstmals gefragt, was ihn besonders auszeichne. Er erwiderte* *trocken: ‚Stirn und Nase.' Stirn steht in diesem Zusammenhang für eine Unbeirrbarkeit, die mit ausgeprägtem Selbstbewusstsein verbunden ist. Und Nase für Intuition. Könnten Unbeirrbarkeit und Intuition somit zu jenen Eigenschaften gehören, die selbst intelligenteste Menschen brauchen, um Außergewöhnliches zu leisten?"* [19]

Der Schriftsteller Paolo Coelho formulierte in seinem Buch „*Die Tränen der Wüste*" das Folgende: „*Jeder Mensch hat eine weibliche und eine männliche Seite. Es gilt, Disziplin intuitiv einzusetzen und Intuition möglichst sachlich.*" [20] Welch' ein Hinweis für das intuitive Finden der eigenen Vision sowie die Umsetzung ihrer Ziele.

Zukunftsmusik

Ich möchte dieser „Zukunftsmusik" als künstlerisches Plädoyer fürs Leben, einen Liedtext André Hellers zueignen: *Erhebet Euch Geliebte*: „*Du, da draußen in dem Land, von dem es heißt, dass es das unsere ist. Du, im Dorf und in der Stadt, wo Du mit Rechten und mit Pflichten Bürger bist. Siehst Du nicht die Zeichen an den Wänden, riechst Du nicht das Blut an manchen Händen, hörst Du nicht die Phrasen der Betrüger, wirst Du denn durch Schaden niemals klüger?! Dieser Stern ist uns doch nur geliehen, von Künftigen, die nach uns sind. Wer will da einst als schuldig gelten als Zerstörer kluger Welten bei dem Kind des Kindes, von seinem eig'nen Kind. – Erhebet Euch Geliebte, wir brauchen eine Tat und Eure tiefste Sehnsucht sei Euer bester Rat. Erhebet Euch Geliebte, noch ist es nicht zu spät. Erhebet Euch, erhebet Euch, eh dieser Tag zu Ende geht.*" [21]

Das Lied „*Erhebet Euch Geliebte*" galt in den frühen 1980er Jahren als eine DER „Hymnen" der deutschsprachigen Friedensbewegung. [22] Für mein Erleben hat diese Aufforderung ein Maß an Aktualität erreicht, das kaum zu überbieten ist. Mögen wir diese Botschaft als bestärkende Saat annehmen, als Leit-Stern für das Leben auf unserer Erde. – Mut!

„*... unsere tiefste Sehnsucht sei unser bester Rat.*"

---

[19] A. Einstein, zitiert in: M. Wehr: „*Welche Farbe hat die Zeit?*", Frankfurt 2007, S. 69.

[20] P. Coelho, Transkription aus dem Hörbuch: „*Die Tränen der Wüste.*" (*Statuten des neuen Jahrtausends. – Artikel 8*), Zürich 2008.

[21] A. Heller: „*Stimmenhören.*", 9: *Erhebet Euch Geliebte*, Wien / Hamburg 1983.

[22] Musik-Video: https://www.youtube.com/watch?v=JX4EFi69PZY .

Epilog – Nachwort

Gegenwärtigkeit leben

Nun haben Sie, lieber Leser, liebe Leserin, diese Auseinandersetzung bezüglich einer neuen wissenschaftlich-spirituellen „Zeitgeistlichkeit" gelesen. *Konnte es etwas anstoßen? Kam etwas in Ihnen zum Klingen?*

Was ich selbst an dieser Arbeit als innere Entwicklung erlebte, ist das Spannungsfeld zwischen eigenen erlebten Bewusstseins-Erfahrungen, welche einzuordnen mir teilweise auch heute noch schwer fällt und den Erkenntnissen, die andere Menschen anhand ihrer Beobachtungen als Forscher zogen. Es bleibt die spannende Einsicht, dass wir alle Zeitgenoss(inn)en einer Epoche sind, die eine unerhörte Dynamik, aber auch eine enorme Trägheit auszeichnet: eine Trägheit menschlichen Geistes. So will ich es einmal etwas provokant bezeichnen.

Viele leben diese unglaubliche Dynamik der Entwicklungsprozesse zunehmend verzweifelt mit, obwohl man darauf auch mit Ablehnung, Widerstand und absichtlicher Regression antworten kann. – Andere wieder haben resigniert und überfordert „w.o." gegeben.

Ohne selbst das sachgemäße Werkzeug für diese Dynamik erworben zu haben, ist die „Sozio-Diagnose" naheliegend: übermäßiger Stress, Überforderung – und Hand in Hand gehend damit – Aggression werden die Menschen mit einer unerhörten Dynamik allerorts überfallen. Die Welt hat eben eine Entwicklung erreicht, welche uns oftmals zweifeln lässt, ob das Leben so noch bewältigbar oder gar lebenswert ist. (Es geht aber auch anders. Lies dazu Band 2 von „In-*forma*-tion").

Vor einigen Jahren las ich in einer Fachzeitschrift einen Artikel zur „Informations-Dynamik" während der Evolution als Gesamtes. Der Autor stellte dar, wie In-*forma*-tion, ausgehend vom „Urknall" vor ca. 14 Milliarden Jahren, in erste Sonnen- und Galaxien-Formen mündete. Die Art von In-*forma*-tion nennen wir „*Naturgesetze*": Wirksamkeiten, die seit Äonen von Jahren Gestalt- und Form bildend wirksam sind. Man spricht in diesem Zusammenhang, wie wir bereits hörten, gerne von „*Selbstorganisation*" [1]. Bezüglich seiner Entstehung lässt sich im Universum eine exponentiell zunehmende Dynamik nachweisen:

---

[1] Siehe Kap. 2, Anm. 35.

In 10er Potenzsprüngen wurden beziehungsweise werden die Intervalle beständig neu generierender In-*forma*-tion dynamisch kürzer: Knapp 10 Mrd. Jahre (= 10^{10} Jahre) nach diesem Beginn – vor etwa 4,5 Mrd. Jahren – bildete sich unsere heutige Sonne samt dem Planetensystem und der Erde. Rund 1 Milliarde Jahre (= 10^9 Jahre) später, also vor ca. 3,5 Mrd. Jahren, wird, heutigen Forschungen entsprechend, erstes Leben auf der Erde nachweisbar. Und so geht es kontinuierlich weiter: vor etwa 350 Mio. Jahren (Größenordnung: 10^8) finden sich Landpflanzen sowie erste Wirbeltiere an Land – der Beginn von Höherem Leben. Vor 35 Mio. Jahren: erste Primaten; vor knapp 3 Mio. Jahren: erste Homeniden. Und „Homo Sapiens" seit 300.000 Jahren ...

Dieser Prozess, so wird vom Autor herausgearbeitet, setzt sich bis in die menschheitliche Kultur-Evolution – ja, bis zum heutigen Tag, fort: Was sich als Beginn der modernen Wissenschaft vor etwa 350 Jahren mit Isaac Newton) zu entfalten begann, mündet heute im sogenannten Informations-Zeitalter: Die Dynamik der letzten 100 Jahre (= 10^2 Jahre) zeitigt vornehmlich Technologie-Entwicklungen, die sich gewissermaßen zu überschlagen scheinen, bis hin zur Erforschung und Einsatz atomarer Kraft-Prozesse. Weitere Meilensteine: vor fast 70 Jahren wurde die Doppelhelix-Struktur der DNA entdeckt sowie die bemannte Raumfahrt zum Mond (1968) gewagt. Vor knapp 30 Jahren war die technische In-*forma*-tion so weit fortgeschritten, um gen-technisch ein Lebewesen zu klonen: das Schaf Dolly (1996). 2007 und damit vor bereits mehr als 10 Jahren (= 10^1 Jahre), kam das erste I-Phone mit Touchscreen auf den Markt. – Damit war Information mobil geworden und jedem Menschen auf dem Planeten zugänglich. Vom Heute wird gesagt, dass sich menschliches Wissen (Informations-Input) jährlich (1 Jahr = 10^0 Jahre) verdoppelt.

Aus der Analyse der Dynamik darf man schließen, dass sich dieser Prozess – der im Grunde genommen die Menschheits-Evolution IST – so fortsetzen wird. Das bedeutet mathematisch beschrieben: Die 10er Potenzen werden sich in den negativen Bereich fortsetzen (10^{-1} = 1/10 Jahr; 10^{-2} = 1/100 Jahr etc.). Die der Evolution innewohnende Dynamik scheint das Leben und uns Menschen, die wir durch die Kultur-Entwicklung selbst radikal Anteil genommen haben an dieser Dynamik, letztlich in eine Art von „Augenblicklichkeit" zu versetzen.

Die gesamte Entwicklung steuert offensichtlich von-Anbeginn-der-Zeiten auf ein Kulminieren solcher „Augenblicklichkeit" hin, welche sich nun auf alle Bereiche menschlichen Lebens erstrecken will. Eine Kulmination für deren Lebbarkeit bislang erst wenige zeitgenössisch brauchbare Werkzeuge entwickelt wurden. Daher wohl auch die oft beobachtbare Forderung, diese Dynamik zu drosseln, „das-Rad-zurück-zu-drehen". *Stellen wir uns hier der Frage, ob diese Haltung die rechte Antwort auf diese Dynamik und ihre fordernden Entwicklungen ist* ...

Was kann uns die Analyse des beschriebenen Evolutions-Prozesses und die Akzeptanz, und Wertschätzung dieser Dynamik lehren? – Wozu könnte sie uns Menschen anstoßen?!

Ich schlage nunmehr einen entscheidenden Standpunktwechsel vor: *Die Evolutionsentwicklung scheint neu auszubildende Fähigkeiten einzufordern: Die Fähigkeit der Präsenz zum Beispiel; die Fähigkeit und Bereitschaft dem Leben unvoreingenommen zu begegnen, mutig im Entscheiden zu sein und – das Wesentlichste – frei aus der Kraft unserer Intuition zu wirken, die das Leben nicht nur „bewältigbar" machen wird, sondern wahrhaft lebenswert.* – Die Notwendigkeiten dieses Prozesses zu erkennen und anzuerkennen sowie entsprechende Fähigkeiten zu entwickeln, stellt nicht nur ein Plädoyer für die menschliche Entwicklung dar, sondern stellt auch jener liebevollen Akt menschheitlicher Selbsterneuerung dar, welcher schon länger ansteht.

Wie wird es uns Menschen möglich, jenes verlorene Vertrauen in unsere intuitive Ebene wiederzugewinnen? Dies jedenfalls braucht es m.E. an Kraft, um uns in dieser Dynamik nicht restlos zu überfordern beziehungsweise einander infolge dessen gegenseitig zu zerstören. Vor allem aber: „Macht-über-uns-selbst" zu gewinnen, statt die Macht wie bisher über andere auszuleben! [2]

Der zielstrebige Umgang mit unserem eigenen Bewusstsein, das Anerkennen und freie Verantworten der eigenen Handlungsimpulse – letztlich die Liebe zum eigenen Handeln –, können so wieder fühlbar werden. Es gilt, anhand gut sortierter Bewusstseins-Werkzeuge, neue Bewusstheit zu erlangen, um eigenverantwortlich „*Ja-sagen*" zu lernen. „Ja-sagen" zu dieser Evolution, welche aus der kosmischen Größe

---

[2] Siehe „*In-forma-tion / Bd.2*", Prolog, Anm. 1f.

geboren ist und, hier auf der Erde jedenfalls, nur aus der menschlichen Größe heraus weitergeführt werden kann. *Es kommt nicht darauf an, woher der Wind weht. – Lerne Deine Segel setzen!* Wer sich für den sachgemäßen Umgang bereit findet, der wird sich auch in der heutigen Gegenwart als Teil der Evolution und Ganzheit lebendig fühlen.

Als Zeitgenosse / Zeitgenossin unseres Selbst- und Weltbegegnens darf man sich in nunmehr 21. Jahrhundert angesprochen und als in den dargestellten Paradigmenwechsel hereingefordert empfinden.

Vorläufer dieser Botschaft gab es in unserer abendländischen Kultur, wie bereits erwähnt, einige. *„Liebe und tu, was immer Du willst.“* [3] – das Wort des Freigeists Augustinus. *„Leben in der Liebe zur Handlung und leben lassen im Verständnis des fremden Wollens als Grundmaxime eines freien Menschen.“* [4] – jenes, des Freigeists und Vordenkers des ausklingenden 19. und beginnenden 20. Jahrhunderts, Rudolf Steiner, der wegbereitend mein Leben geprägt hat. Beide machten – jeder auf seine Weise – deutlich, dass es für die Menschheit am Evolutions-Weg-zur-Freiheit, einer erneuerten Qualität / Fähigkeit bedarf, jenseits eines depressiv grübelnden Denkens: der Sicherheit des Herzens, zu fühlen, was sich als eigene Wahrheit im Innern ausspricht. Diese Fähigkeit wiederzugewinnen, ergibt sich somit als Forderung unserer Zeit. Es ist ein Liebesdienst an sich selbst, dieses Werkzeug auszubilden. Und, es stellt darüber hinaus einen ebensolchen Dienst an der gesamten Schöpfung dar. – Es ist JENE In-*forma*-tion, die wir als Menschen einbringen können, die wir als Menschen zurückgeben dürfen ...

Natürlich wird es Menschen geben, die das als weltfremd einstufen. Wer jedoch bereits seine diesbezüglich ersten, selbständigen Schritte in so eine neue Präsenz des Lebens zu setzen begonnen hat, der weiß, dass sich das Leben plötzlich wieder leicht und gestaltbar anfühlt. Der stete Nebel einer lieblos-hastigen (auch gegenseitigen) Überforderung sich verzogen hat und das Dasein wieder Freude und Leichtigkeit atmen darf – ohne uns abzuwerfen.

---

[3] Augustinus: *„Predigt 4 über den 1. Brief des Johannes“*, Osterwoche 407 n. Chr.; Siehe Kap. 12, Anm. 6.

[4] R. Steiner: *„Die Philosophie der Freiheit.“ GA4 (1894)*, Dornach 1962, S. 131; Siehe Kap. 11, Anm. 18; Siehe Kap. 12, Anm. 5.

„Unsere Wirklichkeit und unsere Möglichkeiten reichen immer nur so weit wie unser Glaube." [5] Das zu erleben, lässt Dankbarkeit wachsen, Achtsamkeit und Klarheit. Nehmen wir doch den frischen Wind der Evolutions-Entwicklung an! Seien wir mutig und selbstbewusst genug, um jene Not-Wendigkeit einer neuen Beziehung zwischen Herz und Welt zu erschaffen; eine, die es ermöglicht den Augenblick zu leben und jede Entscheidung-zur-Tat einem unbekümmert wachen Herzen entspringt zu lassen. So, dass sich die *Gegenwart aus der Wahrhaftigkeit unserer Intuitionen stets so abschließen kann, dass die gesamte individuelle Aufmerksamkeit einem „Jetzt-Erleben" zufließt, ohne eine scheinbar offene Vergangenheit meinen verwalten zu müssen oder eine ständig projizierte Zukunft uns belastet.* Dann steht allemal genug Kraft für jeden Augenblick zur Verfügung!

Sei mutig! Lebe den Augenblick: Man sieht nur mit dem Herzen gut. [6]

Wunsch an die Leser von „In-*forma*-tion"

Ich hoffe, das vorliegende Buch konnte Sie für sich selbst und Ihr Mensch-Sein begeistern! Wir alle haben solche Begeisterung als Spezies nötig, um von dieser „Macht-des-Stärkeren-über-Schwächere", zur „Macht-über-sich-selbst" zu gelangen. Mehr über Methoden der Bewusstseins-Entwicklung für diese Schwelle und praktische Übungen können Sie in *„In-forma-tion / Band 2"* erfahren. Hier geht es zentral um diese Gegenwarts-Schwelle im Zusammenhang unserer Kultur-entwicklung: *„Wie gestalten wir Leben?"* Themenbereiche sind u.a.: Neurowissenschaft, Soziologie, Intuitionsforschung und Pädagogik.

So bleibt für uns alle die spannende Frage: *Wird sich die Menschheit zu einer klaren Entscheidung zugunsten einer Moment-getragenen Lebendigkeit ihres Mensch-Seins entschließen können?* Und, was ist diesbezüglich jeder Einzelne von uns selbst bereit und willens zu tun?

Ich wünsche dem vorliegenden Buch die entsprechende Publizität, um die notwendigen Veränderungen zu stärken. Das entsprechende Bewusstseins-Werkzeug steht heute für jeden zur freien Verfügung. Es ist Zeit zu handeln. Wann denn, wenn nicht jetzt ...?!

---

[5] Zitat des Philosophen Gerhard Kunze.

[6] A. de Saint-Exupéry: *„Der kleine Prinz."* *(1945)*, Zürich 1992, S. 72.

ohne viel federlesens [7]

... sich
eine erbsenschote lachen
und mit jedem
grashalm tanzen
im wind des lebens.
dem eiweiß zusehen,
wie es blasen schlägt
in seiner pfanne,
rund um das gelbe vom ei.

sagt mal:
spürt keiner,
was ein abendrot gebiert?
lächelt's um den mond nicht
bläulich vor lauter helle?
erlebt nicht
die nacht gegen ende
errötend
die freude?
versucht nicht,
wer mehr sieht,
das leben zu finden und
– wer weiß –
ein lied,
hoch zwischen
salz und sehnsucht ...?!

kp. / märz 2000

---

[7]   K. Podirsky: Gedicht aus dem Zyklus „*sonnenstand*", Wien 2000.

... über den Autor:

Klaus Podirsky

Von seiner Grundausbildung ist Klaus Podirsky Architekt (TU-Wien; Dipl.-Ing.) und Waldorfpädagoge (Uni Krems; MA). Er ist Vater zweier erwachsener Kinder. Der Autor lebt in Wien. Er war fast zwanzig Jahre als Oberstufenlehrer in den Fachbereichen Physik, Mathematik, Geometrie tätig sowie ein Jahrzehnt als Dozent für Waldorfpädagogik.

Persönliche Entwicklungen führten den Autor später in angewandte Bewusstseins-Forschungen und somit nochmals in Ausbildung. Zuletzt arbeitet er viele Jahre als Sozialpädagoge mit Jugendlichen und im Bereich Potenzial- und Krisen-Coaching mit Erwachsenen. Seit seinen Zwanzigern ist der Autor als freischaffender Künstler (Maler/Lyriker) tätig. Weitere Bücher: „*Fremdkörper Erde*" – der Goldene Schnitt im Sonnensystem (2004); „*Zeiten der Zeitlosigkeit*", 33 Lebens-Gespräche im Zuge einer Sterbebegleitung (2006); weiter: „*Quantensprung*" und der Lyrikband „*sehend hörend sprechend. texte*" (2011); „*Pädagogische Erziehungsökonomie*" – Ideen für eine Pädagogik der Zukunft (2014). „*Wissenschaft trifft Spiritualität Bd.1 / Bd.2*" (2016; Buchpräsentation: **www.youtube.com/watch**?v=QOg9WfnwaHU&t=410s); „*Der Eisberg des Gender Gap. – Hommage an die Verletzlichkeit des Mannes*" (2021).

Klaus Podirsky ist Gründer des zivilgesellschaftlichen Friedens- und Versöhnungs-Projekts „twogether.wien: Men 4 Women, Women 4 Men, HUMANS 4 HUMANS!" (**www.twogether.wien**).

Der Autor beschreibt sein Lebensanliegen so: *Naturwissenschaft und Spiritualität sind eins! Ich bin Brückenbauer in Sachen Sinn & Selbstwert.*

www.twogetherwien.com/coaching   **www.klauspodirsky.at**